■民族文字出版专项资金资助项目

桂南平话研究

◆宜州德胜百姓话研究

主　　编　郑作广

执行主编　周本良

学术顾问　刘村汉

本书著者　郑作广　韦扬波

广西民族出版社

图书在版编目（CIP）数据

宜州德胜百姓话研究/郑作广，韦扬波著．—南宁：广西民族出版社，2014.12

（桂南平话研究丛书/郑作广主编）

ISBN 978-7-5363-6905-4

Ⅰ.①宜… Ⅱ.①郑… ②韦… Ⅲ.①粤语-方言研究-宜州市 Ⅳ.①H178

中国版本图书馆 CIP 数据核字（2015）第 004599 号

桂南平话研究

宜州德胜百姓话研究

主　　编：郑作广
本书著者：郑作广　韦扬波
策划组稿：方　铁　罗桂鸾　雷　舟
责任编辑：雷　舟
装帧设计：林武圣
责任印制：黄绍红
出版发行：广西民族出版社
地址：广西南宁市青秀区桂春路 3 号　邮编：530028
电话：0771—5523243　传真：0771—5523225
制版印刷：广西地质印刷厂
规　　格：787 毫米×960 毫米　1/16
印　　张：19.75
字　　数：265 千
版　　次：2014 年 12 月第 1 版
印　　次：2014 年 12 月第 1 次印刷
书　　号：ISBN 978-7-5363-6905-4/H·64
定　　价：36.00 元

“桂南平话研究”课题组

课题组组长 郑作广

课题组成员 郑作广 周本良 刘村汉 李连进

李　龙 覃宇环 黄英富 杨丕芳

韦彩珍 韦扬波 莫瑞扬 梁伟华

陈仕华 李永玲 盘美花 覃世贞

序

平话，为广西壮族自治区独有的汉语方言，分布于广西各地，使用人口至少400万，使用的民族有汉、壮、瑶、侗、仫佬等广西世居民族。

平话在广西流行使用的年代久远，其形成发展最早可追溯到秦汉时期，历史上曾处于广西通用语言的强势地位。语言是民族文化的积淀，作为在多民族聚居地形成发展起来的非物质文化遗产，广西平话是秦汉以来民族语言融合的活化石，其中蕴藏着丰富的历史文化信息。

全面、系统、深入地研究广西平话，对于研究广西世居民族历史、民族语言和方言文化，保存和传承广西口传历史文化语料、有声语料，抢救濒危方言等，都具有很好的学术意义。语言是民族文化的基层，平话作为一种较早进入广西多民族边疆地区的汉语方言，之所以能在这一地区形成发展起来并保留至今，且为多民族人口共同使用，这与各民族的文化认同、心理认同、社会认同等不无很大关系。以广西平话为切入点进行深入研究，这不仅对于研究广西各民族历史文化和广西各民族文化融合，推进广西各民族文化进一步认同有重要的现实意义和深远意义，而且对于研究中华民族多文化的语言认同，推动各民族团结和维护边疆稳定有着很强的政治意义和民族意义。

广西平话可划分为桂北平话和桂南平话。我们认为，要对广西平话做全面深刻的认识，就一定要建立在对桂

北平话和桂南平话系统调查研究的基础之上。没有全面的、系统的、深入的、实实在在的语言材料，仅靠局部的、零碎的、片面的语言材料去进行研究，那是不够科学的，其结论也未必能立得住、立得稳、立得远。基于这样的考虑，我们早在2001年就开始策划，并着手在充分利用前人调查成果的基础上，组织了一批专家学者分片区做一次扎实、全面、系统、深入的调查研究。对于桂北平话，我们已于2002年至2006年组织过调研并出版了《桂北平话与推广普通话研究》系列丛书（为国家语委“十五”科研课题成果，获2008年广西第十届社会科学优秀成果一等奖），共12本专著，主编为郑作广，执行主编为林亦和刘村汉，由广西民族出版社出版。而对于桂南平话，虽然也有不少学者进行过研究探索，但全面、系统、深入的调查研究仍显不足。这次组织一批专家学者对桂南平话再进行大规模的调查研究并出版这套丛书，就是要填补这一空白。我们的意图是完成这一次批量的、大规模的调查，并将研究结果出版后，加上之前已出版的桂北平话研究系列丛书，两大调研成果将为我们，也为其他专家学者对广西平话的再认识、再探索、再定位打下坚实的基础，提供科学的依据。

这套丛书共13本。其中的11本为桂南平话11个语言点的调查研究成果，这11种方言是：宜州德胜百姓话、宾阳大桥客话、宜州莫村百姓话、融安百姓话、三江六甲话、龙州伝话、武宣伢话、横县百合客话、田东蔗园话、上林客话、扶绥平话。余下的两本为桂南平话综合性研究专著，一本为《桂南平话的形成与嬗变》，另一本为《桂南平话的比较研究》。

11个语言调查研究点形成的11本专著，均采用统一的编写体例，以利于语言点的系统研究。每本书分导论、语音研究、词汇研究、语法研究、原始语言材料等几大部分。导论部分详细介绍方言点的地理、历史、社会和语言使用等情况。语音部分重点归纳语音系统，声韵调配合关系，突出古今对照和语音特点。词汇部分由词汇特点和分类词表构成。语法部分包括词法特点、句法特点、词类特点、语法例句等内容。最后是分类列出原始语言材料（谚语、民歌、故事等）的音标和文字记音。每个语言点的调查研究我们还力求做到：一是不仅要探究自身的发展规律（内因），也要探究外部（相互影响）的发展规律（外因）。在探究中既要做历时比较（如中古音等），又要进行共时比较，譬如，与平话自身内部（桂南平话、桂北平话）的比较，与普通话的比较，与有地缘的汉语方言的比较，与当地少数民族语言的比较等。二是在历时、共时比较中探究该语言点发展变化的原因、特色、规律，通过列举声、韵、调、词汇、语法或一些地方方言（谚语、民歌、故事等）若干例子阐释，以揭示该方言与其他语言（方言）的一些共同点、分歧点乃至该语言点的一些发展变化的趋向等。

《桂南平话的形成与嬗变》和《桂南平话的比较研究》这两本综述性研究专著，在立足前面11个调查研究点语言材料的基础上，再充分利用已有的桂南平话的研究成果，前一本着重综合研究桂南平话的形成、发展、演变、传播等，其中专辟章节研究桂南平话与社会认同问题和以桂南平话为例研究广西汉语变异方言问题。后一本着重研究桂南平话与各个语言调查点的比较，譬如，与桂北平话的比较，与古汉语的比较，与普通话的比较，与广西粤方言的比较，与广西的一些少数民族语言的比较，等等，从而在语言的不同比较研究中探究其相互关系及内部发展规律。

全面、系统、深入地进行桂南平话的调查研究，挖掘其深层特征，探寻其形成发展的规律，科学揭示其真实面貌，是一次十分艰难的探索。因调查研究团队水平有限，书中如有不妥之处，敬请大家批评指正。

郑作广

2014 年 9 月于南宁相思湖畔

凡　　例

1. **繁简字**　作者叙述和分析的语句，使用国家推行的通用字。记录方言时，音义有区别的字用繁体字和异体字加以区分。例如用“髮”表示“头髮”的“髮”，以区别“发生”的“发”；用“舖”表示“店舖”的“舖”，以区别“床铺”的“铺”。

2. **大小字**　正文用 5 号字，随文夹注用 6 号（或 5 号字下标）。例如：肚腹肚｜鬆轻松。

3. **又**　用于单字的注释，表示又读音。

4. **空围**（□）写不出的字用空围表示，一个空围只代表一个字。

5. **替代号**（～）在注文中代替被注的字，例如：难困～｜车～马炮。在例句中代替所论列的词。

6. **音标**　记录方言用国际音标，以数字表示声调。专门讨论普通话的部分，直接使用汉语拼音方案字母。

7. **方括号**（[　]）在叙述性文字中加在国际音标（含紧跟着的数码声调）外面。如果有几组音标，中间没有汉字，就只用一对方括号，各组之间用空格分隔，不加标点。例如：[p t k]。单排的例子和表格（有线表和无线表）中的国际音标不用方括号。

8. **圈码**（①②③……）圈码用于例句编号，在单字音表中代替写不出的字。

9. **竖线**　单竖线“｜”用于例子之间的分隔，双竖线“‖”用于例子之间大层次的分隔和词语正式注释之外的说明。

10. **字下面的附加符号**

＿（单横线）　表示白读音。

＝（双横线）　表示文读音。

…（虚线）　表示同音代替字。

～（浪线）　表示训读字。

▁（粗横线）　表示合音字。

目录

第一章 概 述

一 德胜的概况

德胜是广西壮族自治区宜州市的一个镇。

宜州市位于广西中部偏北，东与柳城县、柳江县毗邻，南至西南与忻城县、都安瑶族自治县交界，西与河池市金城江区连境，北和东北与环江毛南族自治县、罗城仫佬族自治县接壤，地处东经 108°4′11″～109°2′44″、北纬 24°0′10″～24°5′25″。德胜镇位于宜州市境内的西北部，镇政府驻地德胜街，地处东经 108°17′22″、北纬 24°42′42″，东距宜州市政府驻地庆远镇 43 千米，西距河池市政府驻地金城江区 33 千米。镇境东西长 25 千米，南北宽 30 千米，总面积 328 平方千米。黔桂铁路、国道 323 线和高速公路穿境而过，是我国大西南通往南部沿海地区的咽喉要道。

宜州和德胜的历史都很悠久，秦时属桂林郡地，以后均为县、州、府、路建制之地，北宋著名诗人黄庭坚曾贬谪于此。宜州于汉元鼎六年（前 111 年）置定周县，西晋太康（280—289 年）初更名为龙冈（“冈”亦作“岗”或“刚”）县，南朝宋改称龙定县，德胜均为所属。唐贞观四年（630 年）置龙水、古阳等县，同时置粤州、琳州。粤州治龙水县（今宜州），今德胜为古

阳县，属琳州。唐乾封（666—667 年）中粤州更名宜州，唐天宝元年（742 年）曾改为龙水郡，乾元元年（758 年）复为宜州。北宋宣和元年（1119 年）龙水县改为宜山县，属宜州，同时废琳州、古阳县，统属宜山县。南宋咸淳元年（1265 年）宜州升为庆远府，元代曾称庆远路，明洪武二年（1369 年）复为庆远府，1913 年废。1993 年 9 月，国务院批准撤销宜山县，设立宜州市（县级），属河池地区（后改为河池市）。

德胜《太子庙碑》载，德胜圩始成于唐龙纪元年（889 年），曾名古阳。宋崇宁二年（1103 年）在此建得胜寨，后演变称德胜。明洪武二十八年（1395 年）设置德胜巡检司。清袭明制，康熙年间（1662—1722 年）在此设宜山县丞署。此后德胜曾为乡为区，1984 年改为镇。

在历史上，宜州和德胜都处于黔桂交通要冲，也是兵防重地，最晚于北宋初年已有驿道，东南通柳州，西北经河池、南丹通向云南、贵州和四川。此驿道为当时滇、黔朝贡路线，并为罗城、天河向朝廷进贡物品在庆远府集中转运的贡道。

宜州德胜历为少数民族居住之地。作为汉语方言的百姓话之所以能在此形成发展，据考证，与历史上从中原南下的军人、老兵屯田及汉人的迁徙和贬谪有关。《宋史・兵志》云："皇祐五年（1053 年）增置雄略指挥……以一千人屯宜州。"至今宜州许多地名仍折射出这一历史现象，如高家堡、李家堡、周家堡、李家寨等。"堡""寨"者，屯兵屯田之地也。今百姓话最为集中的德胜镇，据传便是因随宋代狄青征军的杨文广的一个部将黄忱设立的德胜寨而得名。短期内大量的汉人在宜州徒增，是百姓话在此地得以形成发展的源头和基础。

明朝廷在宜山县设军事组织，并实行屯田，官兵携带家眷，世袭军籍。洪武二十九年（1396 年）设庆远卫，永乐六年（1408 年），河池守御千户所由河池迁驻德胜，辖德胜、都街、周家庄、清潭 4 屯，共有屯兵1 384名。

明永乐二年（1404 年），德胜筑建石城，城内有三街十八巷，东南西北各有城门和城楼。城内有衙署、兵房、书院、民居、商铺、武庙、亮光庙、三界庙、观音堂以及多处祠堂，可以想见当时的繁荣景象。石城遗址现存东门及城楼，楼高 8 米，长 11 米，城门高 3.5 米，宽 3.4 米，以细凿料石为基础，明代青方砖为墙。德胜于清乾隆十年（1745 年）和道光二十年（1840 年）分别建有屏江书院和德胜书院。

二　德胜的民族

德胜镇境内的世居民族以壮族和汉族为主，根据 2010 年全国第五次人口普查结果，全镇共有41 825人，其中壮族34 471人，占 82.42%，汉族6 603人，占 15.79%，瑶、苗、毛南、仫佬等其他少数民族共占 1.79%。

壮族是德胜的原居民族，分布在全镇 18 个行政村和德胜街，其中围道、都围、弄相、拉林、新惠、乾合、加保、竹仓、都街、立新等行政村的村民至今仍几乎全是壮族。此外上坪的北庄、大安、洞口，磨甲的吉新、地蒙、吉良，加隆的木洞、加凤，地罗的羊角、拉缆、塘上，大邦的卢村、龙围、高龙、那漏、那多、马道、邦墟、那友、江边等村屯也都是单纯的壮族聚居地。这些村落的村名多带有壮语的痕迹，例如：板谷、板江、板寻的“板”，在壮语中是“村”的意思；那友、那漏、那多、那累的“那”，在壮语中是“水田”的意思；岜爱、岜谋、岜贺的“岜”，在壮语中是“石山”的意思；坡弄、弄相的“弄”，在壮语中是“山岽（石山之间的平地）”的意思。名从主人，说明这些村是壮族的祖居地。

汉族在德胜镇属人口第二多的民族。汉族主要分布在德胜社区、磨甲村，以及赛平村的全洞、全村、阴山，榄树村的香梅、榄树、桥军、张村、桃村、新村、三合、围村，加隆村的欧料、牛角、毕胜，地罗村的地罗，上坪村的上坪、柳村、大埔，大邦

村的那多、大字岭等屯。汉族集中居住的村屯大多与屯田有关，分布在古代驿道两旁。《庆远府志》中记载，磨甲姚姓为嘉庆年间任河池所千户直隶人姚本瀛的后代。另有部分汉族是来自福建、广东、贵州的生意人，属经济移民。德胜街的胡、廖、陈、邓等大姓多为经济移民的后代。大邦村的那多、大字岭虽地处边远，但分布在古代黄金水道龙江沿岸，这里的汉族也属经济移民的后代。

宜州市德胜镇德胜街委和各村委的民族人口统计情况见下表：

2010 年德胜镇民族人口统计表

单位	总人口	壮族	汉族	其他
全镇	41 825	34 471	6 603	751
德胜	2 876	606	2 263	7
楞底	2 208	2 015	192	1
赛平	2 009	1 587	359	63
榄树	3 633	2 551	815	267
加隆	1 272	1 080	174	18
立新	1 598	1 566	2	30
磨甲	1 086	610	474	2
地罗	2 040	1 979	47	14
都街	1 931	1 927	1	3
上坪	1 986	1 666	319	1
新惠	1 947	1 911	25	11
乾合	1 804	1 797	0	7
加保	560	558	1	1
竹仓	1 333	1 333	0	0
拉林	880	869	3	8
弄相	1 657	1 648	1	8
都围	1 485	1 485	0	0
围道	2 128	2 128	0	0
大邦	2 760	2 677	80	3
机关	6 632	4 478	1 847	307

注：表中使用的人口总数数据来源于 2010 年全国第五次人口普查，民族人口的数据参考《德胜镇志》的人口百分比例。

三 德胜的语言及其社会认同

德胜居民使用的语言有壮语、瑶语、仫佬语以及汉语的西南官话和客家话。

德胜壮语属北部壮语的红水河土语，遍及全镇范围。围道村冲谷屯的村民讲仫佬话。瑶语和仫佬语仅用于少数家庭内部，外人很难了解。

相对于原居民讲的壮语来说，百姓话又称“客话”，大多分布在明清屯田区内，以德胜街为主，地罗、加隆、榄树、赛平、楞底、上坪等部分村屯的居民也讲百姓话。

1949 年以前，德胜主要通行壮语和百姓话。新中国成立以后，外来人口增多，西南官话成为各族人民主要的交际用语，百姓话仍比较流行。官话，当地又称“军话”。真正以官话为家庭用语的居民不多，楞底村委的全洞、大邦村委的大字岭和德胜街部分居民讲的湖广话，属于西南官话。

2010 年调查组对德胜家庭用语进行了统计：说壮语的有29 120人，占总人口的 69.62%；说汉语的有12 585人，占总人口的 30.08%；使用其他民族语言的有 120 人，占总人口的0.3%。使用汉语的人中 96%以上讲的是百姓话。

德胜镇各民族语言有社会认同现象。德胜镇一些少数民族居民同时使用本民族语言和百姓话，例如，部分壮族人长期使用百姓话，还有部分壮族人既使用壮语，也使用百姓话，而公共交际用语又用西南官话。这表明德胜镇虽长期以来不同民族的人杂居，但各民族使用语言并不相互排斥，而是相互认同，共同使用，这也促进了当地各族人民的心理认同、文化认同、民族认同和社会认同，从而促进了当地各民族和谐相处。

四　德胜百姓话的内部差异及其又读变异

德胜百姓话的内部差异极大。这种差异不是体现在地点分布上，也不是体现在民系的不同上，也不是单单体现在个体差异上，而是体现在一种不成系统且散乱的又读音形态上。一个字(语素)，即便是在同一个人口中，既可以这样读，又可以那样读。有的单是声母、韵母或声调不同，有的声母和声调、声母和韵母、韵母和声调两项不同，还有的声母、韵母、声调都不同。我们调查到的3 400多个字中，就有 985 个字有第二个甚至第三个读音，占总字数的将近 30%。笔者曾于 1987 年到德胜镇做过一次较全面的调查，也发现了德胜百姓话这一又读繁多、内部差异大的现象。仅从韵母方面看，如不区分“正读”“又读”，就多达 105 个。[①]这种韵母又读繁多现象，在广西平话中少见，可能在全国各地汉语方言中也较少见。我们把使用频率高的称为“正读”(含区别意义的多音字)，其余的称为“又读”。这里集中讨论没有别义作用的又读音，但整个音系只研究正读音。

德胜百姓话又读反映了汉语方言在当地的变异现象。

（一）又读变异的主要类型

1. 声母的又读变异

（1）送气与不送气。

正读	又读	例　　字
ph	p	［帮］谱卜［滂］颇批撇拍仆朴
ts	tsh	［从］从捷［邪］徐［澄］缠仲逐［崇］镯［昌］触

① 详见郑作广《宜山德胜百姓话同音词汇》，原载郑作广著《探海集——语言学探求》，广西教育出版社 2006 年出版。

续表

正读	又读	例　　字
k	kh	[见] 稽荆葛 [群] 臼舅掘 [匣] 胫
kh	k	[见] 剑给觉菊 [溪] 可傀刊劝倾酷曲 [晓] 况豁霍藿

（2）舌尖前音、舌面后音与舌面前音。

正读	又读	例　　字
ts	tɕ	[精] 鲫 [从] 匠寂 [邪] 徐夕 [澄] 惩杖择 [章] 至志制注昭沼召征隻
tsh	tɕh	[清] 锹签鹊戚 [彻] 撑 [昌] 称斥尺
s	ɕ	[心] 须醒襄相塞锡 [生] 使笙生 [船] 绳乘舌 [书] 输庶恕扇圣 [禅] 誓逝树
k	tɕ	[见] 降
h	ɕ	[晓] 凶 [匣] 系

（3）塞擦音与擦音。

正读	又读	例　　字
ts	s	[邪] 袭详祥袖
s	ts	[邪] 席象 [崇] 谗馋 [禅] 成城勺 [崇] 柿
s	tsh	[澄] 篆 [禅] 尝偿

（4）擦音的部位和有无。

正读	又读	例　　字
f	h	[非] 夫肤府斧俯腑付富赋 [敷] 俘赴副 [奉] 腐父附 [晓] 虎浒戽花欢焕荒慌谎 [匣] 患晃
v	f	[奉] 伐帆凡犯浮 [匣] 户幻浑
	h	[奉] 芙 [微] 武侮舞 [匣] 汇
	ø	[明] 戊 [奉] 伐罚筏防扶符 [微] 妄吻无务雾 [疑] 吴蜈误 [匣] 狐胡壶湖互户护黄蝗簧 [影] 挖豌碗汪枉稳握乌污 [云] 往旺

续表

正读	又读	例　　字
h	s	[晓] 险宪享晓歇胸休 [匣] 峡辖霞协穴
ø	h	[奉] 冯逢缝 [匣] 含函汗旱焊杭绗航毫豪号和衡红洪鸿侯喉猴后厚闲咸衔限 [以] 易

（5）鼻音的部位和有无。

正读	又读	例　　字
ŋ	ȵ	[日] 任肉软弱热 [疑] 虐崖涯雅眼寓岳 [影] 烟
	ø	[日] 然 [疑] 捱阮瓦玩顽咬玉寓御遇原源 [影] 恩欧沤丫椏晏 [云] 员

2. 韵母的又读变异

（1）四呼的类别。（〇代表开口呼，无韵头）

差异	正读	又读及例字
〇- i	a	[ia] 丫雅
	am	[iɐm] 岩
	an	[iɛn] 简涧谏颜
	au	[iau] 咬 [iu] 狡
	ek	[ik] 璧 [it] 席
	eŋ	[iɛŋ] 撑更庚耕羹梗茎景警境坑生笙杏性莺樱鹦硬争 [iɐŋ] 荆睁筝 [iuŋ] 兄
	ɐk	[iek] 核赫吓
	ɐn	[iɐn] 进
	ɐŋ	[iɛŋ] 降冷
	ɔŋ	[iɛŋ] 畅
	æk	[iek] 白百柏伯擘册策拆额扼轭革格隔脚觉客麦脉陌拍迫魄鹊岳择泽责摘宅窄

续表

差异	正读	又读及例字
○- u	a	[ua] 花
	ai	[uai] 埃
	am	[uan] 泛
	an	[uan] 珊 [uɔn] 豌
	at	[uat] 伐罚筏挖
	ɔk	[uek] 获
	ɐn	[uɐn] 刎吻稳
	ɔn	[uan] 惯患 [un] 短段断缎锻款乱暖皖 [uɔn] 碗
	ɔŋ	[uaŋ] 旷矿
	oy	[ui] 崔催最
	ɐt	[ut] 率
	ɔt	[ut] 脱薛 [uɐt] 豁
○- y	ɔŋ	[yɔŋ] 皇王
	ek	[yk] 役疫
i -○	ia	[a] 厦鸦
	iɛm	[am] 舰瞻 [em] 点店垫俭检剑渐念染陕舔险验 [ɐm] 蟾潜
	iɛn	[en] 贬扁匾便变辨辩辫蝉颤茧剪见件建贱健腱践键箭恋免勉娩缅辇碾骗浅遣善膳现线宪羡焉展战
	iɛŋ	[əŋ] 晌 [eŋ] 良凉粮 [ɐŋ] 上尚
	iɛt	[at] 撤 [ep] 节捏设 [et] 憋鳖别彻揭结列劣烈裂灭蔑撇切热铁折哲浙
	iɐm	[ɐm] 吟
	in	[ən] 边颠仙鲜 [an] 禅坚肩 [ɔn] 缠
	iæk	[ɔk] 勺
	iæp	[ep] 接劫捷猎镊怯涉摄贴帖业
	iu	[əu] 潮锚 [au] 锚兆 [eu] 彪

续表

差异	正读	又读及例字
i－u	in	[un] 鲜
	iuk	[uk] 肉辱褥育欲
i－y	iɛn	[yn] 掀弦轩
	iuŋ	[yn] 永
u－〇	uat	[at] 刷
	un	[ən] 搬川穿传船瞒盘旋旬 [ɔn] 传选
u－i	un	[in] 椽喧
	uŋ	[iŋ] 盟
u－y	un	[yɛn] 癣 [yn] 喧全泉宣
y－〇	yɛn	[en] 阮
	yt	[ɐt] 卒
y－i	yɛn	[ien] 阮
	yɛt	[iɛt] 穴
	yn	[ien] 院
	yt	[iuk] 橘
y－u	yɛn	[uen] 卷倦绢眷
	yɛt	[uet] 决诀掘厥缺穴血月悦阅粤越
	yn	[uen] 劝券愿

（2）鼻音尾的发音部位。

差异	正读	又读及例字
m－n	am	[an] 范碱惭谗馋犯尴谈痰毯 [iɛn] 碱 [uan] 泛
	ɔm	[an] 憾 [ɐn] 感撼
	ɐm	[ɐn] 斟
	iɐm	[in] 壬任
	iɛm	[iɛn] 殓焰 [in] 奠
	im	[in] 炎

续表

差异	正读	又读及例字
n－m	an	[am] 丹兰檀坦栈
	iɛn	[iɛm] 典腆蔫 [im] 笺研
	in	[iɛm] 演
n－ŋ	ɐn	[eŋ] 邻
	ɐn	[ɐŋ] 品
ŋ－n	eŋ	[ən] 丞成城澄橙耿皿等 [ɐn] 冰称呈诚程聘郑
	iuŋ	[yn] 永

（3）塞音尾的发音部位。

差异	表韵	又读及例字
p－t	ap	[at] 乏塌榻压
	iæp	[iɛt] 捷妾
	ɐp	[et] 蛰
	iɐp	[iɛt] 给
p－k	ɐp	[ek] 袭
t－p	at	[ap] 达拉獭辖铡
	iɛt	[ep] 节捏设 [iep] 泄 [iæp] 孽
t－k	ɐt	[uk] 突
	yt	[iuk] 橘
k－t	ɔk	[ɔt] 获
	iæk	[ɔt] 削
	ek	[ɛt] 蓆 [it] 席

（4）塞音尾与开尾。

正读	又读及例字
ɔt	[ye] 雪
ɐt	[i] 逸 [u] 忽

续表

正读	又读及例字
uɐt	[uai] 率
yɛt	[i] 乞 [ye] 掘
yt	[y] 屈
ɔk	[o] 鄂骆 [u] 握
ek	[i] 碧壁逆译 [y] 剧役疫
uk	[u] 叔

（5）韵腹的音值。（前面已经提到的不录）

差异	正读	又读及例字
i－ɿ/e	i	[ɿ] 痔智 [ei] 胚丕坯披
u－ɿ/o	u	[ɿ] 做 [o] 错科模菩诉塑
y－i/u	y	[i] 蛆徐 [u] 枢
a－o/e/ɔ/ə	a	[o] 妈锁座
	ai	[e] 奶 [ei] 解
	am	[ɔm] 衔
	an	[en] 单拣柬裥
	ap	[əp] 合
	at	[ɔt] 抹
	au	[əu] 膏搞韶
ɔ－a/ə/ɐ	ɔk	[ak] 剥
	ɔm	[əm] 暗甘柑敢橄 [am] 含函 [ɐm] 撼
	ɔn	[an] 漫
	ɔŋ	[aŋ] 晃 [ɐŋ] 放
	ɔp	[əp] 鸽 [ap] 蛤 [ɐp] 磕
o－u/ɔ	o	[u] 楚阻
	oy	[ɔi] 每蜕

续表

差异	正读	又读及例字
ɐ－a/e/o/ɛ	ɐu	[au] 矛 [eu] 秀绣 [o] 某剖
	ɐt	[ɛt] 吉疾日失虱恤质
ə－a	əu	[au] 褒菴暴刀茅卯冒貌牡曝
e－ə/a/i/ɐ	ei	[əi] 贿栖 [ai] 睬改耐 [i] 闭毙蓖弊计迷批滞 [ɐi] 猜
	ek	[ɐk] 辟
	eŋ	[ən] 丞成城澄橙耿皿筝 [ɐn] 冰称呈诚程聘郑
ŋ̍－u	ŋ̍	[u] 五午伍

3. 声调的又读变异

差异	正读	又读	例　字
阴平-阳平	53	31	猜乎佳摩魔黏批焉蔫
阳平-阳去	31	312	薯盂娱疗瞭玩辫液腋
阴上-阳上	42	24	晃践柳鲁橹卵辇撵碾努启绕往吻演养痒
阴上-阴去	42	33	厂梗估假涧鸟剖巧婶黍统攒组祖
阴上-阴平	42	53	板宠讽否改吼狡锦纠垮陇垅享与枕
阴上-阳去	42	312	蔼捕打辅撼悔火伙俭骝懵奶娶嫂陕怂讨挺皖碗险晓
阳上-阴上	24	42	旱阮枉鹉咬饮永拄
阳上-阳去	24	312	抱倍辈舵户缆藐某牡柿竖下序叙雅造罪座
阴去-阳去	33	312	菴暴俸腐负附傅赋渐匠劲竟曝务戊雾系羡械砚艳院兆滞赘
阳去-阴去	312	33	贝冻犯范贡贺臼廖兽现愿制咒骤驻著篆奏
上阴入-下阳入	5	1	伏服袱蛤核辑术述蛰轴浊镯
下阴入-下阳入	43	1	拔鳖达跌郭霍藿杰捷截掘廓涉刷说索蓆匣峡辖协

续表

差异	正读	又读	例　　字
下阴入-上阳入	43	23	八百柏憋钵伯博册策插察拆彻撤绰撮搭答恶发法胳割搁阁格葛隔各刮喝夹甲胛脚接揭节劫结捷决诀觉厥爵渴客扩括阔烙镊拍撇泼迫魄掐恰洽切怯缺却鹊杀设涉摄塌塔榻踏贴铁帖讫托脱挖瞎辖歇挟泄薛血压押鸭约责札轧眨摘窄折哲浙卓涿啄琢着作
上阳入-下阳入	23	1	白拨帛钹薄沓谍叠牒碟蝶夺铎伐罚筏滑猾活获绝勺穴役跃杂凿择泽闸铡宅
下阳入-上阳入	1	23	触狄敌笛毒读牍犊独合籍藉局历立六陆录鹿禄绿目牧穆肉石熟蜀俗夕席狱属族
下阳入-上阴入	1	5	笠率辱褥赎袭亦欲逐

（二）又读变异的原因

1. 语言来源的不同

原使用百姓话的居民都是外来移民，他们的祖居地各不相同，迁入的时间有先有后，到了德胜之后居住分散，语言没有经过充分整合，各自保留着一些祖语特点，形成现在的个体读音差异。日母的主流今读［ŋ ø］，有人把“绕、任、肉、辱、褥”的读成[z- s-]，［s］是［z］的清化。语言学家王力先生将日母的中古音拟为全浊音加鼻音，［z］与［ŋ］正好是全浊音加鼻音的分化，这种分化在现代之前已经完成，日母现代读音的［z］与［ŋ］的差异，是它们分派以后传入德胜的。

2. 语言演变的参差

语言的发展是不平衡的。全浊声母在同部位清化过程中，有塞音塞擦音与擦音的选择，塞音塞擦音中还有送气与不送气的选择。北方全浊音的清化完成于元代，南方则延迟至明清。德胜百姓话全浊音的清化，是在当地完成的。

ts－s：袭详祥袖[邪]

s－ts：席象[邪]谗馋[崇]成城勺[禅]柿[崇]

s－tsh：篆[澄]尝偿[禅]

这种不同的选择，表明各地发展的步调不一致。

疑母遇合一的“吾、梧、蜈、五、午、伍、悟”读［ŋ̍］＝［ŋu］，“五、午、伍”又读［vu］，跟同类其他字相比，演变快了一步。

总体看来，德胜百姓话的舌面前音远非主流，舌面前音的又读在时间序列上，属于超前变化。

（三）语言影响的差异

无论是强势方言还是弱势方言，在多语环境中都会吸收别种方言（或语言）成分。德胜百姓话的某些读音差异，可以明显地看出来自周边的何种方言。

德胜百姓话咸摄、山摄、臻摄部分字读介音［-ε］，显然是受与之接缘的西南官话影响，如“歉、舰、险、点、谏、变、线、建、垫、恋、劝、县、吉”等，因为其他不与西南官话接缘的桂南平话是没有这一现象的。

德胜百姓话阴平字取33调，调类变成阴去，33调是官话阴平的调值。蟹止摄开口三等读［i］，而“痔、智知、制章”又读［ɿ］，［ɿ］来自官话。又读字中，韵尾［m p t k］脱落的，也都是官话影响的结果。

“做”的韵母是［u］，又读［ɿ］，入声浊音读高调。这都来自客家话。“做”读［-u］，本是客家话和粤语的共同特点，但客家话有一派读舌尖前圆唇元音，圆唇动作松脱，就成了不圆唇元音。客家话假开三的主流韵腹与二等不同，读［ε］，德胜百姓话“惹、也、野、夜”读［ia］，也是从客家话吸收进来的。

由于德胜镇长期以来各民族杂居，各民族语言相互认同，因此德胜百姓话也受到壮语等一些少数民族语言的影响，无论是在语言的声、韵、调上，还是词汇的读音上，都吸收了一些当地壮语成分，可从中追寻到壮族语言的痕迹。本书在第三章《词汇》

第一节“词汇特点”部分专就德胜百姓话受壮语的影响情况做研究，此处不再赘述。

德胜百姓话形成的时间较早，在形成发展过程中受到来自中原不同地域、不同时期一些方言的影响，或会反映出中古汉语、某一地域方言的遗存，因而，本书在第三章《词汇》第一节“词汇特点”中再专列“沿用古语词（素）”和“有一批特殊的方言词”两部分进行探究，此处也不再展开。

以上几点，不排除交错关系。

本书发音合作人为：

王琼珠，女，1943 年 5 月生，广西宜州市德胜镇德胜街人，初中文化，退休小学教师，世居，说地道的德胜百姓话，自称祖上来自山东青州府。

杨爱琼，女，1947 年 7 月生，广西宜州市德胜镇德胜街人，初中文化，镇计生站退休干部，世居，说地道的德胜百姓话，自称祖上来自山东青州府。

廖重喜，男，汉族，1935 年生，广西宜州市德胜镇德胜街人，干部。

第二章　语　音

一　声韵调

德胜百姓话的声母有 17 个，韵母有 68 个，声调有 10 类。

（一）声母

1. 声母表（17 个，包括零声母）

p	ph	m	f	v
t	th	n	l	
ts	tsh		s	
k	kh	ŋ	h	
ø				

2. 声母说明

（1）声母［p ts］在阳平调中有轻微的浊音色彩。

（2）［ts tsh s］与细音相拼时，音色接近［tɕ tɕh ɕ］。

（3）［s］在个别写不出的字中偶尔读边擦音［ɬ］。

（4）见系与细音相拼时，读舌面中音。

（5）零声母有时发喉塞音。

3. 声母举例

p　补霸标奔饼帮百碧排瓶薄魄
ph 铺怕坯判品烹劈泼叛痞甫遍
m　米麻秒蛮命忙莫麦尾问网袜
f　飞发翻纺负愤埠花忽惠缓恢
v　晚文物浮份罚户滑汪挖误戊
t　底多短订督答图田笛夺膛爹
th 梯兔毯天烫通托铁塔荡艇突
n　尼努嫩南农纳聂严业瓤荤粒
l　礼炉虑垒林浪拢落辣列绿蔫
ts　子足知竹庄章从僧详橙崇常
tsh 千促痴初测昌尺躁燥轴束獭
s　斯雪旋生缩书禅床船显枢嘱
k　鼓居阁决郭其舅琴局杞械岑
kh 器苦驱跨劝轻缺壳疆级仅吸
ŋ　伍鱼瓦愿硬玉弱热丫越阅钩
h　稀呼许黑孩合穴客营福丰吃
ø　爱约卫云以疫如魏禾冯微酿

（二）韵母

1. 韵母表（68 个）

ɿ	i	u	y	ɐn	iɐn	uɐn	
a	ia	ua		ən	iɛn		yɛn
o				aŋ		uaŋ	
ɛ	iɛ			ɔŋ	iuŋ	uŋ	
ai		uai		ɐŋ			
ɔi				eŋ	iɛŋ		
oy				ŋ̍			
ei		uei		ap	iæp		
au				ɔp			
əu	iu			ɐp	iɐp		
ɐu	iɐu			at		uat	
am	iɛm			ɔt		uɐt	yt
ɔm	im			ɐt		iɛt	yɛt
ɐm	iɐm			ɔk	iuk	uk	
an		uan		æk	iæk		
ɔn	in	un	yn	ɐk	ek		

2. 韵母说明

（1）单韵母［o］的读音较开。

（2）［ɛ］的读音较关，舌位略偏后。

（3）［ɐ］的舌位略偏后。

3. 韵母举例

ɿ 紫刺撕自瓷师四滋磁司事做
i 枝皮迟备耳意机肥制第煨液
u 布堵租吴夫雾副母驴助簸科
y 旅如书除鬚柱取树婿雷推玉
a 巴茶假夏雅化罢稗话火坐撒
ia 霞厦鸦牙芽衙亚惹也野夜
ua 瓜寡夸跨瓦卦挂抓爪果过货
o 剁螺蓑课拖可鹅阻初梳数傻
ɛ 爹者蔗扯蛇社借且些邪写茄
iɛ 姐椰爷耶冶
ai 态该赖大挨拜排矮挨崖蟹寨
uai 乖怪怀淮槐坏块刽拐快衰帅
ɔi 累睡泪类
oy 蜕最崔催傴每
ei 闭洗世悔肺惠尼毁费哀来盖
uei 妹队贝岁奎嘴规槌水贵魏外
au 拗饱抄搞敲奥膏浩捞皂绍雹
əu 宝袍帽刀桃脑劳草灶亩阜埠
ɐu 藕剖贸兜楼厚谋浮周酒秋袖
iɐu 右休牛鸠韭丘求柔朽纠幼巧
iu 摇标庙超照吊辽鸟尧彪饺稍
am 胆三喊簪蚕馋减陷衫岩犯范
ɔm 庵暗感含函憾撼甘柑敢橄
ɐm 林针枕沉深沈婶渗浸侵森寻
iɐm 阴吟饮岑金妗禁钦琴壬任纴
iɛm 盐焰镰佔蟾闪染欠点垫歉舰
im 严帘廉黏尖歼签钳鲇添兼迁
an 单灿眼慢颜换弯饭惨滥赚帆
uan 删玩鳏顽关闩栓
ɔn 竿看汗半满算馆段暖惯患喘
ɐn 吞根很彬陈民斤本魂笋问品
iɐn 人仁刃洇引印谨近芹勤欣隐
uɐn 滚坤昆崑捆困
ən 存墩钝顿遁屯臀逊询迅贞侦
iɛn 变免展扇建掀燕辫典恋贬艳
yɛn 卷捲倦桊绢眷软阮
in 演鞭缠燃边田先言紧认仍锦
un 盘端完纂穿泉选喧癣准纯顺
yn 俊闰匀运群勋孕缘捐劝元县
aŋ 榜谤滂邦蚌棒庞胖戆
uaŋ 匡筐况框眶
ɔŋ 帮莽杭荒望纺狂扛畅瓤纺氓
ɐŋ 崩等增恒瞪冷擤衡江讲巷墱
eŋ 影平井圣钉形耕硬蒸横兄因
iɛŋ 养粮酿厂赏匠让枪香祥丈腔
uŋ 蒙动总冬宋虫弓奉肿宏猛朋
iuŋ 勇用茸容凶胸穷融雄熊荣永
ŋ̍ 五午伍
ap 搭纳踏杂合蜡塔插恰甲挟法
iæp 页猎聂接捷妾涉劫业碟贴协
ɔp 鸽蛤磕
ɐp 笠缉集辑涩湿拾习袭蛰汁执
iɐp 给及级急入吸
at 达辣拔察杀刹瞎铡发罚袜押
uat 括滑猾刮刷
ɔt 割葛渴钵泼末夺捋活绝说雪
ɐt 逸笔匹日侄突卒律恤佛物鼻
uɐt 骨窟出率术述蟀戌
iɛt 鳖灭列彻杰歇跌铁切节劣胁
yɛt 阅悦掘蕨粤越决缺穴血乙乞
yt 橘卒屈
ɔk 鳄薄托爵酌郭藿缚确国或获

æk 额白拆格窄策轭隔脉脚鹊岳	ek 璧石席锡吃役剧逆力食室膝
iæk 疟虐却若弱勺芍削约钥跃着	uk 读哭木毒酷伏陆筑粟足朴镯
ɐk 北墨勒黑刻贼测色吓核驳学	iuk 掬菊粬肉郁局曲辱褥狱浴橘

（三）声调

1. 声调表（10类）

调类	阴平	阳平	阴上	阳上	阴去	阳去	上阴入	下阴入	上阳入	下阳入
调值	53	31	42	24	33	312	5	43	23	1

2. 声调说明

（1）阴平53偶尔读成55。

（2）阳去312有时读成212或213。

（3）入声调值短促，近年读时有拉长的趋势。

3. 声调举例

调类	调值	例　　字
阴平	53	医苏加边针东猜昌魔黐跨沼
阳平	31	时骑随权瓶棚移娱蚊容薯饲
阴上	42	止古嘴闪顶可草桶奶鲁仅翅
阳上	24	市弟户近蚁尾岭缆猫座枉试
阴去	33	志笑凳众气唱躬侵父匠亿雹
阳去	312	事步定巷认望稻尽像幼贡幕
上阴入	5	鸽急笔竹匹出吃突粥服粒育
下阴入	43	鸭八各插铁托达杰洽舌烙镊
上阳入	23	薄白滑碟杂麦岳辣越业轭乙
下阳入	1	合特实习俗入物力目室触鼻

二　音节总表

德胜百姓话使用的音节计有1 483个，其中有字的音节1 423个，写不出字的有60个。本表按韵母、声母、声调的顺序构成，写不出的字用带圆圈的数字代替，每个表的数字自成起讫。有特殊情形的字和写不出的字，都在表下做出简单注释。

音节总表 1

韵	ɿ						i						u						y					
调 声	阴平53	阳平31	阴上42	阳上24	阴去33	阳去312	阴平53	阳平31	阴上42	阳上24	阴去33	阳去312	阴平53	阳平31	阴上42	阳上24	阴去33	阳去312	阴平53	阳平31	阴上42	阳上24	阴去33	阳去312
p							杯	陪	比	陛	臂	备	**哺**	葡	补	部	布	步						
ph							胚		彼		屁		铺	蒲	捕		舖							
m							眯	眉	①	靡		昧	巫	模		母		募						
f							飞		匪		痱		夫		抚		父							
v							煨	肥					窝	扶		户	务	互						
t												地	都	图	堵	**肚**		妒	堆					
th															土		兔		推					
n							②		**呢**	你	**呢**			奴	努	**孥**		怒				女		
l								厘		李	③	莉	萝	卢	鲁	卤	噜	露		雷	缕	吕		滤
ts	姿	词	子		**做**	寺	之	池	止		至	制	租		组		做	助	朱	除	主	聚	蛀	住
tsh	疵		此		次		痴		齿				粗				醋		蛆	雏	取		趣	
s	师	恃	死	柿	四	士	尸	匙	史	市	**什**	视	苏				素		书	殊	暑	竖	署	树
k							讥	期	己		记	忌	姑		古	**跍**	固		居	渠	举		句	具
kh							欺		岂		企		科		苦		库		区	瞿			去	
ŋ							**儿**	仪	拟	耳		二		吾						鱼				玉
h							希		喜		弃		乎						虚		许			
ø							衣	而	已		亿	**易**	④					悟	迂	如	与	乳		愉

注释

做［tsɿ^{33}］又音

①［mi^{42}］马～：蜻蜓

②［ni^{53}］小气叫粒～

呢［ni^{42}］语气词。［ni^{33}］代词，哪

③［li^{33}］苦瓜叫苦～

什［si^{33}］～么

儿［ŋi^{53}］～子

易［i^{312}］容～

哺［pu^{53}］～日：中午

肚［tu^{24}］猪～

孥［nu^{24}］妻子

跍［ku^{24}］蹲

④［u^{53}］扫帚叫～□［ŋeŋ^{31}］

音节总表 2

韵	a						ia						ua						o					
调 声	阴平53	阳平31	阴上42	阳上24	阴去33	阳去312	阴平53	阳平31	阴上42	阳上24	阴去33	阳去312	阴平53	阳平31	阴上42	阳上24	阴去33	阳去312	阴平53	阳平31	阴上42	阳上24	阴去33	阳去312
p	巴	爬	把		坝	罢													波	婆	跛			**薄**
ph		趴			怕														坡				破	
m	妈	麻		马	①	骂													摸	摹				**磨**
f	花		火		化																			
v		华		祸	**涴**	画																		
t			打																多	驮	朵	舵	剁	惰
th	她																		拖		妥		唾	
n		**㑄**				捺														挪				懦
l																				罗	裸	**攞**	**啰**	摞
ts	渣	查		坐	诈								抓		爪					锄	阻		左	佐
tsh	叉	搽	镲		岔														初		础		措	
s	沙	撒	洒										④		耍				梳		所		**数**	
k	加		贾		价								瓜		剐		卦		锅				个	
kh	咔				胯								夸		垮				棵		可		课	
ŋ	丫			雅	桠		③	牙								瓦				俄		我		卧
h	哈				②			霞				**厦**					货							
ø	阿		哑	**下**	**垭**	夏	鸦			惹		夜							屙	禾		**涴**	**荷**	贺

注释

① ［ma³³］ 揹（小孩）

涴 ［va³³］ 弄脏

㑄 ［na³¹］ 伯母

② ［ha³³］ 尾骨叫～尾

下 ［a²⁴］ 动词

垭 ［a³³］ 山谷叫山～

③ ［ŋia⁵³］ 抓

厦 ［hia³¹²］ 大～

④ ［sua⁵³］ 戏弄

薄 ［po³¹²］ ～荷

磨 ［mo³¹²］ 名词

攞 ［lo²⁴］ 找

啰 ［lo³³］ ～唆

数 ［so³³］ 名词

涴 ［o²⁴］ 脏

荷 ［o³³］ 薄～

音节总表 3

韵	ε						iε						ai						uai					
调 声	阴平53	阳平31	阴上42	阳上24	阴去33	阳去312	阴平53	阳平31	阴上42	阳上24	阴去33	阳去312	阴平53	阳平31	阴上42	阳上24	阴去33	阳去312	阴平53	阳平31	阴上42	阳上24	阴去33	阳去312
p														排	摆		拜	败						
ph																	派							
m														埋		买		迈						
f																								
v																								
t	爹												呆					大						
th																	态							
n	①				**奶**										奶	乃	③							
l				②		**咧**												赖						
ts	遮		者		借	谢	姐						斋		宰		债	寨						
tsh	车	斜	扯										**差**											
s	奢	蛇	写	社	卸	射							腮	柴			赛		衰		摔		帅	
k		茄											该		解		介		乖		拐		怪	
kh													揩		凯		溉		④				快	
ŋ														捱	蔼			艾						
h	靴													孩			懈							
ø							椰	爷	冶		噎		埃		矮		隘		歪	怀				坏

注释

① ［nε⁵³］一点儿，少量

奶［nε³³］乳房

② ［lε²⁴］牵牛花叫□［po³¹］～花

咧［lε³¹²］麻～：麻雀

③ ［nai³³］疲劳

差［tshai⁵³］出～

④ ［khuai⁵³］骂

音节总表 4

韵	ɔi						oy						ei						uei					
调 声	阴平53	阳平31	阴上42	阳上24	阴去33	阳去312	阴平53	阳平31	阴上42	阳上24	阴去33	阳去312	阴平53	阳平31	阴上42	阳上24	阴去33	阳去312	阴平53	阳平31	阴上42	阳上24	阴去33	阳去312
p																	毙	闭				倍	焙	贝
ph													批										沛	
m										每				玫		美	没	寐						妹
f															悔	贿	废							
v																		吠						汇
t													低	堤	底	弟	带	代					对	队
th											蜕		胎	嚏	体		剃				腿		退	
n														尼				奈						内
l				累		泪				儡				来		礼	癗	例				垒		傫
ts											最		灾	才	挤		际	在	追	垂	嘴	罪	坠	
tsh							崔						猜		采		菜		吹				脆	
s						睡							西		洗		世		虽	谁	水	瑞	税	遂
k													鸡		改		盖		归	奎	轨		贵	柜
kh	①												开				契		亏		傀		愧	
ŋ																②		碍		危		③		外
h													奚	携	海									
ø													哀				爱	亥	威	微	纬	伟	卫	位

注释

① ［khɔi^{53}］骂

② ［ŋei^{24}］推

③ ［ŋuei^{24}］花蕾叫花～

音节总表 5

韵	au						əu						ɐu						iɐu					
调/声	阴平53	阳平31	阴上42	阳上24	阴去33	阳去312	阴平53	阳平31	阴上42	阳上24	阴去33	阳去312	阴平53	阳平31	阴上42	阳上24	阴去33	阳去312	阴平53	阳平31	阴上42	阳上24	阴去33	阳去312
p	包	刨	饱		雹	铇	煲	袍	宝	抱	报							①						
ph	抛		跑		炮										剖									
m							卯	毛		亩		冒		矛		某		茂						
f											埠				否									
v														浮										
t							刀	涛	岛		到	导	兜	头	陡		鬥	豆						
th									讨		滔		偷		**敨**		透							
n						闹				恼						纽						扭		
l		捞						劳		老		涝	溜	刘	骝			陋						摺
ts			找		罩		遭	曹	早	造	灶		州	仇	酒	**掫**		就						
tsh	抄		吵				操		草		糙		抽		丑		臭							
s	梢	韶			捎		骚		嫂		扫		收		手		瘦	寿						
k	膏		搞		窖		羔		稿		告		沟		狗		构		鸠	求	纠	舅	究	旧
kh	敲								考		靠		抠		口		叩		丘		巧			
ŋ		挠	袄	咬	坳			熬					勾			呕	怄			牛		**劓**		
h					浩		蒿	姣	**好**		耗				吼				休		朽			
ø			拗					毫				号		猴				后	忧	柔		友		右

注释

好［həu42］～处

①［pɐu312］叮咬

敨［thɐu42］歇，休息

掫［tsɐu24］动词。拿，提

劓［ŋiɐu24］皱

音节总表 6

韵	iu						am						ɔm						ɐm					
调 声	阴平53	阳平31	阴上42	阳上24	阴去33	阳去312	阴平53	阳平31	阴上42	阳上24	阴去33	阳去312	阴平53	阳平31	阴上42	阳上24	阴去33	阳去312	阴平53	阳平31	阴上42	阳上24	阴去33	阳去312
p	彪	瓢	表									**湴**												
ph	飘				票																			
m		苗		猫		妙																		
f											泛													
v												犯												
t	刁	条	屌		吊	掉	耽	谈	胆	淡	担									**凼**			⑤	
th	挑				跳		贪		毯		探													
n			鸟			尿		男												**喃**	**谂**			赁
l		辽		了	**鹩**	廖		蓝		览	③									林		檩		
ts	焦	潮	剿		兆	赵	簪	蚕	斩	錾	蘸	暂				④			针	沉	枕		浸	
tsh	超				俏		搀																侵	
s	烧		小		笑		三	谗											森		沈	甚		
k	娇	乔	绞		叫	轿	监		减		鉴		甘		敢				⑥	⑦				
kh					窍								龛											
ŋ	①				②			岩																
h	嚣		晓				憨		喊															
ø	妖	饶	扰		舀			咸				陷		含	**揞**		暗	憾						

注释

鹩［liu³³］飞鸟总称
①［ŋiu⁵³］麻子叫～子
②［ŋiu³³］嗅
湴［pam³¹²］泥泞
③［lam³³］拃
④［tsɔm²⁴］毛虫
揞［ɔm⁴²］捂
凼［tɐm³¹］水坑
⑤［tɐm³³］煮
喃［nɐm³¹］自言自语
谂［nɐm⁴²］想
⑥［kɐm⁵³］一把儿叫一～
⑦［kɐm³¹］刘海儿叫遮眉～

音节总表 7

韵	iɐm						iɛm						im						an					
调 声	阴平53	阳平31	阴上42	阳上24	阴去33	阳去312	阴平53	阳平31	阴上42	阳上24	阴去33	阳去312	阴平53	阳平31	阴上42	阳上24	阴去33	阳去312	阴平53	阳平31	阴上42	阳上24	阴去33	阳去312
p																			班	②	板		办	
ph																			攀	襻			盼	
m																			**屘**	蛮				幔
f																			番		反		贩	
v																			弯	帆		换	幻	饭
t									点		店	垫	掂	甜		簟			丹	坛				旦
th									舔		掭		添						摊				叹	
n												捻	拈	严						**难**				**难**
l								镰		敛		殓		帘						兰		懒		烂
ts							沾	潜			渐		尖							残	盏		赞	栈
tsh													歼						餐		惨		灿	
s								蟾	闪										山	**漦**	**散**		伞	
k	今	琴		妗	禁				俭		剑		兼	钳					奸		拣		裥	
kh	钦										欠		谦						刊		坎			
ŋ						任				染												眼	晏	雁
h					①				险												罕			
ø	阴	壬		饮		纫		**靥**	掩		淹	盐	阉	嫌						闲				苋

注释

① [hiɐm^{33}] 寒冷

靥 [iɛm^{31}] 酒～：酒窝

② [pan^{31}] 南瓜叫～瓜

屘 [man^{53}] 排行最末的

难 [nan^{31}] 困～。[nan^{312}] 苦～

漦 [san^{31}] 口水

散 [san^{42}] 分～

音节总表 8

韵	uan						ɔn						ɐn						iɐn					
调／声	阴平53	阳平31	阴上42	阳上24	阴去33	阳去312	阴平53	阳平31	阴上42	阳上24	阴去33	阳去312	阴平53	阳平31	阴上42	阳上24	阴去33	阳去312	阴平53	阳平31	阴上42	阳上24	阴去33	阳去312
p										伴	半	拌	奔	盆	本		殡	笨						
ph											判				品		喷							
m										满		漫		门		抿		闷						
f									缓		患		分		粉		奋	混						
v								桓	皖				温	坟	吻	刎		份						
t									短	**断**		段		囤				盾						
th													吞				饨							
n										暖								嫩						
l												乱		邻				论						
ts													津	尘	诊		进	尽						
tsh									喘		串		村				衬							
s	删										蒜	撰	申	辰	损		肾	慎						
k	关						干		秆		贯		根							芹	谨	近		
kh							款				看				肯									
ŋ		玩				①						岸	恩	银						人				
h							鼾				汉				很		恨		欣					
ø							安	寒		旱	按	汗		痕					殷		隐	刃	印	

注释

① ［ŋuan312］疯

断［tɔn24］拦截

音节总表 9

韵	uɐn						ən						iɛn						yɛn					
调 声	阴平53	阳平31	阴上42	阳上24	阴去33	阳去312	阴平53	阳平31	阴上42	阳上24	阴去33	阳去312	阴平53	阳平31	阴上42	阳上24	阴去33	阳去312	阴平53	阳平31	阴上42	阳上24	阴去33	阳去312
p													蝙	辫	扁		变	辩						
ph																	片							
m																免		面						
f																								
v																								
t							墩	炖			敦	钝			典			电						
th													①											
n													研		碾									
l													蔫				②	练						
ts							贞	存							剪		战	贱						
tsh													笺		浅									
s								询			迅		搧		显		线	善						
k			滚		棍										茧	件	见		鹃		捲		倦	
kh	坤		捆		困										遣								拳	
ŋ																						阮		
h													宪											
ø													焉	弦			砚	现						

注释

① ［thiɛn^{53}］打水漂儿叫～水弓

② ［liɛn^{33}］滚地

29

音节总表 10

韵	in						un						yn						aŋ					
调 声	阴平53	阳平31	阴上42	阳上24	阴去33	阳去312	阴平53	阳平31	阴上42	阳上24	阴去33	阳去312	阴平53	阳平31	阴上42	阳上24	阴去33	阳去312	阴平53	阳平31	阴上42	阳上24	阴去33	阳去312
p	边						搬	盘											邦	庞	绑		棒	蚌
ph	偏						潘												乓				胖	
m		眠						瞒														盳		
f					①		欢																	
v																								
t	颠	田					端	团																
th	天																							
n		年																						
l		连					圞	峦		卵													晾	
ts	煎	缠					专	全	准		钻				俊									
tsh	千						川		蠢		篡													
s	仙	禅					酸	船	选			顺												
k	坚	乾	紧		劲		官				冠		捐	权			券	菌						
kh	牵		仅				宽						圈		犬		劝							
ŋ	烟	然		忍	韧	认								员				愿					②	戆
h													勋				训			③				
ø	姻	贤	演					完					冤	铅	宛	尹	怨	闰						

注释

① ［fin³³］甩

圞［lun⁵³］圆

冠［kun³³］～军

盳［maŋ²⁴］一堵墙说一～墙

② ［ŋaŋ³³］曾祖父

戆［ŋaŋ³¹²］蠢，傻

③ ［haŋ³¹］全部说～□［paŋ³¹］郎

音节总表 11

韵	uaŋ						ɔŋ						ɐŋ						eŋ					
调 声	阴平53	阳平31	阴上42	阳上24	阴去33	阳去312	阴平53	阳平31	阴上42	阳上24	阴去33	阳去312	阴平53	阳平31	阴上42	阳上24	阴去33	阳去312	阴平53	阳平31	阴上42	阳上24	阴去33	阳去312
p							帮	旁					崩						宾	频	丙	⑥		病
ph													烹						乒				拼	
m								忙		莽		忘								名		皿		命
f							方		访		放													
v							汪	防	往	枉		妄								横				
t							裆	唐	挡		当	①	灯	腾	等		凳	邓	丁	廷	顶			订
th							汤		躺		烫								厅		挺			
n								囊						能					拎	宁			⑦	
l								郎		朗	②	浪		楞		冷				灵		岭		令
ts							庄	**藏**			壮	状	增	层				赠	晶	丞	井		正	净
tsh							仓				畅						④		撑		请		秤	
s							桑	床	嗓		**丧**						擤		升	成	醒		圣	剩
k							刚	狂	岗		杠		江		讲		虹	⑤	庚	琼	耿		敬	
kh	框				匡	眶	康	扛	慷		抗								坑		顷		庆	
ŋ								昂			③									⑧			⑨	硬
h								**行**					亨						兄	形			衅	
ø								杭						恒			项	巷	因	盈	影	颖	应	

31

注释

① ［tɔŋ^{312}］ 缸

② ［lɔŋ^{33}］ 山沟叫峒～

藏 ［tsɔŋ^{31}］ 躲～

丧 ［sɔŋ^{33}］ ～失

③ ［ŋɔŋ^{33}］ 哭声

行 ［hɔŋ^{31}］ 银～

④ ［tshɐŋ^{33}］ 跺（脚）

⑤ ［kɐŋ^{312}］ 昏

⑥ ［peŋ^{24}］ 肚脐眼叫肚～

⑦ ［neŋ^{33}］ 耳～：耳环

⑧ ［ŋeŋ^{31}］ 扫帚叫□［u^{53}］～

⑨ ［ŋeŋ^{33}］ 锅烟子叫锅～

音节总表 12

韵	iɛŋ						uŋ						iuŋ						ŋ̍					
调/声	阴平53	阳平31	阴上42	阳上24	阴去33	阳去312	阴平53	阳平31	阴上42	阳上24	阴去33	阳去312	阴平53	阳平31	阴上42	阳上24	阴去33	阳去312	阴平53	阳平31	阴上42	阳上24	阴去33	阳去312
p								朋																
ph									捧		碰													
m								萌	懵	猛	②	孟												
f																								
v																								
t							东	同	董	动		冻												
th							通		统		痛													
n		娘					**哝**	农		**侬**		齉												
l		良	**两**	**两**		亮		龙	陇	拢		弄												
ts	浆	肠	奖	仗	匠	丈	忠	虫	肿	**重**	众	讼												
tsh	昌		厂		倡		充		宠		铳													
s	伤	尝	赏	象	**相**	尚	松		怂		宋													
k	姜	强	**蔃**			犟	工		巩		供	共	③	穷										
kh	僵		**勥**				**空**		烘		控													
ŋ				仰	①	让																五		
h	乡		享		向		丰	宏	讽	奉	俸		凶											
ø	央	扬	养			酿	翁	冯			**缝**	凤	雍	荣	拥	永		用						

注释

两［lieŋ^{42}］斤～。［lieŋ^{24}］～个

相［sieŋ^{33}］～片

蔃［kieŋ^{42}］根须

勥［khieŋ^{42}］勉强

①［ŋieŋ^{33}］曾祖

②［muŋ^{33}］填埋

哝［nuŋ^{53}］唠叨，埋怨

侬［nuŋ^{24}］小孩

重［tsuŋ^{24}］～量

空［khuŋ^{53}］～虚

缝［uŋ^{33}］小洞或小缝儿

③［kiuŋ^{53}］老蒜～：蒜苔

音节总表 13

韵	ap				iæp				ɔp				ɐp				iɐp				at			
调 声	入甲5	入乙43	入丙23	入丁1	入甲5	入乙43	入丙23	入丁1	入甲5	入乙43	入丙23	入丁1	入甲5	入乙43	入丙23	入丁1	入甲5	入乙43	入丙23	入丁1	入甲5	入乙43	入丙23	入丁1
p																						八		
ph						瘪																		
m																							抹	
f		法																				发		
v			乏																			挖	伐	劃
t		搭	沓				碟									砸						达		⑥
th		塌				贴																		遢
n	①		纳			镊	聂						粒		④									
l			腊				猎									立							拉	
ts		扎	杂			接			②				缉			集						札	铡	
tsh		插				妾																擦		
s						涉							涩			十						杀		
k		夹				劫			鸽								急			及				
kh		掐				怯			瞌								给							
ŋ													⑤							入				
h		峡		合		协																瞎		
ø		压					叶		③													押		

注释

① [nap⁵] 量词。家，片

② [tsɔp⁵] 亲嘴

③ [ɔp⁵] 青蛙

④ [nɐp²³] 折叠

⑤ [ŋɐp⁵] 抓

⑥ [tat¹] 石崖

音节总表 14

韵	uat				ɔt				ɐt				uɐt				iɛt				yɛt			
调 声	入甲5	入乙43	入丙23	入丁1	入甲5	入乙43	入丙23	入丁1	入甲5	入乙43	入丙23	入丁1	入甲5	入乙43	入丙23	入丁1	入甲5	入乙43	入丙23	入丁1	入甲5	入乙43	入丙23	入丁1
p						钵	拨		笔			鼻						憋	**别**	**别**				
ph						泼			匹									撇						
m							末		**乜**			密							灭					
f									忽															
v			滑						拂			佛												
t							夺				②							跌						
th						脱			凸									铁						
n																			捏					
l					①		捋					栗	⑤						列					
ts							绝		秩	质		侄						节						
tsh						撮			七				出					彻						
s		刷				说			失			实	术					舌	**折**					
k		刮				割				吉			骨					揭		⑥		决		
kh						豁			③				窟									缺		
ŋ									④			日							热				月	
h						喝			核									歇				血	穴	
ø							活		一			逸											乙	

注释

① ［lɔt⁵］蝼蛄叫地～

乜 ［mɐt⁵］什么说什～

② ［tɐt²³］芦苇叫芦～

③ ［khɐt⁵］门栓叫门～

④ ［ŋɐt⁵］垃圾

⑤ ［luɐt⁵］钻

别 ［piɛt²³］正读音。［piɛt¹］又读音

折 ［siɛt²³］亏损

⑥ ［kiɛt¹］黏稠

音节总表 15

韵	yt				ɔk				æk				iæk				ɐk				ek			
调／声	入甲5	入乙43	入丙23	入丁1	入甲5	入乙43	入丙23	入丁1	入甲5	入乙43	入丙23	入丁1	入甲5	入乙43	入丙23	入丁1	入甲5	入乙43	入丙23	入丁1	入甲5	入乙43	入丙23	入丁1
p					**樠**	剥	**薄**			百	白						北			蔔	逼			
ph										拍											辟			
m							膜			擘	麦						⑤			墨				
f																								
v						握																		
t							铎										得			特	的			狄
th						讬															剔			
n					①		诺										⑥							逆
l						烙	掠	②												勒	⑦			力
ts	卒					作	凿			责	择				**着**					贼	迹			夕
tsh	猝					戳				册							侧				尺			
s						朔								削	勺		塞				识			石
k	橘				国	各				革							角				击			极
kh	屈					霍				**觉**				却			壳							
ŋ					③		鄂				额				疟									
h						或				客		④					核			学	吃			亦
ø						恶	获							约	若						益		役	译

注释

樠［pɔk⁵］柚子

薄［pɔk²³］厚～

①［nɔk⁵］打

②［lɔk¹］看望

③［ŋɔk⁵］蜷腿叫～脚

觉［khæk⁴³］～得

④［hæk¹］哄骗

着［tsiæk²³］捱，被

⑤［mɐk⁵］掰

⑥［nɐk⁵］腋下

⑦［lek⁵］瘸

音节总表 16

韵	uk				iuk			
声＼调	入甲 5	入乙 43	入丙 23	入丁 1	入甲 5	入乙 43	入丙 23	入丁 1
p	①			榑				
ph	扑			卜				
m				木				
f								
v								
t	督			毒				
th	秃							
n								
l				六				
ts	粥			触				
tsh	促							
s	叔			赎				
k	谷				掬			局
kh	哭				菊			
ŋ								肉
h	伏				育			
ø	屋				郁			辱

注释

①［puk^{5}］背部

榑［puk^{1}］柚子。又读音

三　与中古音的比较

（一）声母的比较

中古	德胜	字　　目
帮	p	八巴芭疤把坝爸霸欛百柏摆拜扳班般颁斑搬板版半扮绊邦帮浜榜谤包胞褒宝饱保堡报豹爆杯悲碑北贝背~人辈奔本崩逼比俾笔必毕闭庇痹碧蔽壁臂璧边蝙鞭贬扁匾变彪标膘镖飙穮表憋鳖别宾彬斌槟殡鬓冰兵丙秉柄饼禀拨波剥钵菠伯驳博膊欂跛簸晡补布佈
	ph	彼鄙毖埤遍瘪并卜迫圃谱
	m	擘泌秘
	f	蕃枋
	p	玻怖帕滂魄
	ph	编怕拍派潘攀判盼胖抛脬脬炮泡不结实泡水~疱胚沛配喷烹批坯披劈匹屁僻片偏篇骗漂~泊漂~亮飘撇品聘坡泼颇破剖仆扑铺朴浦普舗
並	p	拔罢白败稗办伴拌湴瓣蚌傍棒雹抱铇菢鲍暴备背~部倍被棉~被~告焙鐾笨荸鼻币陛毙婢敝弼弊篦避便辨辩辫滮别又病帛钹薄薄蔔步部簿脯杷爬耙琶排牌盘庞旁螃刨袍陪培赔盆朋彭棚蓬篷膨皮枇疲琵脾瓢贫频平评凭坪苹屏瓶萍婆菩葡曝
	ph	捕叛跑佩塳痞蒲瀑
	f	埠阜
	h	伏

续表

中古	德胜	字　　目
明	m	麻痳马码骂埋买迈麦卖脉蛮馒瞒满幔慢漫忙芒盲茫莽蟒猫毛矛茅锚卯茂冒贸帽貌没书面语没口语枚眉梅媒楣煤霉每美妹昧媚寐门闷氓虻萌盟猛蒙懵孟梦弥迷谜靡米眯沕密蜜眠绵棉免勉娩缅面苗描秒渺藐妙庙灭蔑篾民皿抿闽悯敏名明鸣铭命谬摸摹模膜摩磨动词磨名词魔抹末沫陌莫寞漠墨默谋某母亩牡姆拇木目牧募墓幕睦慕暮穆
	v	戊
非	ph	甫
	f	发法反贩方坊放飞非匪废痱分粉奋粪否夫肤府斧俯腑付复傅富赋
	v	肪
	h	风枫封疯讽幅福蝠腹
敷	ph	捧丕
	f	番翻泛芳仿访纺妃肺费纷芬敷佛俘抚赴副
	v	妨拂
	h	丰峰锋覆
奉	ph	辅
	f	乏伐藩範翡忿愤釜腐父妇负附
	v	罚筏帆凡矾烦繁犯饭范防房肥吠坟焚份佛扶芙浮符缚
	h	奉俸服袱
	ø	冯逢缝~补缝~隙凤
微	m	袜亡网忘望尾味问巫诬
	f	勿
	v	挽晚万妄文纹闻蚊吻无武侮鹉舞务物雾
	ø	微未刎

续表

中古	德胜	字　　目
端	t	搭答打呆带戴丹单担动词 担名词 耽胆旦当正～ 当上～ 党档～案 档大排～ 刀岛倒到得德的灯登等凳低堤滴嫡底抵帝掂颠癫典点店刁貂雕屌吊钓丁疔钉顶鼎订东冬董懂冻栋都兜斗抖陡鬥督笃堵赌妒妬端短断锻堆对敦墩顿多朵剁
透	t	贷膛掏腆
	th	他它塌塔榻踏胎太态泰贪摊滩坦毯叹炭探汤劏躺烫搨趟滔讨套剔梯踢体剃涕替天添舔挑跳贴铁帖厅汀听听通统捅桶痛偷透秃土吐兔推腿退蜕褪吞讬托拖脱妥椭唾
	tsh	獭
定	t	达沓大代待怠殆袋但诞弹子～ 弹～琴 淡蛋导盗道稻邓狄敌荻笛地弟递第电佃垫奠殿簟调～整 调腔～ 掉跌谍叠牒碟蝶定锭动洞豆逗痘毒读牍犊独杜肚猪～ 肚～子 度渡镀段断缎队兑囤盾钝遁夺铎舵惰隶台抬苔薹坛谈痰谭潭檀罎唐堂塘搪溏糖螳涛逃桃陶淘萄特腾誊藤啼提题蹄田甜填条廷亭庭停蜓同桐铜童瞳筒头投图徒涂途屠团屯豚臀驮陀驼砣
	th	荡挺艇突饨
泥	n	内纳捺乃奶奈耐男南难困～ 难苦～ 囊恼脑闹呢语气词呢代词。哪 嫩能尼泥你腻拈年鲇黏撚撵碾念娘鸟尿捏聂镊蹑宁狞柠扭纽农侬浓脓奴努怒女暖挪诺懦糯
	n	赁那
	ŋ	挠
	ø	酿

续表

中古	德胜	字　目
来	n	粒拎辇
	l	拉腊蜡辣来赖癞兰拦栏蓝篮览揽缆榄懒烂滥郎狼廊榔朗浪捞劳牢唠老涝烙乐快～勒簕雷垒傫儡肋泪类累擂楞冷厘梨狸离犁璃黎篱礼李里理鲤力历厉立吏丽利励例荔栗笠痢连帘怜莲联廉镰敛练炼恋殓楝良凉梁粮粱两～斤两～个亮谅量丈～量力～辽疗聊廖撩燎鹩了料瞭列劣烈猎裂邻林临淋磷鳞檩伶灵岭苓玲凌铃陵菱零龄领令溜刘流留琉硫骝榴柳六龙笼聋隆陇垅拢楼搂篓陋漏露卢庐芦炉鸬卤虏鲁橹陆录赂鹿禄滤路驴吕侣旅屡缕履律虑率汇～绿峦挛栾鸾銮圞卵乱掠略伦沦轮崙论捋罗啰脶萝锣箩骡螺裸洛络骆落摞弄
精	ts	迹积绩即挤脊际济祭鲫尖煎剪荐箭将～军将～来浆奖桨蒋酱椒焦蕉剿接节姐借津进晋浸晶睛精井酒爵俊灾栽宰载载崽再簪攒赞濽灒赃葬遭糟早枣蚤澡灶曾姓增憎兹咨姿资滋子姊秭梓紫宗综棕踪鬃总纵粽走奏租足卒组祖钻嘴最醉尊遵左佐作做
	tsh	歼笺躁则纂
清	ts	缉
	tsh	擦猜采彩採菜蔡参～加餐惨灿仓苍舱操糙草囱雌此次刺匆葱聪凑粗促猝醋窜崔催脆翠村寸搓撮措锉错七妻凄戚漆砌千迁签浅枪抢锹俏切且妾亲侵寝青清请秋蛆趋取娶趣鹊
从	ts	才材财裁残蚕惭藏西～藏躲～曹槽层瓷慈磁餈从丛存蹲疾集辑籍剂寂钱贱渐践匠捷截藉尽净靖静就聚绝齐脐荠前钱潜墙樵瞧秦情晴全泉杂在暂脏肮～凿皂造贼曾～经赠字自牸族罪昨坐座
	tsh	疵

续表

中古	德胜	字　目
心	ts	僧
	tsh	赐粹栖燥
	s	鞘撒萨塞腮鳃赛三伞散分～ 散松～ 桑嗓丧～失 丧～事 骚臊扫嫂珊嗽丝司私思斯撕死四伺肆松怂宋苏酥诉肃素速宿粟塑酸蒜算虽髓岁碎孙损笋唆梭蓑索琐锁西昔析息悉惜犀锡熄膝媳洗玺细仙先鲜线相～互 相～片 厢湘箱襄镶想削宵消萧硝销箫霄小笑些写泄泻卸心辛新薪信星腥醒姓性修羞秀绣锈戌须需鬚恤婿絮宣选癣薛雪询荀讯迅逊
邪	ts	词祠辞囚寺饲嗣讼诵颂随夕习袭席详祥谢袖徐寻
	tsh	斜
	s	巳似祀俗遂隧席羡象像橡邪序叙绪续旋巡旬循殉
	Ø	穗
知	t	爹
	ts	长生～ 朝～阳 扎摘沾展站张帐胀账罩哲贞珍镇徵知蜘致智置中～间 中～奖 忠肘昼诛株猪蛛竹拄驻著转～身 转～来～去桩追缀卓桌涿啄着琢
	tsh	筑
彻	ts	侦
	tsh	拆畅超彻撤趁掌撑逞痴耻宠抽丑椿戳畜
	s	饬
澄	t	瞪～达
	ts	茶缠长～短 肠场焯朝～廷 潮尘沉陈呈惩程澄橙池驰迟持虫绸稠筹除厨储传～达 传自～ 槌锤择泽宅绽湛丈仗杖兆赵蛰阵郑侄直姪值治秩痔滞稚仲重～复 重～量 宙逐住苎柱赚坠浊着
	tsh	搽冲轴撞
	s	椽篆

续表

中古	德胜	字　目
庄	ts	责渣楂札眨诈榨斋窄债斩盏蘸臻争筝踭抓爪妆庄装壮捉辎滓邹阻
	tsh	侧
初	ts	挣
	tsh	册厕测策叉杈插察岔差~别差出~搀铲抄钞吵炒衬初础楚疮窗篡
	s	刹
崇	ts	查茬豺巢崇愁锄闸铡寨栈骤助状镯
	tsh	雏
	s	柴谗馋镵蔡床士仕事柿撰
	k	岑
生	tsh	产渗
	s	参人~率~领洒色涩瑟森杀沙纱傻筛晒山删杉衫疝捎梢稍潲生牲笙省师虱狮史使驶瘦梳疏蔬数动词数名词漱刷衰摔帅蟀闩拴栓双霜孀爽朔嗍搜馊飕缩所厦
章	ts	颤毡瞻占估战章彰樟璋掌瘴招昭沼召照遮折摺者浙蔗针真斟诊枕疹振震征蒸拯整正~月正~好证政症之支汁芝枝织肢栀脂隻执职止只旨址纸指趾至志制质痣终盅钟肿种动词种名词众州舟周洲粥咒朱珠诸硃烛主煮嘱注祝蛀铸专砖锥赘准拙酌
昌	ts	触
	tsh	昌娼猖菖厂敞氅倡唱车汽~扯称~重量称~心秤嗤尺侈齿斥赤充铳醜臭出处~理处到~川穿喘吹炊春蠢绰
	s	枢
船	s	乘船唇舌蛇射麝神绳剩实蚀食示赎术述顺

续表

中古	德胜	字　　目
书	tsh	翅束
	s	搧闪陕扇伤商晌赏烧少多～少～年奢赊舍捨设赦摄申伸身娠深沈审婶升声胜圣尸失诗施湿识矢始屎世式势试饰室适释收手守首兽书叔舒输暑黍鼠恕庶水税舜说
	h	饷
禅	ts	常臣丞诚仇酬垂芍植殖
	s	禅蝉蟾尝偿嫦辰晨成承城匙豉纯醇瑞善膳裳上～山上楼～尚勺韶邵绍畲佘社涉肾甚慎盛十什石时拾氏市侍视恃是逝嗜誓寿受售授殊淑熟署蜀薯树竖谁睡折属
日	n	瓤
	ŋ	儿尔耳饵二贰然燃冉染让热人仁忍认任韧日肉入软弱
	∅	而挠壤攘饶扰绕惹壬刃纴仍戎绒茸柔揉如儒乳辱褥蕊闰润若
见	v	蜗
	k	车～马炮该改锲丐盖干甘肝柑竿尴秆敢杆感橄幹刚岗纲钢羔高膏篙糕搞稿告戈哥胳鸽割搁歌阁革格葛蛤隔个各根跟更～好更三～半夜庚耕赓羹哽埂耿梗工弓公功攻供提～供～给宫恭蚣躬巩拱贡勾沟钩狗苟构购够估姑孤菰箍古谷股牯骨鼓固故顾雇瓜刮剐寡卦挂乖拐怪关观官冠鸡～冠～军棺鳏馆管贯惯灌罐光胱广归圭龟规闺轨诡癸鬼贵桂鳜滚郭锅国果馃裹过虹讥击饥机肌鸡基稽激吉急几茶～几～个己戟计记纪季既继寄冀髻加夹佳家痂袈嘉甲胛贾价驾架假真～假放～嫁稼奸坚间房～间～隔肩艰兼监拣柬茧减检裥简碱见建剑涧谏鉴江姜缰讲降～落交郊姣娇骄胶角狡绞饺矫脚搅缴叫较教窖阶皆揭街劫洁结解介戒芥届界疥巾今斤金筋襟紧谨锦劲禁京经荆惊梗颈景警径竟敬境镜纠究鸠阄九久灸韭救居拘驹掬橘举矩句俱据锯卷捲绢眷决诀觉厥蕨军君均钧括挟
	kh	溉概给刽会～计桧级僵疆菊桊觉扛矿愧昆崑讫
	h	侥酵懈

续表

中古	德胜	字　　目
溪	f	恢
	v	科
	k	奎廓杞羌券
	kh	开揩凯慨楷刊勘堪坎看康慷濂糠抗考烤靠棵窠窠磕壳咳可渴克刻客课肯垦恳啃坑空~气空~缺孔恐控抠口叩扣寇枯哭跍窟苦库裤酷夸跨块快宽款匡筐旷框眶亏盔窥魁傀坤捆困扩阔欺企岂启起气汽契器掐恰牵谦遣欠歉腔敲巧窍怯钦揿轻倾卿顷庆丘区曲驱屈糗去圈犬劝缺却确
	h	吃乞弃溪墟
群	k	共柜跪屐及极妓忌技俭件健腱键犟轿杰妗近鲸旧臼舅局巨拒具剧惧距倦倔掘菌郡狂逵葵期祁岐其奇祈骑棋旗鳍钳乾强犟乔侨荞桥茄芹琴禽勤擒擎穷琼求球渠权拳瘸裙群
	kh	劈仅瞿翘
疑	v	吴误
	n	倪逆孽凝严研验劓业
	ŋ	捱艾碍岸昂熬傲讹俄鹅蛾额饿鄂腭鳄拟牛疟虐偶藕阮瓦外玩顽危桅我卧吾梧蜈五午伍悟牙芽崖涯衙雅岩眼雁仰咬仪宜疑蚁义艺议谊银硬鱼渔愚虞玉寓御遇原源愿月岳
	h	迎
	ø	乐音~伪魏言颜砚谚尧毅吟娱语狱元
晓	f	虎浒戽花化欢荒慌谎灰挥辉麾徽悔贿毁昏荤婚火伙
	v	忽
	s	擤蓄喧
	kh	烘豁货霍藿况吸
	ŋ	戆

续表

中古	德胜	字 目
晓	h	哈海憨鼾罕喊汉蒿薅好～处 好爱～ 耗喝赫黑亨轰吼呼焕希牺稀熙嬉喜戏虾瞎吓掀显险宪献乡香享响向嚣晓孝歇胁欣馨衅兴～旺 兴～趣 凶兄兇胸休朽虚嘘许轩楦靴血勋熏训吁
	ø	荷～花 讳歪
匣	f	缓晃惠慧混
	v	横狐胡壶湖葫鬍互户护沪华滑猾划计～ 画话桦劃还环桓幻换凰黄煌璜蝗磺簧蟥回茴会开～ 绘浑馄魂祸丸皖
	k	汞舰槛茎胫匣械
	kh	溃洽
	ŋ	鹤蟹
	h	孩翰杭绗航浩合核盒很恨桁宏乎患汇或惑姣奚系峡狭辖霞厦馅效校协谐携鞋刑行银～ 行～走 形型杏穴学
	ø	亥骇害含函寒韩汗旱焊憾撼毫豪嚎壕号禾何和河荷薄～贺痕恒衡弘红洪虹鸿侯喉猴后厚候怀淮槐坏皇活获降完下～山 下楼～ 夏闲弦贤咸衔嫌县苋现限陷巷项淆玄悬眩肴萤
影	v	恶挖弯湾豌涴碗汪枉煨慰温瘟稳窝握乌污饫
	l	蔫
	ts	轧
	kh	眍
	ŋ	蔼坳拗袄扶奥澳懊扼轭恩欧殴呕沤丫桠烟晏
	ø	阿哀埃挨矮爱隘安庵鞍揞按案暗拗恶秽宛威委萎畏餵翁瓮倭沃屋压押鸦鸭哑亚淹焉阉腌掩厌堰燕央殃秧鸯幺吆妖腰邀要～求 要需～ 一伊衣医依乙倚椅亿忆抑益意缢臀因阴姻洇荫音殷饮隐印应英莺婴缨樱鹦鹰影映拥雍忧幽幼迂淤瘀於郁冤渊怨约熨

续表

中古	德胜	字目
云	v	往旺晕
	ŋ	员粤越
	h	莹
	∅	荣王为作～为～了围违伟纬苇卫位胃谓雄熊炎永咏泳尤邮友有又右佑于盂宇羽雨禹芋域园圆袁援远院云运韵
以	k	捐
	ŋ	悦阅
	h	亦营蝇育
	∅	铅容蓉熔镕融唯惟维延沿盐阎筵檐演艳焰扬羊阳杨佯疡洋养痒样姚窑谣摇舀药耀椰爷耶也冶野叶页夜液腋夷饴姨移遗已以异役译易容～易姓疫逸肄翼寅淫尹引盈赢颖庸勇涌用悠由犹油柚游酉诱釉余馀愉逾榆与浴预欲喻裕愈誉豫缘钥跃匀允孕

（二）韵母的比较

中古	德胜	字目
果开一歌	u	萝
	a	阿那他它
	o	搓多舵俄鹅蛾饿哥歌个何河荷薄～荷～花贺可罗啰锣箩挪拖驮陀驼我左佐
果开三戈	ɛ	茄
果合一戈	u	簸科窝
	a	火伙祸琐锁涴坐座
	ua	果馃裹过货
	o	波玻菠薄跛锉朵剁惰讹戈锅禾和棵窠窠课卵朒骡螺裸摞摹摩磨动词磨名词魔懦糯坡颇婆破唆梭蓑砣妥椭唾倭卧

续表

中古	德胜	字　　目
果合三戈	ε	瘸靴
假开二麻	a	巴芭疤把坝爸霸欛叉杈查茬茶搽岔差～别哈加家痂嘉贾价驾架假真～假放～嫁稼麻痲马码骂杷爬耙琶怕洒沙纱虾下～山下楼～夏厦偏～丫桠哑渣楂诈榨
	ia	霞厦大～鸦牙芽衙雅亚
	æk	帕
假开三麻	ia	惹也野夜
	ε	扯且些邪者
	iε	车汽～爹姐借奢赊畲佘蛇舍捨社射赦麝斜写泻卸谢椰爷耶冶遮蔗
假合二麻	u	蜗
	a	花华化划桦
	ua	瓜剐寡夸跨瓦
	o	傻
遇合一模	ɿ	做
	u	晡补捕布佈步怖部簿粗醋都堵赌妒杜肚猪～肚～子妬度渡镀恶脯估姑孤菰箍古股牯鼓固故顾雇乎呼狐胡壶湖葫鬍虎浒互户护沪戽枯跍苦库裤露卢芦炉鸬卤虏鲁橹赂路模姆募墓慕暮奴努怒铺菩葡蒲圃浦普谱舖苏酥诉素塑图徒涂途屠土吐兔乌污吴吾梧蜈五午伍误悟租组祖
	o	措错摸
	əu	埠
遇合三鱼	u	庐驴饫助
	y	车～马炮除储处～理处到～居举巨拒据距锯滤吕侣旅虑女蛆渠去如书舒暑黍署鼠薯恕庶虚嘘墟徐许序叙绪絮淤瘀余於鱼馀渔与语预御誉豫诸猪煮苎著

续表

中古	德胜	字　　目
遇合三鱼	o	初锄础楚梳疏蔬所阻
	u	夫肤敷扶芙俘符抚甫府斧俯釜辅腑腐父付附赴傅赋巫诬无武侮鹉舞务雾
	y	厨雏拘驹矩句具俱惧聚瞿屡缕区驱趋取娶趣儒乳枢殊输树竖须需鬚迂于盂娱愉逾愚榆虞宇羽雨禹吁芋喻寓裕遇愈朱诛株珠硃蛛主拄住注驻柱蛀铸
	o	数动词数名词
蟹开一咍	ai	埃呆该锣溉概孩凯慨乃腮鳃赛态宰载载崽
	ei	哀爱碍猜才材财裁采彩採菜代待怠殆贷袋戴改海亥开来耐胎台抬苔薹灾栽再在
	ɐk	咳
蟹开一泰	ai	蔼艾大丐赖癞太泰
	ei	蔡带盖害奈
	uei	贝沛
蟹开二皆	ai	挨拜阶皆介戒芥届界疥揩楷埋排谐械斋
	ei	豺骇
蟹开二佳	a	罢稗
	ai	捱矮隘摆差出～柴佳街解买卖奶牌派筛晒鞋懈蟹崖涯债
蟹开二夬	ai	败迈寨
蟹开三祭	i	币敝蔽厉励逝誓制滞
	ei	毙弊际祭例世势艺
蟹开四齐	i	鼙陛第稽继丽荔谜启溪系瞖
	y	婿
	ei	闭蓖低堤底抵弟帝递鸡挤计剂济髻犁黎礼隶迷米泥倪批妻凄栖齐脐契砌梯啼提题蹄体剃涕替西奚犀洗细
	ek	缢

续表

中古	德胜	字　目
蟹合一泰	uai	刽会～计桧
	oy	蜕最
	uei	兑会开～绘外
蟹合一灰	i	杯灰恢回茴枚梅媒煤昧沕胚陪培赔坯煨
	y	堆雷推
	ɔi	汇傫擂
	oy	崔催儡每
	ei	悔贿
	uei	背～部背～人倍焙辈队对盔魁傀溃妹内佩配碎腿退桅罪
蟹合二皆	uai	乖怪怀淮槐坏块
蟹合二佳	a	画
	ua	卦挂
	uai	拐歪
蟹合二夬	a	话
	uai	快
蟹合三祭	uei	脆鳜税岁卫缀赘
蟹合三废	ei	吠废肺
	uei	秽
蟹合四齐	ei	惠慧携
	uei	圭闺桂奎
止开三支	ɿ	疵雌此刺赐斯撕蜘紫
	i	碑被棉～被～告彼俾婢避臂池驰匙侈豉翅儿尔妓技寄离璃篱弥靡眯披皮疲脾岐奇骑企施氏是牺玺戏仪宜移蚁倚椅义议易谊支枝知肢栀只纸智

49

续表

中古	德胜	字目
止开三脂	ɿ	瓷餈次师狮嗜私死四肆咨姿资姊秭自
	i	悲备比鄙庇痹篦迟地二贰饥肌冀梨利痢眉楣霉媚泌呢呢丕枇琵痞屁祁鳍弃器尸矢屎示视伊夷姨肄脂旨指至致稚
	y	履
	ei	美寐尼腻荠
	ɐt	鼻秘
止开三之	ɿ	词祠慈辞磁士仕事侍恃柿丝司思巳寺伺似祀饲嗣兹滋辎子梓滓字牸
	i	嗤痴持齿耻而耳饵基己记纪忌厘狸李里理鲤吏你拟期欺其棋旗杞起诗时史使始驶市试熙嬉喜医饴疑已以异意之芝止址趾志治痔痣置
止开三微	i	讥机几茶～几～个既祈岂气汽希稀衣依毅
止合三支	i	麾
	ɔi	累睡
	ei	毁
	uei	吹炊垂规诡跪亏窥蕊瑞随髓危为作～为～了伪委萎餵嘴
止合三脂	i	季遗
	uai	率～领衰帅
	ɔi	泪类
	uei	槌锤粹翠龟轨癸柜逵葵愧垒谁水虽遂隧穗唯惟维位追锥坠醉
止合三微	i	飞妃非肥匪翡痱挥辉徽尾味
	ei	费慰
	uei	归鬼贵讳威微围违伟纬苇未畏胃谓魏

续表

中古	德胜	字　目
效开一豪	au	袄抚傲奥澳懊褒薅暴膏浩捞唠皂
	əu	熬宝保堡报抱操糙曹槽草刀导岛倒到盗道稻羔高篙糕稿告蒿薅毫豪嚎壕好~处好爱~号耗考烤靠劳牢老涝毛冒帽恼脑袍骚臊扫嫂涛掏滔逃桃陶淘萄讨套遭糟早枣蚤澡灶造燥躁
效开二肴	ua	抓爪
	au	坳拗拗包胞饱豹铇鲍爆抄钞焯吵炒搞交郊姣胶狡搅较教窖酵觉睡~挠闹抛脬脬刨炮跑泡不结实泡水~疱敲捎梢潲孝效校罩
	iau	巧咬
	əu	巢姣茅卯貌
	iu	绞稍淆肴
效开三宵	au	韶邵绍
	iau	翘扰
	iu	标膘镖飙穮表超朝~阳朝~廷潮娇骄椒焦蕉矫劁轿疗燎猫苗描秒渺藐妙庙挠漂~泊漂~亮飘瓢锹乔侨荞桥樵瞧俏鞘饶绕烧少多~少~年宵消硝销霄嚣小笑妖腰邀姚窑谣摇舀要~求要需~耀招昭沼召兆赵照
效开四萧	iau	屌鷯鸟晓
	iu	刁貂雕吊钓调~整调腔~掉侥缴叫辽聊廖撩了料瞭锚尿窍挑条跳萧箫幺吆尧
流开一侯	u	母拇戊
	əu	牡
	ɐu	凑兜斗抖陡豆逗鬥痘勾沟钩狗苟构购够侯喉猴吼后厚候抠眍口叩扣寇楼搂篓陋漏茂贸某亩欧殴呕偶藕沤剖嗽偷头投透走奏

续表

中古	德胜	字　　目
流开三尤	u	妇负副富漱
流开三尤	əu	阜
流开三尤	ɐu	抽仇绸愁稠筹酬丑醜臭否浮酒就溜刘流留琉硫骝榴柳矛谋纽秋囚收手守首寿受兽售授瘦搜馊飕修羞秀绣袖锈州舟周洲肘咒宙昼骤邹
流开三尤	iɐu	究鸠阄九久灸韭旧臼救舅牛扭丘求球柔揉休朽齅忧悠尤由犹邮油柚游友有酉又右佑诱釉
流开三幽	iɐu	纠幽幼
流开三幽	iu	彪滮谬
咸开一覃	am	揞参耽憾撼男南贪谭潭罎探簪
咸开一覃	ɔm	庵暗感含函
咸开一覃	an	蚕惨勘堪坎
咸开一谈	am	惭担动词担名词胆淡憨喊蓝篮览揽缆榄三谈痰毯暂
咸开一谈	ɔm	甘柑敢橄
咸开一谈	an	滥
咸开一合	ap	搭沓答合盒纳踏杂
咸开一合	ɔp	鸽蛤
咸开一合	at	拉
咸开一合	ɔt	喝
咸开一盍	ap	腊蜡塌塔榻
咸开一盍	ɔp	磕
咸开二咸	a	杉
咸开二咸	am	谗馋尴减咸陷馅斩站蘸
咸开二咸	iɛm	歉
咸开二咸	an	湛赚
咸开二咸	iɛn	碱

续表

中古	德胜	字　目
咸开二衔	am	涟搀镵监鉴衫岩
	ɔm	衔
	iɛm	舰槛
咸开二洽	ap	插夹裌掐恰洽峡狭扎闸眨
咸开二狎	ap	甲胛匣压押鸭
咸开三盐	am	瞻
	ɐm	潜
	iɐm	淹炎
	iɛm	蟾俭检渐镰敛殓冉染闪陕险腌盐掩厌验焰沾占佔
	im	尖歼帘廉黏签钳阉阎檐
	iɛn	贬艳
咸开三严	iɛm	剑欠
	im	严
咸开三叶	iæp	接捷猎聂镊蹑妾涉摄叶页摺
咸开三业	iæp	劫怯业
	iɛt	胁
咸开四添	iɛm	点店念舔
	im	掂簟兼拈鲇谦添甜嫌
咸开四帖	ap	挟
	iæp	谍叠牒碟蝶贴帖协
咸合三凡	am	犯泛範
	an	帆凡范
咸合三乏	ap	法
	at	乏

续表

中古	德胜	字　　目
深开三侵	ɐm	沉浸林临淋檩赁侵寝森深沈审婶甚渗心寻针斟枕
	iɐm	岑今金襟锦妗禁钦琴禽擒揿壬任纴阴荫音吟淫饮
	ɐŋ	品
	eŋ	禀参
深开三缉	i	什
	ɐp	缉集辑立笠粒涩湿十拾习袭蛰汁执
	iɐp	给及级急入吸
山开一寒	an	餐残灿丹单旦但诞弹弹蛋罕刊兰拦栏懒烂难困~难苦~伞散分~散松~珊摊滩坛檀坦叹炭赞澯瓒
	ɔn	安鞍岸按案干肝竿秆桿幹鼾寒韩汉汗旱焊翰看
山开一曷	a	撒
	ai	捺
	at	擦达辣萨獭
	ɔt	割葛渴
山开二山	an	办扮瓣产铲羼间房~间~隔艰拣柬裥简盼山闲苋限眼盏绽
山开二删	an	扳班颁斑板版奸涧蛮慢攀疝晏雁栈
	uan	删玩
	iɛn	谏
	in	颜
山开二黠	at	八拔察抹杀札轧
山开二鎋	at	刹瞎辖铡
山开三仙	im	迁
	an	禅
	ɔn	缠
	iɛn	便变辨辩蝉颤剪件钱贱践箭免勉娩缅面辇碾骗浅遣搧扇善膳线羡焉筵谚展战

续表

中古	德胜	字目
山开三仙	yɛn	癣
	in	编鞭煎连联绵棉偏篇钱乾然燃仙鲜延演毡
	iɛn	蔫
山开三元	iɛn	建健腱键宪献堰
	in	言
	yn	掀轩
山开三薛	iæp	瘪
	ɔt	薛
	iɛt	鳖别别又音 彻撤杰列烈裂灭孽热舌设泄折弄断：~断 折亏损：~本 哲浙
山开三月	iɛt	揭歇
山开四先	iɛm	垫奠
	im	笺
	iɛn	蝙扁匾遍辫典电佃殿茧见荐练炼楝撚撵片腆显现研砚燕
	in	边颠癫坚肩怜莲眠年千牵前天田填先贤烟
	yn	弦
山开四屑	iɛt	憋跌节洁结截蔑篾捏撇切铁
山合一桓	an	换馒幔豌丸攒
	ɔn	半伴拌绊窜馆管贯灌罐桓缓满漫判叛蒜算
	uɔn	短段断拦截 断~绝 缎锻焕款乱暖皖碗
	un	般搬端观官冠鸡~ 冠~军 棺欢宽峦栾鸾銮團卵瞒潘盘酸团完纂钻
山合一末	uat	括
	ɔt	拨钵钹撮夺豁活阔捋末沫泼脱

续表

中古	德胜	字　目
山合二山	an	幻
	uan	鳏顽
山合二删	an	还环弯湾
	uan	关闩拴栓
	ɔn	篡惯撰
	uɔn	患
山合二黠	at	挖
	uat	滑猾
	uat	刮刷
山合三仙	ɔn	喘篆
	uɔn	软
	iɛn	恋
	yɛn	卷捲倦桊绢眷院
	un	川穿传~达 传自~ 船椽挛全泉宣旋选专砖转~身 转~来~去
	yn	捐铅圈权拳沿员圆缘
山合三元	an	番翻藩矾烦蕃繁反饭贩挽晚万
	uɔn	阮
	yɛn	劝券远愿
	un	喧
	yn	宛楦冤元园原袁援源怨
山合三薛	ɔt	绝说雪拙
	iɛt	劣
	yɛt	悦阅

续表

中古	德胜	字 目
山合三月	at	发伐罚筏袜
	yɛt	掘厥蕨月粤越
山合四先	yɛn	犬县
	yn	玄悬眩渊
山合四屑	yɛt	决诀缺穴血
臻开一痕	ɐn	恩根跟痕很恨垦恳啃吞
臻开三真	ɐn	彬殡鬓尘臣辰陈晨衬趁津尽进晋邻鳞民抿悯敏贫亲秦申伸身娠神肾慎辛新薪信讯银珍真诊疹阵振镇震
	iɐn	人仁刃洇引印
	in	巾仅紧忍认韧姻寅
	eŋ	宾斌槟磷闽频衅因
臻开三臻	ɐn	臻
臻开三殷	ɐn	斤筋
	iɐn	谨近芹勤欣殷隐
	in	劲
臻开三质	ɐt	笔必毕弼疾栗密蜜匹七漆失实一逸侄秩
	ɛt	吉日质
	yɛt	乙
	ek	室悉膝姪
臻开三栉	ɐt	瑟虱
臻开三迄	ɛt	乞讫
臻合一魂	ɐn	奔本笨村寸囤盾昏婚浑馄魂混畚论门闷嫩喷盆孙损褪饨温瘟稳尊
	uɐn	滚坤昆崑捆困
	ən	存敦墩蹲钝顿遁屯豚臀逊

续表

中古	德胜	字　目
臻合一没	u	忽
	ei	没书面语
	ɐt	荸猝核没口语卒
	uɐt	骨窟突
臻合三谆	ɐn	唇伦沦轮笋遵
	ən	询荀迅
	un	春椿纯醇蠢顺舜巡旬循殉准
	yn	均钧菌俊闰润尹匀允
臻合三文	ɐn	分纷芬坟焚粉份奋忿愤粪荤文纹闻蚊吻问晕
	uɐn	刎
	yn	军君郡裙群勋熏熏训云运韵熨
臻合三术	uai	摔
	ɐt	律率效~恤
	uɐt	出率~领术述蟀戌
	iuk	橘
臻合三物	ɐt	佛彿拂勿物
	yt	倔屈
宕开一唐	aŋ	榜谤滂
	ɔŋ	帮傍仓苍舱藏藏当正~ 当上~ 党荡档~案 档大排~ 刚岗纲钢杭航璜磺康慷漮糠抗郎狼廊榔朗浪忙芒茫莽蟒囊旁螃桑嗓丧~失 丧~事 汤劏唐堂塘搪溏膛糖螳躺烫搊趟行银~ 赃脏葬
	iɛŋ	昂

续表

中古	德胜	字　　目
宕开一铎	u	幕
	ɔk	博膊薄铎恶鄂腭鳄胳搁阁各鹤烙乐快～洛络骆落膜莫寞漠诺索讬托凿昨作
	uk	槫
宕开三阳	ɔŋ	畅枋瓤
	uɔŋ	疮床霜孀爽妆庄装壮状
	iɛŋ	昌娼猖菖长～短 长生～ 肠尝偿常嫦厂场敞氅倡唱姜将～来 将～军 浆僵缰疆奖桨蒋髈匠酱犟良凉梁粮粱两斤～ 两～个 亮谅量丈～ 量力～ 娘酿羌枪强墙蔃抢壤攘让伤商裳晌赏上～山 上楼～ 尚乡相互～ 相～片 香厢湘箱襄镶详祥享响饷想向象像橡央殃秧鸯扬羊阳杨佯疡洋仰养痒样张章彰樟璋掌丈仗帐杖胀账瘴
宕开三药	iɛt	疟虐
	ɔk	绰爵掠略芍酌着
	æk	脚鹊弱
	iæk	却若勺削药约钥跃着
宕合一唐	uaŋ	旷
	ɔŋ	荒慌凰黄煌蝗簧蟥晃谎汪
	uɔŋ	光胱广
	yɔŋ	皇
宕合一铎	ɔk	郭霍藿扩廓
宕合三阳	aŋ	仿
	uaŋ	匡筐况框眶
	ɔŋ	方坊芳防妨房肪访纺亡网往枉妄忘旺望
	uɔŋ	狂
	yɔŋ	王
	ɐŋ	放

续表

中古	德胜	字　目
宕合三药	iæk	缚
江开二江	aŋ	邦蚌棒庞胖
	ɔŋ	扛
	uɔŋ	窗双桩撞
	ɐŋ	虹江讲降~落巷项
	iɛŋ	降投~腔
江开二觉	u	握
	au	雹
	iu	饺
	ɔk	剥戳确朔嘣卓桌涿啄琢
	æk	觉岳
	iæk	乐音~
	ɐk	驳角壳学
	uk	朴捉浊镯
曾开一登	ɐn	肯
	ɐŋ	崩层灯登等邓凳恒楞能僧腾誊藤曾姓曾~经增憎赠
	uŋ	朋
曾开一德	ɐk	北葡得德黑克刻勒簕肋墨默塞特则贼
曾开三蒸	ɐn	称
	ən	丞
	in	仍
	yn	孕
	ɐŋ	瞪
	eŋ	冰称承乘惩秤凌陵菱凝凭升胜绳剩兴~旺兴~趣应鹰蝇蒸徵拯证症

续表

中古	德胜	字　　目
曾开三职	i	式亿忆抑翼
	ɐk	侧厕测色
	ek	逼饬即极鲫力识蚀食饰息熄媳织直值职植殖
曾合一登	uŋ	弘
曾合一德	ɔk	或惑
	uk	国
曾合三职	y	域
梗开二庚	a	打
	ɔŋ	绗盲虻
	ɐŋ	衡冷烹擤
	eŋ	掌撑澄更～好 更三～半夜 庚赓羹哽埂梗桁粳坑狞柠生牲笙省行～走 杏硬
	iɛŋ	亨
	uŋ	猛孟彭膨
梗开二耕	ɔŋ	氓
	ɐŋ	浜
	eŋ	橙耕耿茎莺樱鹦争挣筝踭
	uŋ	萌棚
梗开二陌	æk	白百柏伯帛拆格客陌拍迫魄择泽宅窄
	iæk	额
	ɐk	赫吓
梗开二麦	æk	擘册策革隔麦脉责摘
	iæk	扼轭
梗开三庚	eŋ	兵丙秉柄病京荆惊鲸景警竟敬境镜皿明鸣命平评坪苹卿擎庆英迎影映
	uŋ	盟

续表

中古	德胜	字　目
梗开三清	ən	贞侦
	eŋ	饼并成呈诚城程逞晶睛精井颈净靖静岭领令名聘轻清情晴请声圣盛姓性婴缨盈赢征整正~月正~好郑政
梗开三陌	ek	碧屐戟剧逆
梗开三昔	i	液腋
	ek	辟璧尺斥赤迹积籍脊藉僻石适释夕昔惜席蓆亦译易益隻
梗开四青	eŋ	丁疔钉顶鼎订定锭经径胫拎伶灵苓玲铃零龄铭宁屏瓶萍青厅汀听廷亭庭停蜓挺艇馨星腥刑形型醒
梗开四锡	ek	壁吃的滴狄敌荻笛嫡击绩激寂历劈戚剔踢析锡
梗合二庚	uaŋ	矿
	eŋ	横
梗合二耕	uŋ	轰宏
梗合二麦	a	划
	at	劃
	ɔk	获
梗合三庚	eŋ	兄莹
	iuŋ	荣永咏泳
梗合三清	eŋ	倾顷琼营颖
梗合三昔	ek	役疫
梗合四青	eŋ	萤
通合一东	aŋ	戅
	ɐŋ	埲
	uŋ	囱匆葱聪丛东董懂动冻栋洞工公功攻蚣汞贡烘红洪虹鸿空~虚空~缺孔控笼笼聋拢蒙懵弄蓬篷通同桐铜童瞳捅桶筒痛翁瓮棕鬃总粽

续表

中古	德胜	字　　目
通合一冬	uŋ	冬农侬脓宋统宗综
通合一屋	u	瀑
	au	曝
	uk	卜读牍犊独谷哭鹿禄木仆扑速秃屋族
通合一沃	uk	督毒笃酷沃
通合三东	uŋ	充冲虫崇铳丰风枫疯冯讽凤弓宫躬隆梦中~间 中~奖 忠终仲众
	iuŋ	穷戎绒融雄熊
通合二锺	uŋ	宠从封峰锋逢缝~补 缝~隙 奉俸供~给 供提~ 恭巩拱共恐龙陇垅浓捧松怂讼诵颂盅钟肿种动词 种名词 重~复 重~量 踪纵
	iuŋ	茸容蓉熔镕凶兇胸拥庸雍勇涌用
通合三屋	uk	伏服幅福蝠复腹覆六陆目牧睦穆叔淑熟肃宿缩畜蓄粥轴竹逐祝筑
	iuk	掬菊粬肉育郁
通合三烛	y	玉
	uk	触促衲录绿赎蜀束俗粟续烛属嘱足
	iuk	局曲辱褥狱浴欲

（三）声调的比较

中古	德胜	声类	字　　目
平	全清	阴平	阿哀埃挨安庵鞍巴芭疤扳班般颁斑搬邦帮浜包胞褒杯悲碑奔崩蓖边蝙鞭彪标膘镖飙穮宾彬斌槟冰兵波菠晡参~加 朝~阳 车汽~ 呆丹单担动词 耽当刀灯登低掂颠癫刁貂雕爹丁疔钉东冬都兜端堆墩多恩蕃方坊枋飞非分风枫封疯夫肤该干甘肝柑竿尴刚纲钢羔高膏篙糕戈哥歌根跟更三~半夜 庚耕赓羹工弓公功攻供~给 宫恭蚣躬勾沟钩姑孤菰箍瓜乖关观官冠鸡~ 棺鳏光胱归圭龟

续表

中古	德胜	声类	字目
平	全清	阴平	规闺锅哈憨鼾蒿薅亨轰烘呼花欢荒慌灰挥辉麾徽昏荤婚讥饥机肌鸡基稽几茶~加佳家痂嘉奸尖坚歼间房~肩艰兼监笺煎江姜将~来浆僵缰疆交郊娇骄胶椒焦蕉阶皆街巾今斤金津筋襟京经荆惊晶睛粳精鸠阄居拘驹军君均钧眍昆崑欧栖腮鳃三桑丧~失骚臊森僧沙纱筛山删杉衫珊搧伤商梢烧奢赊申伸身娠深升生声牲笙尸师诗施狮收书梳疏舒输蔬衰闩拴栓双霜孀丝司私思斯撕松搜馊飕苏酥酸虽孙唆梭蓑歪弯湾豌汪威煨温瘟翁倭窝蜗乌污西希牺犀稀熙嬉虾仙先掀鲜乡相互~香厢湘箱襄镶宵消萧硝销箫霄嚣些心辛欣新薪馨兴星腥凶兄兇胸休修羞须虚嘘需鬚轩宣喧靴勋熏丫鸦桠烟淹焉阉腌蔫央殃秧鸯幺吆妖腰邀要~求衣医依因阴姻洇音殷英莺婴缨樱鹦鹰雍忧幽迂淤瘀於吁冤渊灾栽簪赃遭糟曾姓增憎渣楂斋沾毡瞻张章彰樟璋招昭召遮贞针珍真斟臻争征筝蒸徵睁正~月之支芝枝知肢栀脂蜘中~间忠终盅钟州舟周洲朱诛株珠诸猪硃蛛抓专砖妆庄桩装追锥兹咨姿资滋辎宗棕踪鬃邹租尊遵
		阳平	堤肪扛询荀
		阴上	岗萎
		阴去	敦捎伊占
		阳去	俱
	次清	阴平	编玻猜参餐仓苍舱操叉差出~差~别搀昌娼猖菖抄钞超车~马炮称撑嗤痴充抽初川穿囱疮窗吹炊春椿雌匆葱聪粗崔催村搓番翻芳妃纷芬丰峰锋敷俘恢开揩刊堪康糠科棵窠窠坑空~虚抠枯跍夸宽框亏盔窥魁坤潘攀抛脬脬泡不结实胚烹丕批坯披偏篇漂~泊飘坡颇铺

续表

中古	德胜	声类	字　　目
平	次清	阴平	妻凄欺千迁牵谦签羌枪腔敲锹亲钦青轻倾卿清丘秋区驱蛆趋圈枢他它胎贪摊滩汤劏掏滔梯天添挑厅汀听通偷推吞拖溪墟侦挣
		阳平	妨奎滂膛
		阴上	溓
		阴去	匡筐侵
		阳去	眶
	全浊	阴平	滮冲疵藩乎鲸墶畲奚
		阳平	才材财裁残蚕惭藏曹槽岑层查茬茶搽柴豺谗禅馋缠蝉蟾镵长～短肠尝偿常嫦场巢朝～廷潮尘臣沉辰陈晨丞成呈承诚城乘惩程澄橙池驰迟持匙篨虫崇仇绸愁稠筹酬除厨锄雏储传～达船椽床垂槌锤纯唇醇词祠瓷慈辞磁餈从丛存弹～琴调～整蹲囤帆凡矾烦繁防房肥坟焚冯逢缝～补扶芙浮符脯孩含函寒韩杭航毫豪嚎壕禾何和河荷～花痕恒桁横衡弘红宏洪虹鸿侯喉猴狐胡壶湖葫鬍华桦怀淮槐还环桓皇凰黄煌璜蝗磺簧蟥回茴浑馄魂降投～姣瞿狂逵葵杷爬琶排牌盘庞旁螃刨袍陪培赔盆朋彭棚蓬篷膨皮枇疲琵脾瓢贫频平评凭坪苹屏瓶萍婆菩葡蒲期祁齐岐其奇祈脐骑棋旗鳍荠前钱钳乾潜强墙乔侨荞桥樵瞧茄芹秦琴禽勤擒情晴擎穷琼囚求球渠全权泉拳瘸裙群裳韶佘蛇神绳时殊谁随台抬苔薹坛谈痰谭潭檀罎唐堂塘搪溏糖螳涛逃桃陶淘萄腾誊藤啼提题蹄田甜填条廷亭庭停蜓同桐铜童瞳筒头投图徒涂途屠团屯豚臀驮陀驼砣丸完霞闲弦贤咸衔嫌详祥淆邪斜谐携鞋刑行～走行银～形型徐玄悬旋寻巡旬循肴萤曾～经重～复

续表

<table>
<tr><th>中古</th><th>德胜</th><th>声类</th><th>字　　目</th></tr>
<tr><td rowspan="10">平</td><td rowspan="3">全浊</td><td>阴上</td><td>跑</td></tr>
<tr><td>阴去</td><td>茎饨</td></tr>
<tr><td>阳去</td><td>划</td></tr>
<tr><td rowspan="7">次浊</td><td>阴平</td><td>捐拎溜圞猫眯摸摩魔拈黏巫诬研椰耶悠</td></tr>
<tr><td>阳平</td><td>捱熬讹俄鹅蛾儿而来兰拦栏蓝篮郎狼廊榔捞劳牢唠雷楞厘梨狸离犁璃黎篱连帘怜莲联廉镰良凉梁粮粱量丈～辽聊撩燎邻林临淋磷鳞伶灵苓玲凌铃陵菱零龄刘流留琉硫榴龙笼聋隆楼卢庐芦炉鸬驴峦挛栾鸾銮伦沦轮崙罗脶萝锣箩骡螺麻痲埋蛮馒瞒忙芒盲茫毛矛茅锚枚眉梅媒楣煤霉门氓虻萌盟蒙弥迷眠绵棉苗描民名明鸣铭摹模磨动词谋男南难困～囊挠能尼泥倪年鲇娘宁狞凝牛农侬浓脓奴挪铅然燃瓤饶人仁壬仍戎绒茸荣容蓉熔镕融柔揉如儒玩顽亡王危微为作～围违桅唯惟维文纹闻蚊无吴吾梧蜈雄熊牙芽崖涯衙延严言岩沿炎阎筵颜檐扬羊阳杨佯疡洋尧姚窑谣摇爷仪夷宜饴姨移遗疑吟寅淫银迎盈莹营蝇赢庸尤由犹邮油游于余盂鱼娱馀渔愚虞元员园原圆袁援缘源云匀</td></tr>
<tr><td>阴上</td><td>骝呢</td></tr>
<tr><td>阳上</td><td>昂闽</td></tr>
<tr><td>阴去</td><td>鹅啰呢</td></tr>
<tr><td>阳去</td><td>愉逾榆</td></tr>
</table>

续表

中古	德胜	声类	字　　目
上	全清	阴平	姣侥矫姐殴沼
		阴上	矮揞拗袄把摆板版榜宝饱保堡本比彼俾鄙贬扁匾表丙秉柄饼禀跛补产长生~打胆党岛倒等底抵典点屌顶鼎董懂斗抖陡堵赌短朵反匪粉否甫府斧俯腑改秆敢桿感橄搞稿哽埂耿梗巩拱狗苟估古股牯鼓剐寡拐馆管广轨诡癸鬼滚果馃裹海罕喊好吼虎浒谎悔毁火伙几~个己挤纪贾假真~拣柬茧减剪检裥简碱讲奖桨蒋狡绞搅剿缴解紧谨锦井颈景警纠九久灸韭酒举矩卷捲圃谱洒伞散分~嗓嫂傻闪陕晌赏少多~捨沈审婶省史使始驶屎手守首暑黍鼠数动词爽水死怂髓损笋所琐锁宛碗委稳洗玺喜显险享响饷想小晓写醒擤朽许选癣哑掩倚椅隐影拥宰载崽攒早枣蚤澡斩展盏掌者诊枕疹拯整止只旨址纸指趾肿种名词肘主煮爪转~身准子姊秭梓紫滓总走阻组祖嘴左
		阳上	贿呕矢枉饮拄
		阴去	怪境矿纂
	次清	阴平	款
		阴上	采彩採惨草铲厂敞氅吵炒扯逞侈齿耻宠丑醜础楚处~理喘蠢此仿纺抚凯楷坎慷考烤可肯垦恳啃孔恐口苦傀捆捧品剖浦普岂启杞起浅遣抢巧且顷请取娶犬坦毯躺讨体腆舔捅桶土腿妥椭
		阴去	叩企寝
	全浊	阴平	鲍
		阳平	恃
		阴上	釜辅撼很缓晃俭践槛甥痦蔃挺艇皖
		阳上	伴抱倍被棉~陛部簿淡弟簟动肚猪~断舵奉旱户沪祸件近舅聚上~山社甚市柿竖下~山象序叙造仗杖重~量柱罪坐

续表

中古	德胜	声类	字　　目
上	全浊	阴去	棒辨荡範忿愤腐父妇负阜汞浩妓技舰渐键巨拒距绍肾似杏绪皂湛
		阳去	罢拌蚌笨婢辩辫待怠殆诞道稻锭杜肚~子盾惰犯范跪亥骇后厚汇混犟尽靖静臼菌善士氏仕是受巳祀厦限项像橡蟹在丈兆赵痔苎撰篆
	次浊	阳平	瞭柠苇
		阴上	两斤~陇垅搂缕卵裸懵奶挠拟辇撚摮碾鸟扰绕往吻养痒冶已以与
		阳上	尔耳览揽榄懒朗老垒儡累冷礼李里理鲤敛两~个了檩岭领柳笼拢篓卤虏鲁橹吕侣旅履卵马码买满莽蟒卯每美猛靡米免勉娩缅秒渺藐皿抿悯敏某母亩牡姆拇乃恼脑你扭纽努女暖偶藕冉染惹忍乳阮软蕊瓦挽晚网伟尾刎我五午伍武侮鹉舞雅眼演仰咬舀也野蚁尹引颖永勇涌友有酉宇羽雨禹语远允
		阳去	壤攘诱愈
去	全清	阴平	稍荫瘴综
		阳平	饫
		阴上	蔼档讽厦映
		阳上	铸
		阴去	爱隘按案暗坳拗抚奥澳懊坝爸霸欛拜半扮绊谤报豹爆背~部辈臂变遍殡鬓并布颤翅赐粹带戴担名词当档大排~到凳帝店吊钓鬥妬对顿剁恶贩放废痱奋粪付傅富赋鎅丐盖溉概幹告个更~好供提~贡构购够固故顾雇卦挂冠~军贯惯灌罐刽贵桂鳜过汉好爱~耗荷薄~虹戽化焕会~计讳桧货计记际季既济继寄祭冀髻价驾架假放~嫁稼间~隔见建剑荐涧谏鉴箭将~领降~落酱叫较教窖酵介戒芥届界疥借劲进晋浸禁径竟敬镜究救

续表

中古	德胜	声类	字　目
去	全清	阴去	句锯桊绢眷觉睡~俊况愧率沤鞘赛散松~丧~失扫晒疝扇少~年潲舍赦渗胜圣世势试瘦恕庶数名词潄帅税嗽四肆宋诉素塑蒜算岁碎涴畏餵瓮戏细线宪献相~片向孝笑泻卸懈信衅兴~趣姓性秀绣锈婿絮楦训讯迅逊亚厌晏堰燕要意瞖印应怨熨载再赞濽灒葬灶燥躁诈榨债估战醮帐胀账照罩蔗振镇震正~好证政症至志致智痣置中~奖种动词众咒蛀转~来~去壮缀赘纵粽奏钻最醉佐做
		阳去	贝闭庇痹蔽簸佈旦订冻栋妒断锻戆秽据泌兽舜伺慰幼站制昼注驻著
		上阴入	缢
		下阳入	秘
	次清	阴平	权勘跨
		阴上	访揿统
		阴去	怖菜蔡灿糙岔畅倡唱衬称趁牚秤铳臭处到~次刺凑醋窜篡脆翠寸措锉错泛肺费赴副慨看抗靠课空~缺控扣寇库裤块快旷困怕派判盼胖炮泡水~疱沛配喷屁片骗漂聘破舖气弃汽契砌器欠歉俏窍庆去趣劝券太态泰叹炭探烫搨趟套剃涕替跳听痛透吐兔退蜕褪唾
		阳去	贷
		上阴入	咳
		下阳入	帕
	全浊	阴平	逗
		阳平	傍绗耙薯饲嗣眩殉
		阴上	捕翡仅
		阳上	换妗瑞示座

续表

中古	德胜	声类	字　　目
去	全浊	阴去	办瓣菢暴焙毙埠焯传兑附翰恨幻患惠慧剂健腱匠胫倦溃隶叛佩翘邵盛嗜署隧系羡效校械撞坠
		阳去	败稗湴铇备背~部被~告鐾币敝弊篦避便病薄步藏禅豉大代袋但弹子~蛋导盗邓瞪地递第电佃垫奠殿调腔~掉定洞豆痘度渡镀段缎队钝遁饭吠份缝~隙凤俸共柜害汗焊憾号贺候互护画话坏会开~绘忌饯贱轿净旧就具惧郡膳上楼~尚射麝慎剩事侍视逝誓寿售授树睡顺寺讼诵颂遂穗下楼~夏县苋现陷馅巷谢袖暂脏内~赠寨栈绽阵郑治滞稚仲宙骤住助赚状字自牸
		下阳入	鼻
	次浊	阳平	疗媚谊晕
		阴上	纬
		阳上	饵缆屡刃
		阴去	傲韧伪卫魏务戊雾砚艳谚耀异肆毅院
		阳去	艾碍岸饿二贰赖癞烂滥浪涝儽泪类擂厉吏丽利励例荔痢练炼恋殓楝亮谅量力~廖料赁令陋漏露赂滤路虑乱论摞骂迈卖幔慢漫茂冒贸帽貌妹昧寐闷孟梦谜沕面妙庙命谬磨名词募墓慕暮内那奈耐难闹嫩腻念酿尿弄怒懦糯让认任纴闰润外万妄忘旺望为~了未位味胃谓问卧误悟盐验焰雁样鹝夜义艺议易硬咏泳用柚又右佑釉芋预喻寓御裕遇誉豫愿孕运韵
入	全清	阳平	忽撒抑
		阴上	饺摔
		阳上	式
		阴去	亿忆
		阳去	握

续表

中古	德胜	声类	字　目
入	全清	上阴入	北逼笔必毕辟碧壁璧驳侧得德的滴嫡督笃幅福蝠复腹鸽蛤给谷骨国赫黑击迹积绩激级即急脊戟鲫角掬菊橘率～领塞色涩瑟失虱湿识饰适释叔束蟀肃速宿粟缩沃屋吸昔析息悉惜锡熄膝媳吓戌恤蓄一益郁则汁织隻执职粥竹烛嘱祝筑捉足卒
		下阴入	八百柏憋鳖别瘪拨剥钵伯博膊樽擘搭答扼轭恶发法胳割搁阁革格葛隔各刮郭喝豁霍藿吉夹袂甲胛脚接揭节劫洁结决诀觉～得厥蕨爵括迫讫萨杀设摄室刷说朔嗍索挖瞎削歇胁挟泄薛雪血压押鸭乙约责扎札轧眨摘窄折～本哲摺浙质卓桌涿酌啄着琢作
		上阳入	拙
		下阳入	卜
	次清	上阴入	厕测吃尺斥赤饬出促猝佛拂覆缉磕壳克刻哭窟酷劈匹僻扑七戚漆曲屈釉剔踢秃畜
		下阴入	擦册策插察拆彻撤戳绰撮渴客扩阔廓拍撇泼魄乞掐恰切妾怯缺却确鹊刹塌塔獭榻踏贴铁帖讬托脱
		下阳入	触仆朴
	全浊	阳平	划瀑
		阴去	雹曝什
		上阴入	弼寂淑秩
		下阴入	或惑
		上阳入	罚筏鹤芍折着昨

续表

中古	德胜	声类	字　目
入	全浊	下阳入	拔白荸别帛钹薄蔔达沓狄敌荻笛跌谍叠牒碟蝶毒读牍犊独夺铎乏伐佛伏服袱缚合核盒滑猾劃活获屐及极疾集辑籍杰捷截藉局剧绝倔掘洽勺舌涉十石实拾蚀食赎熟蜀术述俗特突夕习席袭蓆匣峡狭辖协续穴学杂凿择泽贼闸铡宅蛰侄直姪值植殖轴逐属浊镯族
入	次浊	阳平	液腋译
入	次浊	阴去	没翼
入	次浊	阳去	幕捺玉域
入	次浊	上阴入	粒勿育
入	次浊	下阴入	镊
入	次浊	上阳入	额鄂腭鳄拉腊蜡辣烙乐快～乐音～列劣烈猎裂掠略捋洛络骆落麦脉灭蔑膜抹末沫陌莫寞漠纳捏聂蹑孽疟虐诺热若弱袜药业叶页月岳钥悦阅跃粤越
入	次浊	下阳入	勒簕肋力历立栗笠六陆录鹿禄律率汇～绿没密蜜墨默木目牧睦穆逆日肉辱入褥物亦役易疫逸狱浴欲

四　与北京音的比较

（一）声母的比较

北京	德胜	字　目
p	p	八巴芭疤拔把坝爸罢霸欛白百柏摆败拜稗扳班般颁斑搬板版办半伴扮拌绊湴瓣邦帮浜榜蚌傍棒谤包胞褒雹宝饱保堡报抱豹铇菢鲍暴爆杯悲碑北贝备背～人 背～部 倍被棉～ 被～告 焙辈鐾奔本笨崩逼荸鼻比俾笔币必毕闭庇陛毙婢敝弼痹弊碧蔽壁篦避臂璧边蝙鞭贬扁匾便变辨辩辫彪标滮膘镖飙穮表憋鳖别别又音 宾彬斌槟殡鬓冰兵丙秉柄饼禀病拨波玻剥钵菠伯驳帛钹博膊薄书面语 薄口语 欂跛簸蔔哺补布佈步怖部簿耙
	ph	彼鄙蓖辟编遍瘪并卜捕
	m	擘泌
	f	埠
ph	p	脯杷爬琶帕排牌盘滂庞旁螃刨袍陪培赔盆朋彭棚蓬篷膨皮枇疲琵脾瓢贫频平评凭坪苹屏瓶萍婆魄菩葡曝
	ph	怕拍派潘攀判叛盼胖抛脬脬炮跑泡不结实 泡水～ 疱胚沛佩配喷烹塳捧丕批坯披劈匹痞屁僻片偏篇骗漂～泊 漂～亮 飘撇品聘坡泼颇迫破剖仆扑铺蒲朴圃浦普谱舖瀑
m	m	麻痲马码骂埋买迈麦卖脉蛮馒瞒满幔慢漫忙芒盲茫莽蟒猫毛矛茅锚卯茂冒贸帽貌没～有 没～收 枚眉梅媒楣煤霉每美妹昧媚寐门闷氓虻萌盟猛蒙懵孟梦弥迷谜靡米眯沕秘密蜜眠绵棉免勉娩缅面苗描秒渺藐妙庙灭蔑篾民皿抿闽悯敏名明鸣铭命谬摸摹模膜摩磨动词 磨名词 魔抹末沫陌莫寞漠墨默谋某母亩牡姆拇木目牧募墓幕睦慕暮穆

续表

北京	德胜	字　　目
f	ph	甫辅
	f	发乏伐法番翻藩蕃反泛贩範方坊芳枋仿访纺放飞妃非匪翡废肺费痱分纷芬粉奋忿愤粪否夫肤敷佛俘抚府斧俯釜腑腐父付妇负附阜复赴副傅富赋
	v	罚筏帆凡矾烦繁犯饭范防妨房肪肥吠坟焚份佛扶芙拂浮符缚
	h	丰风枫封疯峰锋讽奉俸伏服袱幅福蝠腹覆
	ø	冯逢缝~补缝~隙凤
t	t	搭达沓答打大呆代带待怠殆贷袋戴丹单担动词担名词耽胆旦但诞弹淡蛋当正~当上~党档~案档大排~刀导岛倒到盗道稻得德的灯登等邓凳瞪低堤滴狄敌荻笛嫡底抵地弟帝递第掂颠癫典点电佃店垫奠殿簟刁貂雕屌吊钓调掉爹跌谍叠牒碟蝶丁疔钉顶鼎订定锭东冬董懂动冻栋洞都兜斗抖陡豆逗鬥痘督毒读牍犊独笃堵赌妒杜肚猪~肚肚~妬度渡镀端短段断拦截断~绝缎锻堆队对兑敦墩盾钝顿遁多夺铎朵剁舵惰隶
	th	荡
	ts	蹲
th	t	弹调囤台抬苔臺坛谈痰谭潭檀罈唐堂塘搪溏膛糖螳涛掏逃桃陶淘萄特腾誊藤啼提题蹄田甜填腆条廷亭庭停蜓同桐铜童瞳筒头投图徒涂途屠团屯豚臀驮陀驼砣
	th	他它塌塔榻踏胎太态泰贪摊滩坦毯叹炭探汤劏躺烫搨趟滔讨套剔梯踢体剃涕替天添舔挑跳贴铁帖厅汀听挺艇通统捅桶痛偷透秃突土吐兔推腿退蜕褪吞饨讬托拖脱妥椭唾
	tsh	獭

续表

北京	德胜	字　目
n	n	内纳捺乃奶奈耐男南难困~难苦~囊恼脑闹呢语气词呢代词。哪嫩能尼泥倪你逆腻拈年鲇黏辇撚撵碾念娘鸟尿捏聂镊蹑孽宁狞柠凝扭纽农侬浓脓奴努怒女暖挪诺懦糯劓
	l	弄
	n	那
	ŋ	挠拟牛疟虐
	ø	酿
l	n	粒拎
	l	拉腊蜡辣来赖癞兰拦栏蓝篮览揽缆榄懒烂滥郎狼廊榔朗浪捞劳牢唠老涝烙乐勒簕雷垒傫儡肋泪类累擂楞冷厘梨狸离犁璃黎篱礼李里理鲤力历厉立吏丽利励例荔栗笠痢连帘怜莲联廉镰敛练炼恋殓楝良凉梁粮粱两斤~两~个亮谅量丈~量力~辽疗聊廖撩燎鹩了料瞭列劣烈猎裂邻林临淋磷鳞檩伶灵岭苓玲凌铃陵菱零龄领令溜刘流留琉硫骝榴柳六龙笼聋隆陇垅拢楼搂篓陋漏露卢庐芦炉鸬卤虏鲁橹陆录赂鹿禄滤路驴吕侣旅屡缕履律虑率绿峦孪栾鸾銮圞卵乱掠略伦沦轮崙论捋罗啰脶萝锣箩骡螺裸洛络骆落摞
	n	赁
ts	ts	藏杂灾栽宰载载崽再在簪攒暂赞溃濽赃肮~葬遭糟凿早枣蚤澡灶皂造择泽责贼曾增憎赠兹咨姿资滋辎子姊秭梓紫滓字自牸宗综棕踪鬃总纵粽邹走奏租足卒族阻组祖钻嘴最罪醉尊遵昨左佐作坐座做
	tsh	燥躁则纂
tsh	ts	才材财裁残蚕惭藏曹槽层词祠瓷慈辞磁賨从丛存曾
	tsh	擦猜采彩採菜蔡参餐惨灿仓苍舱操糙草册侧厕测策囱疵雌此次刺赐匆葱聪凑粗促猝醋窜篡崔催脆粹翠村寸搓撮措锉错
	s	伺
	k	岑

续表

北京	德胜	字　　目
s	ts	僧寺饲嗣讼诵颂随
	s	撒洒萨塞腮鳃赛三伞散散桑嗓丧~失 丧~事骚臊扫嫂色涩瑟森嗍嗽丝司私思斯撕死巳四似祀肆松怂宋搜馊飕苏酥俗诉肃素速宿粟塑酸蒜算虽髓岁遂碎隧孙损笋唆梭蓑缩所索琐锁
	ø	穗
tɕ	ts	迹积绩即疾集辑籍挤脊际剂济寂祭鲫尖煎剪饯荐贱渐践箭将~军 将~来 浆奖桨蒋匠酱椒焦蕉剿接节捷截姐借藉津尽进晋浸晶睛精井净靖静酒就聚绝爵俊
	tsh	歼笺
	k	车讥击饥机肌鸡屐基稽激及吉极急几茶~ 几~个 己戟计记纪妓忌技季既继寄冀髻加夹佳家痂裌嘉甲胛贾价驾架假真~ 假放~ 嫁稼奸坚间中~ 间~隔 肩艰兼监拣俭柬茧减检裥简碱见件建剑健涧舰谏腱鉴键槛江姜缰讲降犟交郊姣娇骄胶角狡绞饺矫脚搅缴叫轿较教窖阶皆揭街劫杰洁结解介戒芥届界疥巾今斤金筋襟紧谨锦劲妗近禁京经茎荆惊粳鲸颈景警径胫竟敬境镜纠究鸠阄九久灸韭旧臼救舅居拘驹掬局橘举矩句巨拒具俱剧惧据距锯捐卷捲倦绢眷决诀觉倔掘厥蕨军君均钧菌郡蕴抉
	kh	级僵疆仅菊觉
	h	侥酵
tɕh	ts	缉齐脐荠前钱潜墙樵瞧秦情晴囚全泉
	tsh	七妻凄栖戚漆砌千迁签浅枪抢锹俏切且妾亲侵寝青清请秋蛆趋取娶趣鹊
	s	鞘
	k	期祁岐其奇祈骑棋旗鳍杞钳乾羌强乔侨荞桥茄芹琴禽勤擒擎穷琼求球渠权拳券瘸裙群

续表

北京	德胜	字　　目
tɕh	kh	劈瞿桊欺企岂启起气讫汽契器掐恰洽牵谦遣欠歉腔敲巧窍翘怯钦揿轻倾卿顷庆丘区曲驱屈籼去圈犬劝缺却确
	h	乞弃
	ø	铅
ɕ	ts	夕习袭蓆详祥谢袖徐寻
	tsh	斜
	s	西昔析息悉惜犀锡熄膝席媳洗玺细仙先鲜线羡相互～相～片厢湘箱襄镶想象像橡削宵消萧硝销箫霄小笑些邪写泄泻卸心辛新薪信星腥醒擤姓性修羞秀绣锈戌须需鬚序叙恤绪续婿絮蓄宣喧旋选癣薛雪巡旬询荀循讯迅逊殉
	k	匣械
	kh	吸
	ŋ	蟹
	h	姣希奚牺稀溪熙嬉喜戏系虾瞎峡狭辖霞厦掀显险宪馅献乡香享响饷向嚣晓孝效校歇协胁谐携鞋懈欣馨衅兴～旺兴～趣刑行形型杏凶兄兇胸休朽虚嘘墟许轩楦靴穴学血勋熏薰训
	ø	降下～山下楼～夏闲弦贤咸衔嫌县苋现限陷巷项淆雄熊玄悬眩
tʂ	ts	长生～焯朝～阳传渣楂扎札闸铡眨诈榨斋摘宅窄债寨沾毡瞻斩展盏占佔战栈站绽湛蘸张章彰樟璋掌丈仗帐杖胀账瘴招昭沼召兆赵照罩遮折哲蛰摺者浙蔗贞针侦珍真斟臻诊枕疹阵振镇震争征挣筝蒸徵踭拯整正～月正～好证郑政症之支汁芝枝知织肢栀脂隻蜘执侄直姪值职植殖止只旨址纸指趾至志制治质秩致痔智滞痣稚置中～间中～奖忠终盅钟肿种动词种名词仲众重州舟周洲粥肘咒宙昼骤朱诛株珠诸猪硃蛛竹烛逐主拄煮嘱住助苎注驻柱祝著蛀铸抓爪专砖转～身转～来～去赚妆庄桩装壮状追锥坠缀赘准卓拙捉桌涿浊酌啄着着琢镯

续表

北京	德胜	字目
tʂ	tsh	轴筑撞
	s	撰篆
tʂh	ts	查茬茶豺缠颤长~短肠常场巢朝~廷潮尘臣沉陈丞呈诚惩程澄橙池驰迟持虫崇仇绸愁稠筹酬除厨锄储触传垂槌锤重
	tsh	叉杈插搽察岔差差拆搀产铲昌娼猖菖厂敞氅畅倡唱抄钞超吵炒车扯彻撤衬称~重量称~心趁牚撑逞秤嗤痴尺侈齿耻斥赤翅充冲宠铳抽丑醜臭出初雏础楚处~理处到~川穿喘疮窗吹炊春椿蠢戳绰畜
	s	柴谗禅馋蝉蟾镵尝偿嫦辰晨成承城乘絭豉饬船椽床纯唇醇刹裳
	h	吃
ʂ	ts	芍
	tsh	渗束
	s	参禅匙率率杀沙纱傻筛晒山删杉衫珊搧闪陕疝扇善膳伤商晌赏上~山上楼~尚捎梢烧稍勺韶少多~少~年邵绍潲奢赊畲舌佘蛇舍捨设社射涉赦摄麝申伸身娠深神沈审婶肾甚慎升生声牲胜笙绳省圣盛剩尸失师虱诗施狮湿十什石时识实拾蚀食史矢使始驶屎士氏世仕市示式事侍势视试饰室恃是柿适逝释嗜誓收手守首寿受兽售授瘦书叔枢殊梳淑疏舒输蔬赎熟暑黍署鼠蜀薯术述树竖恕庶数动词数名词漱刷衰摔帅蟀闩拴栓双霜孀爽谁水税睡顺舜说朔厦折属
ʐ	n	瓤
	s	瑞
	ŋ	然燃冉染让热人仁忍认任韧日肉入阮软弱
	ø	挠壤攘饶扰绕惹壬刃纴仍戎绒茸荣容蓉熔镕融柔揉如儒乳辱褥蕊闰润若

续表

北京	德胜	字　目
k	k	该改锊丐盖干甘肝柑竿尴秆敢桿感橄幹刚岗纲钢羔高膏篙糕搞稿告戈哥胳鸽割搁歌阁革格葛蛤隔个各根跟更～好更三～半夜庚耕赓羹哽埂耿梗工弓公功攻供～给供提～宫恭蚣躬巩汞拱共贡勾沟钩狗苟构购够估姑孤菰箍古谷股牯骨鼓固故顾雇瓜刮剐寡卦挂乖拐怪关观官冠鸡～冠～军棺鳏馆管贯惯灌罐光胱广归圭龟规闺轨诡癸鬼柜贵桂跪鳜滚郭锅国果馃裹过虹
	kh	溉概给刽扛
	ŋ	戆
kh	v	科
	k	犴全逵葵括廓
	kh	会～计桧开揩凯慨楷刊勘堪坎看康慷濂糠抗考烤靠棵窠窠磕壳咳可渴克刻客课肯垦恳啃坑空～气空～缺孔恐控抠眍口叩扣寇枯哭跍窟苦库裤酷夸跨块快宽款匡筐况旷矿框眶亏盔窥魁傀愧溃坤昆崑捆困扩阔
x	f	虎浒戽花化欢缓荒慌晃谎灰恢挥辉麾徽悔贿惠毁慧昏荤婚混火伙
	v	横忽狐胡壶湖葫鬍互户护沪华滑猾划画话桦劃还环桓幻换凰黄煌璜蝗磺簧蟥回茴会开～绘浑馄魂祸
	kh	豁货霍藿
	ŋ	鹤
	h	哈孩海憨鼾罕喊汉翰杭绗航蒿薅好～处好爱～浩耗喝合核盒赫黑很恨亨桁轰烘宏吼乎呼患焕汇或惑吓行
	ø	亥骇害含函寒韩汗旱焊憾撼毫豪嚎壕号禾何和河荷薄～荷～花贺痕恒衡弘红洪虹鸿侯喉猴后厚候怀淮槐坏皇讳秽活获

续表

北京	德胜	字　　目
Ø	m	袜亡网忘望尾味问巫诬
	f	勿
	v	恶挖弯湾豌丸挽晚涴皖碗万汪往枉妄旺煨慰温瘟文纹闻蚊吻稳窝蜗握乌污无吴武侮鹉舞务戊物误雾饫晕
	n	严研验业
	l	蔫
	ts	轧
	ŋ	捱蔼艾碍岸昂坳熬拗袄抚傲奥澳懊讹俄鹅蛾额扼轭饿鄂腭鳄恩儿尔耳饵二贰欧殴呕偶藕沤瓦外玩顽危桅我卧吾梧蜈五午伍悟丫桠牙芽崖涯衙雅烟岩眼晏雁仰咬仪宜疑蚁义艺议谊银硬鱼渔愚虞玉寓御遇员原源愿月岳悦阅粤越
	h	亦迎莹营蝇吁育
	Ø	阿哀埃挨矮爱隘安庵鞍揞按案暗拗恶而乐歪完宛王威微为作～为～了围违唯惟维伟伪纬苇委萎卫未位畏胃谓餵魏刎翁瓮倭沃屋压押鸦鸭哑亚淹焉阉腌延言沿炎盐阎筵颜檐掩演厌砚艳谚堰焰燕央殃秧鸯扬羊阳杨佯疡洋养痒样幺吆妖腰邀尧肴姚窑谣摇舀药要～求要需～耀椰爷耶也冶野叶页夜液腋一伊衣医依夷饴姨移遗乙已以倚椅亿忆异役抑译易易疫益逸意缢肄毅瞖翼因阴姻洇荫音殷吟寅淫尹引饮隐印应英莺婴缨樱鹦鹰盈萤赢颖影映拥庸雍永咏泳勇涌用忧幽悠尤由犹邮油柚游友有酉又右幼佑诱釉迂淤瘀于余於盂娱馀愉逾榆与宇羽雨禹语芋郁狱浴预域欲喻裕愈誉豫冤渊元园圆袁援缘远怨院约钥跃云匀允孕运韵熨

（二）韵母的比较

北京	德胜	字　　目
ɿ	ɿ	疵词祠瓷慈辞磁雌餈此次刺赐丝司私思斯撕死巳四寺伺似祀饲嗣肆兹咨姿资滋辎子姊秭梓紫滓字自牸
ʅ	ɿ	师狮士仕事侍恃柿嗜蛳
	i	嗤痴池驰迟持匙侈齿耻豉翅尸诗施什时史矢使始驶屎氏市示式视试是逝誓之支芝枝知肢栀脂止只旨址纸指趾至志制治致痔智滞痣稚置
	ei	世势
	ɐp	湿十拾汁执
	ɐt	失虱实侄秩
	ɛt	日质
	ek	吃尺斥赤饬石识蚀食饰室适释织隻直姪值职植殖
ɚ	i	儿而尔耳饵二贰
i	i	比彼俾鄙币庇陛婢敝痹蔽篦避臂地第讥饥机肌基稽几茶~几~个己记纪妓忌技季既继寄冀厘梨狸离璃篱李里理鲤厉吏丽利励荔痢弥靡眯沕泌呢昵你拟丕坯披皮枇疲琵脾痞屁期欺祁岐其奇祈骑棋旗鳍企岂启杞起气弃汽器希牺稀溪熙嬉玺喜戏系伊衣医依仪夷宜饴姨移遗疑已以蚁倚椅义亿忆议异抑易谊意肄毅臀翼
	ei	闭毙蓖弊低堤底抵弟帝递鸡挤计际剂济祭髻犁黎礼例隶迷米尼泥倪腻批妻凄栖齐脐契砌荠梯啼提题蹄体剃涕替西奚犀洗细艺
	ɐp	缉集辑立笠粒习袭
	iɐp	及级急吸
	ɐt	荸鼻笔必毕弼疾栗秘密蜜匹七漆一逸
	ɛt	吉乞讫
	yɛt	乙
	ek	逼辟碧壁璧的滴狄敌荻笛嫡击迹屐积绩激即极籍脊戟寂鲫藉力历逆劈僻戚剔踢夕昔析息悉惜锡熄膝席媳蓆亦役译易疫益缢

续表

北京	德胜	字目
u	u	晡补捕布佈步怖部簿粗醋都堵赌妒杜肚猪～肚～子妬度渡镀恶夫肤敷扶芙俘符抚甫府斧俯釜脯辅腑腐父付妇负附赴副傅富赋估姑孤菰箍古股牯鼓固故顾雇乎呼忽狐胡壶湖葫鬍虎浒互户护沪戽枯跍苦库裤露卢庐芦炉鸬卤虏鲁橹赂路模母姆拇募墓幕慕暮奴努怒铺菩葡蒲圃浦普谱舖瀑漱苏酥诉素塑图徒涂途屠土吐兔乌污巫诬无吴吾梧蜈五午伍武侮鹉舞务戊误悟雾助租组祖
	y	除厨雏储处～理处到～如儒乳书枢殊舒输暑黍署鼠薯树竖恕庶朱诛株珠诸猪硃蛛主拄煮住苎注驻柱著蛀铸
	o	初锄础楚梳疏蔬数动词数名词阻
	au	曝
	əu	埠阜牡
	ɐu	浮亩
	iɐp	入
	ɐt	猝彿拂核勿物卒
	uɐt	出骨窟术述突
	iæk	缚
	uk	卜触促督毒读牍犊独笃伏服袱幅福蝠复腹覆谷哭酷陆录鹿禄木目牧睦穆仆扑朴叔淑赎熟蜀束俗肃速宿粟秃屋畜竹烛逐属嘱祝筑足族
	iuk	辱褥

续表

北京	德胜	字 目
y	u	驴饫
	y	车~马炮居拘驹举矩句巨拒具俱惧据距锯聚瞿滤吕侣旅屡缕履虑女区驱蛆趋渠取娶去趣须虚嘘需墟鬚徐许序叙绪婿絮迂淤瘀于余於盂鱼娱馀渔愉逾愚榆虞与宇羽雨禹语玉吁芋预域喻寓御裕遇愈誉豫
	ɐt	律率恤
	uɐt	戌
	yt	屈
	ek	剧
	uk	绿续蓄
	iuk	掬局菊橘曲粬育郁狱浴欲
a	a	阿巴芭疤把坝爸罢霸欛叉杈查茬茶搽岔差~别打哈麻痲马码骂那杷爬耙琶怕撒洒沙纱杉他它厦渣楂诈榨
	o	傻
	ai	捺
	ap	插搭沓答法腊蜡纳塌塔榻踏杂扎闸眨
	at	八拔擦察达发乏伐罚筏拉辣抹萨杀刹獭札铡
	æk	帕
ia	a	加家痂嘉贾价驾架假真~假放~嫁稼虾下~山下楼~夏丫桠哑
	ia	霞厦鸦牙芽衙雅亚
	ai	佳崖涯
	ap	夹袷甲胛掐恰洽匣峡狭压押鸭
	at	瞎辖轧

续表

北京	德胜	字目
ua	a	花华化划画话桦
	ua	瓜剐寡卦挂夸跨瓦抓
	at	劃挖袜
	uat	刮滑猾刷
o	u	簸
	o	波玻菠薄跛摸摹摩磨动词磨名词魔坡颇婆破
	ɔt	拨钵钹末沫泼
	ɐt	佛没出～
	ɔk	剥博膊薄膜莫寞漠
	æk	伯帛陌迫魄
	ɐk	驳葡墨默
	uk	樽
uo	ɿ	做
	u	萝窝蜗握
	a	火伙祸琐锁涴坐座
	ua	果馃裹过货
	o	搓措锉错多朵剁舵惰锅卵罗啰脶锣箩骡螺裸摞挪懦糯唆梭蓑所拖驮陀驼砣妥椭唾倭我卧左佐
	uat	括
	ɔt	撮夺豁活阔捋说脱拙
	ɔk	戳绰铎郭或获惑霍藿扩廓洛络骆落诺朔嗍索讬托卓桌涿酌啄琢昨作
	æk	弱
	iæk	若着
	uk	国缩沃捉浊镯

续表

北京	德胜	字　　目
ɤ	u	科
	ia	惹
	o	讹俄鹅蛾饿戈哥歌个禾何和河荷薄~荷~花贺棵窠窠可课
	ɛ	扯者
	iɛ	车汽~奢赊畲佘蛇舍捨社射赦麝遮蔗
	ap	合盒
	iæp	涉摄摺
	ɔp	鸽蛤磕
	ɐp	涩[illegible]
	ɔt	割葛喝渴
	ɐt	瑟
	iɛt	彻撤热舌设折~断折~本哲浙
	ɔk	恶鄂腭鳄胳搁阁各鹤乐快~
	æk	册策革格隔客择泽责
	iæk	额扼轭
	ɐk	侧厕测得德赫壳咳克刻勒簕色特嚇则
ie	i	液腋
	ia	也野夜
	ɛ	茄且些邪
	iɛ	爹姐借斜写泻卸谢椰爷耶冶
	ai	阶皆街解介戒芥届界疥谐鞋械懈蟹
	ei	携
	iæp	瘪谍叠牒碟蝶接劫捷猎聂镊蹑妾怯贴帖协业叶页
	iɛt	憋鳖别别跌揭节杰洁结截列劣烈裂灭蔑篾捏孽撇切铁歇胁泄
	yɛt	血

续表

北京	德胜	字　　目
ye	ɛ	瘸靴
	ɔt	绝薛雪
	iɛt	疟虐
	yɛt	决诀掘厥蕨缺穴月悦阅粤越
	yt	倔
	ɔk	爵掠略确
	æk	觉鹊岳
	iæk	乐音～却削约钥跃
	ɐk	学
ai	a	稗
	ai	埃挨捱矮蔼艾隘摆败拜差出～柴大呆该锛丐溉概孩揩凯慨楷赖癞埋买迈卖乃奶排牌派腮鳃赛筛晒太态泰宰载载崽斋债寨
	ei	哀爱碍猜才材财裁采彩採菜蔡豺代带待怠殆贷袋戴改盖海亥骇害开来奈耐胎台抬苔薹灾栽再在
	æk	白百柏擘拆麦脉拍摘宅窄
	ɐk	塞
uai	uai	乖拐怪怀淮槐坏会～计桧块快率～领衰摔帅歪
	uei	外
	uɐt	率汇～蟀
ei	i	杯悲碑备被被鐾飞妃非肥匪翡痱枚眉梅媒楣煤霉昧媚谜胚陪培赔
	y	雷
	ɔi	儡泪类累擂
	oy	儡每
	ei	吠废肺费没美寐

续表

北京	德胜	字　目
ei	uei	贝背～部背～人倍焙辈垒妹内沛佩配
	iɐp	给
	ɐk	北黑肋贼
uei	i	灰恢挥辉麾徽回茴煨尾味
	y	堆推
	uai	刽
	ɔi	汇睡
	oy	崔催蜕最
	ei	悔贿惠毁慧慰
	uei	吹炊垂槌锤脆粹翠队对兑归圭龟规闺轨诡癸鬼柜贵桂跪鳜会开～讳绘秽亏盔窥奎逵葵魁傀愧溃蕊瑞谁水税虽随髓岁遂碎隧穗腿退危威微为作～为～了围违桅唯惟维伟伪纬苇委萎卫未位畏胃谓餵魏追锥坠缀赘嘴罪醉
au	ua	爪
	au	坳拗拗袄扷傲奥澳懊包胞褒雹饱豹铇菢鲍暴爆抄钞焯吵炒膏搞浩捞唠挠闹抛脬脬刨炮跑泡不结实泡水～疱捎梢韶邵绍潲皂罩
	iau	扰
	əu	熬宝保堡报抱操糙曹槽草巢刀导岛倒到盗道稻羔高篙糕稿告蒿薅毫豪嚎壕好好～好爱～号耗考烤靠劳牢老涝毛茅卯冒帽貌恼脑袍骚臊扫嫂涛掏滔逃桃陶淘萄讨套遭糟早枣蚤澡灶造燥躁
	ɐu	矛茂贸
	iu	超朝～阳朝～廷潮锚挠饶绕烧稍少多～少～年招昭沼召兆赵照
	ɔk	烙芍凿着
	iæk	勺

续表

北京	德胜	字　　目
iau	au	交郊姣胶狡搅较教窖酵觉睡~敲孝效校
	iau	屌鹩鸟巧翘晓咬
	əu	姣
	iu	彪标滮膘镖飙穮表刁貂雕吊钓调~整 调~腔 掉娇骄椒焦蕉侥绞饺矫剿缴叫轿辽疗聊廖撩燎了料瞭猫苗描秒渺藐妙庙尿漂~泊 漂~亮 飘瓢锹乔侨荞桥樵瞧俏窍鞘挑条跳宵消萧硝销箫霄嚣淆小笑幺吆妖腰邀尧肴姚窑谣摇舀要~求 要需~ 耀
	æk	脚
	iæk	药
	ɐk	角
ou	ɐu	抽仇绸愁稠筹酬丑醜臭凑兜斗抖陡豆逗鬥痘否勾沟钩狗苟构购够侯喉猴吼后厚候抠眍口叩扣寇楼搂篓陋漏谋某欧殴呕偶藕沤剖收手守首寿受兽售授瘦嗽搜馊飕偷头投透州舟周洲肘咒宙昼骤邹走奏
	iɐu	柔揉
	uk	粥轴
	iuk	肉
iou	ɐu	酒就溜刘流留琉硫骝榴柳纽秋囚修羞秀绣袖锈
	iɐu	纠究鸠阄九久灸韭旧臼救舅牛扭丘求球休朽齅忧幽悠尤由犹邮油柚游友有酉又右幼佑诱釉
	iu	谬
	uk	六
an	am	揞涩参惭搀谗馋镵担动词 担名词 耽胆淡犯泛範尴憨喊憾撼蓝篮览揽缆榄男南三衫贪谈痰谭潭罎毯探簪暂瞻斩站蘸
	ɔm	庵暗甘柑敢感橄含函
	iɛm	蟾冉染闪陕沾占佔

续表

北京	德胜	字　目
an	an	扳班颁斑板版办扮瓣餐残蚕惨灿禅禅产铲檠丹单旦但诞弹~琴弹子~蛋帆番翻藩凡矾烦蕃繁反饭范贩罕刊勘堪坎兰拦栏懒烂滥蛮馒幔慢难困~难苦~攀盼伞散散山珊疝摊滩坛檀坦叹炭攒赞濆濽盏栈绽湛
	uan	删
	ɔn	安鞍岸按案半伴拌绊缠干肝竿秆桿幹鼾寒韩汉汗旱焊翰看满漫判叛
	iɛn	蝉颤搧扇善膳展战
	in	然燃毡
	un	般搬瞒潘盘
ian	am	监减鉴咸陷馅岩
	ɔm	衔
	ɐm	潜
	iɐm	淹炎
	iɛm	点店垫奠俭检剑舰渐槛镰敛殓念欠歉舔险腌盐掩厌验焰
	im	掂簟尖歼兼笺帘廉拈鲇黏迁谦签钳添甜嫌阉严阎檐
	an	奸间中~间~隔艰拣柬裥简涧闲苋限眼晏雁
	iɛn	蝙贬扁匾便变遍辨辩辫典电佃殿茧剪碱见件建饯荐贱健谏腱践键箭练炼恋楝免勉娩缅面辇撚撵碾片骗浅遣腆显现线宪羡献焉研筵砚艳谚堰燕
	yɛn	县
	in	边编鞭颠癫坚肩煎连怜莲联眠绵棉年偏篇千牵前钱乾天田填仙先鲜贤烟延言颜演
	yn	铅掀弦沿
	iɛn	蔫
	ap	挟

续表

北京	德胜	字　目
uan	an	还环幻换弯湾豌丸挽晚万赚
	uan	关鳏闩拴栓玩顽
	ɔn	喘窜篡馆管贯惯灌罐桓缓蒜算撰篆
	uɔn	短段断拦截断~绝缎锻患焕款乱暖阮软皖碗
	un	川穿传~达传自~船椽端观官冠鸡~冠~军棺欢宽峦栾鸾銮圈卵酸团完专砖转~身转~来~去纂钻
	yn	宛
yan	yɛn	卷捲倦桊绢眷犬劝券癣远院愿
	un	全泉宣喧旋选
	yn	捐圈权拳轩玄悬眩楦冤渊元员园原圆袁援缘源怨
ən	ɐm	沉森深沈审婶甚渗针斟枕
	iɐm	岑壬任纴
	ɐn	奔本笨尘臣辰陈晨衬趁恩分纷芬坟焚粉份奋忿愤粪根跟痕很恨肯垦恳啃门闷喷盆申伸身娠神肾慎珍真臻诊疹阵振镇震
	iɐn	人仁刃
	ən	贞侦
	in	忍认韧
	eŋ	参称
in	ɐm	浸林临淋檩赁侵寝心
	iɐm	今金襟锦妗禁钦琴禽擒揿阴荫音吟淫饮
	ɐn	彬殡鬓斤津筋尽进晋邻鳞民抿悯敏贫亲秦辛新薪信银
	iɐn	谨近芹勤欣洇殷引隐印
	in	巾仅紧劲姻寅
	yn	尹

续表

北京	德胜	字　目
in	ɐŋ	品
	eŋ	宾斌磷皿闽频馨馨衅因
uən	ɐn	唇村寸囤盾昏荤婚浑馄魂混伦沦轮崙论嫩孙损笋褪吞饨温瘟文纹闻蚊吻稳问尊遵
	uɐn	滚坤昆崑捆困刎
	ən	存敦墩蹲钝顿遁屯豚臀
	un	春椿纯醇蠢顺舜准
	yn	闰润
yn	ɐm	寻
	ɐn	讯晕
	ən	询荀迅逊
	un	巡旬循殉
	yn	军君均钧菌俊郡裙群勋熏训云匀允孕运韵熨
aŋ	aŋ	邦榜蚌棒谤仿戆滂庞胖
	ɔŋ	帮傍仓苍舱藏西～藏躲～畅当正～当上～党荡档～案档大排～方坊芳枋防妨房肪访纺刚岗纲钢杭绗航康慷漮糠扛抗郎狼廊榔朗浪忙芒盲茫莽蟒氓虻囊旁螃瓤桑嗓丧～失丧～事汤劏唐堂塘搪溏膛糖螳躺烫揚趟行赃脏葬
	ɐŋ	浜放虹
	iɛŋ	昂昌娼猖菖长生～长～短肠尝偿常嫦厂场敞鲞倡唱壤攘让伤商裳晌赏上～山上楼～尚张章彰樟璋掌丈仗帐杖胀账瘴
iaŋ	ɐŋ	江讲降巷项
	iɛŋ	姜将～领将～来浆僵缰疆奖桨蒋犟匠降酱犟良凉梁粮粱两斤～两～个亮谅量力～量丈～娘酿羌枪腔强墙蔃抢乡相互～相～片香厢湘箱襄镶详祥享响饷想向象像橡央殃秧鸯扬羊阳杨佯疡洋仰养痒样

续表

北京	德胜	字　目
uan	un	挛
	uaŋ	匡筐况旷矿框眶
	ɔŋ	荒慌凰黄煌璜蝗磺簧蟥晃谎汪亡网往枉妄忘旺望
	uɔŋ	疮窗床光胱广狂双霜孀爽妆庄桩装壮状撞
	yɔŋ	皇王
əŋ	ɐn	称
	ən	丞
	in	仍
	ɐŋ	崩层灯登等邓凳蹬恒衡楞冷能烹塍僧腾誊藤曾姓 曾~经 增憎赠
	eŋ	掌撑成呈承诚城乘惩程澄橙逞秤更~好 更三~半夜 庚耕赓羹哽埂耿梗桁横坑升生声牲胜笙绳省圣盛剩争征挣筝蒸徵睁拯整正~好 正~月 证郑政症
	iɛŋ	亨
	uŋ	丰风枫封疯峰锋冯逢缝~补 缝~隙 讽凤奉俸萌盟猛蒙懵孟梦朋彭棚蓬篷膨捧
iŋ	ɐŋ	擤
	eŋ	槟冰兵丙秉柄饼禀并病丁疔钉顶鼎订定锭京经茎荆惊晶睛粳精鲸井颈景警净径胫竟敬靖境静镜拎伶灵岭苓玲凌铃陵菱零龄领令名明鸣铭命宁狞柠凝聘平评凭坪苹屏瓶萍青轻倾卿清情晴擎顷请庆厅汀听听廷亭庭停蜓挺艇兴~旺 兴~趣 星腥刑行形型醒杏姓性应英莺婴缨樱鹦鹰迎盈莹萤营蝇赢颖影映硬
uəŋ	uŋ	翁瓮

续表

北京	德胜	字　　目
uŋ	uŋ	充冲虫崇宠铳囱从匆葱聪丛东冬董懂动冻栋洞工弓公功攻供~给供提~宫恭蚣躬巩汞拱共贡轰烘弘红宏洪虹鸿空~气空~缺孔恐控龙笼笼聋隆陇垅拢农侬浓脓弄松怂讼宋诵颂通同桐铜童瞳统捅桶筒痛中~间中~奖忠终盅钟肿种名词种动词仲众重~量重~复宗综棕踪鬃总纵粽
	iuŋ	戎绒茸荣容蓉熔镕融
yŋ	eŋ	琼兄
	iuŋ	穷凶兇胸雄熊拥庸雍永咏泳勇涌用

（三）声调的比较

北京	德胜	字　　目
阴平	阴平	哀埃挨安庵鞍巴芭疤扳班般颁斑搬邦帮浜包胞褒杯悲碑奔崩边编蝙鞭彪标滮膘镖飙穮宾彬斌槟冰兵波玻菠晡猜参~加参人~餐仓苍舱操叉差出~差~别搀昌娼猖菖抄钞超朝~阳车汽~车~马炮称撑嗤痴充冲抽初川穿囱疮窗吹炊春椿疵雌匆葱聪粗崔催村搓呆丹单担耽当应~刀灯登低掂颠癫刁貂雕爹丁疔钉东冬都兜端堆墩多恩番翻蕃方坊芳枋飞妃非分纷芬丰风枫封疯峰锋夫肤敷该干甘肝柑竿尴刚纲钢羔高膏篙糕戈哥歌根跟更庚耕赓羹工弓公功攻供~给宫恭蚣躬勾沟钩姑孤菰箍瓜乖关观官冠鸡~棺鳏光胱归圭龟规闺锅哈憨鼾蒿薅亨轰烘呼花欢荒慌灰恢挥辉麾徽昏荤婚讥饥机肌鸡基稽几茶~加佳家痂嘉奸尖坚歼间房~肩艰兼监笺煎江姜将浆僵缰疆交郊姣娇骄胶椒焦蕉阶皆街巾今斤金津筋襟京经荆惊晶睛粳精鲸鸠阄居拘驹捐军君均钧开揩刊勘堪康糠科棵窠窠坑空~气抠眍枯跍夸宽亏盔窥坤昆崑拎溜眯摸欧殴潘攀抛脬脬泡不结实胚烹丕批坯披偏篇漂~泊飘坡颇铺妻凄栖欺千迁牵谦签羌枪腔敲锹亲钦青轻倾卿清丘秋区驱蛆趋圈腮鳃三桑丧

续表

北京	德胜	字目
阴平	阴平	骚臊森僧沙纱筛山删杉衫珊搧伤商梢烧稍奢赊畲申伸身娠深升生声牲笙尸师诗施狮收书枢梳疏舒输蔬衰闩拴栓双霜孀丝司私思斯撕松搜馊飕苏酥酸虽孙唆梭蓑他它胎贪摊滩汤劏掏滔梯天添挑厅汀听通偷推吞拖歪弯湾豌汪威煨温瘟翁倭窝蜗乌污巫诬西希奚牺犀稀溪熙嬉虾仙先掀鲜乡相香厢湘箱襄镶宵消萧硝销箫霄嚣些心辛欣新薪馨兴星腥凶兄兇胸休修羞须虚嘘需墟鬚轩宣喧靴勋熏丫鸦桠烟淹焉阉腌蔫央殃秧鸯幺吆妖腰邀要~求椰衣医依因阴姻洇音殷英莺婴缨樱鹦鹰雍忧幽悠迂淤瘀吁冤渊灾栽簪赃遭糟曾姓增憎渣楂斋沾毡瞻张章彰樟璋招昭召遮贞针侦珍真斟臻争征挣筝蒸徵踭正之支芝枝知肢栀脂蜘中~间忠终盅钟州舟周洲朱诛株珠诸猪硃蛛抓专砖妆庄桩装追锥兹咨姿资滋辎宗棕踪鬃邹租尊遵
	阳平	堤蹲帆忽扛捞劳期荠铅殊涛危微庸
	阴上	溓剖摔
	阴去	糙敦茎究桊匡筐侵捎伊占
	阳去	俱
	上阴入	逼吃出滴督鸽黑击积缉激磕哭窟劈扑七戚漆曲屈籼塞失虱湿叔缩剔踢秃屋吸析息悉惜熄膝戌一汁织隻粥捉
	下阴入	八憋鳖拨剥钵擘擦插拆戳撮搭发胳割搁刮郭喝豁夹接揭拍泼掐切缺杀刷说嘲塌贴帖讬托脱挖瞎削歇挟薛压押鸭约扎摘卓桌涿着
	上阳入	拉捋抹捏拙
	下阳入	屐仆突夕

续表

北京	德胜	字目
阳平	阴平	藩俘乎魁圞猫摩魔拈黏墶研耶於
	阳平	捱熬才材财裁残蚕惭藏曹槽岑层查茬茶搽柴豺谗禅馋缠蝉蟾镵长~短肠尝偿常嫦场巢朝~廷潮尘臣沉辰陈晨丞成呈承诚城乘惩程澄橙池驰迟持匙滌虫崇仇绸愁稠筹酬除厨锄雏储传船椽床垂槌锤纯唇醇词祠瓷慈辞磁餈从丛存弹调囤讹俄鹅蛾儿而凡矾烦繁防妨房肪肥坟焚冯逢缝扶芙浮符脯孩含函寒韩杭绗航毫豪嚎壕禾何和河荷~花痕恒桁横衡弘红宏洪虹鸿侯喉猴狐胡壶湖葫翡华桦怀淮槐还环桓皇凰黄煌璜蝗磺簧蟥回茴浑馄魂降投~姣瞿狂奎逵葵来兰拦栏蓝篮郎狼廊榔牢唠雷楞厘梨狸离犁璃黎篱连帘怜莲联廉镰良凉梁粮粱量丈~辽疗聊撩燎邻林临淋磷鳞伶灵苓玲凌铃陵菱零龄刘流留琉硫榴龙笼聋隆楼卢庐芦炉鸬驴峦挛栾鸾銮伦沦轮崙罗腡萝锣箩骡螺麻痳埋蛮馒瞒忙芒盲茫毛矛茅锚枚眉梅媒楣煤霉门氓虻萌盟蒙弥迷眠绵棉苗描民名明鸣铭摹模磨动词谋男南难困~囊挠能尼泥倪年鲇娘宁狞柠凝牛农侬浓脓奴挪杷爬琶排牌盘滂庞旁螃刨袍陪培赔盆朋彭棚蓬篷膨皮枇疲琵脾瓢贫频平评凭坪苹屏瓶萍婆菩葡蒲瀑祁齐岐其奇祈脐骑棋旗鳍前钱钳乾潜强墙乔侨荞桥樵瞧茄芹秦琴禽勤擒情晴擎穷琼囚求球渠全权泉拳瘸裙群然燃瓤饶人仁壬仍戎绒茸荣容蓉熔镕融柔揉如儒裳韶佘蛇神绳时谁随台抬苔薹坛谈痰谭潭檀罈唐堂塘搪溏膛糖螳逃桃陶淘萄腾誊藤啼提题蹄田甜填条廷亭庭停蜓同桐铜童瞳筒头投图徒涂途屠团屯豚臀驮陀驼砣丸完玩顽亡王为围违桅唯惟维文纹闻蚊无吴吾梧蜈霞闲弦贤咸衔嫌详祥淆邪斜谐携鞋刑行~走行银~形型雄熊徐玄悬旋寻巡旬询荀循牙芽崖涯衙延严言岩沿炎阎筵颜檐扬羊阳杨佯疡洋尧肴姚窑谣摇爷仪夷宜饴姨移遗疑吟寅淫银迎盈莹萤营蝇赢尤由犹邮油游于余盂鱼娱馀渔愚虞元员园原圆袁援缘源云匀曾~经重~复

续表

北京	德胜	字　目
阳平	阴上	骝呢
	阳上	昂闽
	阴去	雹鹅啰没呢什褪饨
	阳去	划愉逾榆
	上阴入	驳得德嫡佛拂幅福蝠蛤国级即急掬菊橘壳咳识淑昔锡媳则执职竹烛足卒
	下阴入	别伯博膊樽察答阁革格葛隔吉裌节劫洁结决诀觉～得 厥蕨爵胁责札折～断 哲摺酌啄琢
	上阳入	额罚筏膜芍折着昨
	下阳入	拔白荸鼻别帛钹薄萄达沓狄敌荻笛跌谍叠牒碟蝶毒读牍犊独夺铎乏伐佛伏服袱合核盒滑猾活及极疾集辑籍杰捷截藉局绝倔掘勺舌十石实拾蚀食赎熟俗习席袭蓆匣峡狭辖协学杂凿择泽贼闸铡宅蛰侄直姪值植殖轴逐浊镯族
上声	阴平	侥矫姐款沼
	阳平	瞭撒薯苇
	阴上	矮蔼揞拗袄把摆板版榜宝饱保堡本比彼鄙贬扁匾表丙秉柄饼禀跛补捕采彩採惨草产铲长生～ 厂敞氅吵炒扯逞侈齿耻宠丑醜础楚处～理 喘蠢此打胆党岛倒等底抵典点屌顶鼎董懂斗抖陡堵赌短朵反仿访纺匪翡粉讽否抚甫府斧俯釜辅腑改秆敢桿感橄岗搞稿哽埂耿梗巩拱狗苟估古股牯鼓剐寡拐馆管广轨诡癸鬼滚果馃裹海罕喊好～处 很吼虎浒缓晃谎悔毁火伙几～个 己挤贾假拣俭柬茧减剪检裥简碱讲奖桨蒋犟狡绞饺搅剿缴解仅紧谨锦井颈景警纠九久灸韭酒举矩卷捲凯楷坎慷考烤可肯垦恳啃孔恐口苦傀捆两陇垅搂缕卵裸懵奶挠拟辇撚撵碾鸟跑捧痞品圃浦普谱岂启杞起浅遣镪抢巧且顷请取娶犬扰绕洒伞散分～ 嗓嫂傻闪陕晌赏少多～ 捨沈审婶省史使始驶屎手守首暑黍鼠数爽水死怂髓损笋所琐锁坦毯躺讨体腆舔挺艇统捅桶

续表

北京	德胜	字　目
上声	阴上	土腿妥椭宛皖碗往纬委萎吻稳洗玺喜显险享响饷想小晓写醒擤朽许选癣哑掩养痒冶已以倚椅隐影拥与宰载崽攒早枣蚤澡斩展盏掌者诊枕疹拯整止只旨址纸指趾肿种肘主煮爪转~来~去准子姊秭梓紫滓总走阻组祖嘴左
	阳上	尔耳饵览揽榄懒朗老垒儡累冷礼李里理鲤敛两~个了檩岭领柳笼拢篓卤虏鲁橹吕侣旅屡履卵马码买满莽蟒卯每美猛靡米免勉娩缅秒渺藐皿抿悯敏某母亩牡姆拇乃恼脑你扭纽努女暖呕偶藕冉染惹忍乳阮软蕊矢瓦挽晚网枉伟尾刎我五午伍武侮鹉舞雅眼演仰咬舀也野蚁尹引饮颖永勇涌友有酉宇羽雨禹语远允拄
	阴去	腐汞企寝署伪纂
	阳去	豉导壤攘咏泳
	上阴入	北笔尺笃给谷骨脊戟角匹嘱
	下阴入	百柏瘪法甲胛脚渴撇乞索塔獭铁雪血乙眨窄
	下阳入	卜朴蜀属
去声	阴平	阿鲍蓖杈逗跨框荫瘴综
	阳平	傍划媚耙恃饲嗣眩殉液腋抑译谊饫晕
	阴上	俾档撼纪践槛揿厦映
	阳上	伴抱倍被棉~陛部簿淡弟簟动肚猪~断舵奉旱户沪换贿祸件妗近舅聚缆刃瑞上~山社甚市示式柿竖下~山象序叙造仗杖重~量柱铸罪坐座

续表

北京	德胜	字目
去声	阴去	爱隘按案暗坳拗扷傲奥澳懊坝爸霸欛拜办半扮绊瓣棒谤报豹菢暴爆背~人焙辈毙臂变遍辨殡鬓并布怖埠菜蔡灿岔颤畅倡唱焯衬称趁牚秤翅铳臭处到~传自~次刺赐凑醋窜篡脆粹翠寸措锉错带戴担当上~荡档大排~到凳帝店吊钓鬥妬对兑顿剁恶泛贩範放废肺费痱奋忿愤粪父付妇负附阜赴副傅富赋鐞丐盖溉概幹告个更供贡构购够固故顾雇卦挂怪冠~军贯惯灌罐刽贵桂鳜过汉翰好浩耗荷恨虹戽化幻患焕会开~讳桧惠慧货计记妓技际剂季既济继寄祭冀髻价驾架假放~嫁稼间见建剑荐健涧舰渐谏腱鉴键箭将匠降~落酱叫较教窖酵介戒芥届界疥借劲进晋浸禁径胫竟敬境镜救句巨拒距锯倦绢眷觉睡~俊慨看抗靠课空控叩扣寇库裤块快况旷矿愧溃困隶率~领沤怕派判叛盼胖炮泡水~疱沛佩配喷屁片骗漂聘破舖曝气弃汽契砌器欠歉俏窍翘鞘庆去趣劝券韧赛散丧扫晒疝扇少~年邵绍潲舍赦肾渗胜圣盛世势试嗜瘦恕庶数名词漱帅税嗽四似肆宋诉素塑蒜算岁碎隧太态泰叹炭探烫搨趟套剃涕替跳听痛透吐兔退蜕唾涴卫畏餵魏瓮务戊雾戏系细线宪羡献相~片向孝效校笑泻卸械懈信衅兴~趣杏姓性秀绣锈绪婿絮楦训讯迅逊亚厌砚晏艳谚堰燕要耀亿忆异意肄毅瞖翼印应怨院熨载再赞潰瀆葬灶皂燥躁诈榨债佔战湛蘸帐胀账照罩蔗振镇震正证政症至志致智痣置中~奖种动词众咒蛀转~身壮撞坠缀赘纵粽奏钻最醉佐做

续表

北京	德胜	字　　目
去声	阳去	艾碍岸罢败稗拌湴蚌铇贝备背~部被鐾笨币闭庇婢敝痹弊蔽篦避便辩辫病薄簸佈步藏禅大代待怠殆贷袋旦但诞弹子~蛋盗道稻邓瞪地递第电佃垫奠殿调腔~掉订定锭冻栋洞豆痘妒杜肚~子度渡镀段断~绝缎锻队盾钝遁惰饿二贰犯饭范吠份缝凤俸戆共柜跪亥骇害汗焊憾号贺后厚候互护画话坏汇会开~绘秽混忌饯贱犟轿尽净靖静旧臼就具惧据菌郡眶赖癞烂滥浪涝僳泪类擂厉吏丽利励例荔痢练炼恋殓楝亮谅量力~廖料赁令陋漏露赂滤路虑乱论摞骂迈卖幔慢漫茂冒贸帽貌妹昧寐闷孟梦谜沕泌面妙庙命谬磨募墓幕慕暮内那捺奈耐难闹嫩腻念酿尿弄怒懦糯让认任纴闰润善膳上楼~尚射麝慎剩士氏仕事侍视是逝誓寿受兽售授树睡顺舜巳寺伺祀讼诵颂遂穗外万妄忘旺望为未位味胃谓慰问卧握误悟下楼~夏厦县苋现限陷馅巷项像橡谢蟹袖盐验焰雁样劓夜义艺议易硬用柚又右幼佑诱釉玉芋预域喻寓御裕遇愈誉豫愿孕运韵在暂脏内~赠寨栈站绽丈兆赵阵郑制治痔滞稚仲宙昼骤住助苎注驻著赚撰篆状字自牸
	上阴入	必毕弼辟碧壁璧侧厕测斥赤饬促猝的复腹覆赫迹绩寂鲫克刻酷粒率僻色涩瑟饰适释束蟀肃速宿粟沃勿嚇恤畜蓄益缢育郁秩祝筑
	下阴入	册策彻撤绰扼轭恶各或惑霍藿客扩括阔廓镊迫魄讫恰妾怯却确鹊萨刹设摄室朔榻踏泄轧浙质作
	上阳入	鄂腭鳄鹤腊蜡辣烙乐音~乐快~列劣烈猎裂掠略洛络骆落麦脉灭蔑篾末沫陌莫寞漠纳聂蹑孽疟虐诺热若弱袜药业叶页月岳钥悦阅跃粤越
	下阳入	触缚劃获剧勒簕肋力历立栗笠六陆录鹿禄律率绿没秘密蜜墨默木目牧睦穆逆帕洽日肉辱入褥涉术述特物续穴亦役易疫逸狱浴欲

五　语音特点

（一）声母特点

1. 古全浊声母读同部位清音，其中读塞音、塞擦音的 95% 不送气

並	爬	罢	稗	袍	抱	暴	瓶	辨	病	拔	白	弼
	pa^{31}	pa^{312}	pa^{312}	pəu^{31}	pəu^{24}	pəu^{33}	peŋ^{31}	piɛn^{33}	peŋ^{312}	pat^{43}	pæk^{23}	pɐt^{5}
定	陶	稻	盗	檀	诞	蛋	筒	动	洞	沓	特	蝶
	təu^{31}	təu^{312}	təu^{312}	tan^{31}	tan^{312}	tan^{312}	tuŋ^{31}	tuŋ^{24}	tuŋ^{312}	tap^{23}	tɐk^{1}	tiæp^{23}
从	裁	在	剂	槽	造	皂	晴	静	净	杂	截	族
	tsei^{31}	tsei^{312}	tsei^{33}	tsəu^{31}	tsəu^{24}	tsau^{33}	tseŋ^{31}	tseŋ^{312}	tseŋ^{312}	tsap^{23}	tsiɛt^{43}	tsuk^{1}
群	期	技	忌	求	舅	旧	裙	菌	郡	及	掘	剧
	ki^{31}	ki^{33}	ki^{312}	kiɐu^{31}	kiɐu^{24}	kiɐu^{312}	kyn^{31}	kyn^{312}	kyn^{312}	kiɐp^{1}	kyɛt^{43}	kek^{1}

2. 有些全清声母字读送气音

帮→［ph］辟并迫遍卜蓖圃谱彼秕鄙

非→［ph］甫

精→［tsh］笺纂歼躁则

心→［tsh］燥栖赐粹

知→［tsh］筑

章→［tsh］摺

书→［tsh］束翅

见→［kh］僵疆矿觉扛桊给级锦菊溉概剑会昆崑讫愧

3. 非组与晓组互混，非组有读［h］的，晓组有读［f］的

灰挥辉麾徽晓＝飞非非妃敷［fi^{53}］

戽晓＝傅富赋付非腐父妇负附奉副赴敷［fu^{33}］

虎浒晓＝府非斧非俯非腑非抚敷［fu^{42}］

慧惠匣＝废非［fei^{33}］

昏婚晓＝分非纷芬敷［fɐn^{53}］
浑匣＝奋粪非忿愤奉［fɐn^{33}］
荒慌晓＝方坊非芳敷［fɔŋ^{53}］
谎晓晃匣＝仿访纺敷［fɔŋ^{42}］
风枫封疯非丰峰锋敷＝［huŋ^{53}］轰晓

4. 泥来不混

摞来［lo^{312}］≠懦泥［no^{312}］
黎来［lei^{31}］≠尼泥［nei^{31}］
例来［lei^{312}］≠奈泥［nei^{312}］
老来［ləu^{24}］≠脑泥［nəu^{24}］
篮来［lam^{31}］≠男泥［nam^{31}］
龄来［lɛŋ^{31}］≠宁泥［nɛŋ^{31}］
龙来［luŋ^{31}］≠农泥［nuŋ^{31}］
猎来［liæp^{23}］≠聂泥［niæp^{23}］
例外：
来→［n］拎犛粒

5. 精知庄章四组合一

读音	tsɿ^{53}	tsiɛŋ^{53}	tsuk^{5}	tsheŋ^{53}	tsɐp^{5}	tsɐu^{312}	tsuk^{1}	si^{42}	siu^{53}	sɿ^{312}	tsɐu^{312}	sun^{31}
精组	资精	浆精	足精	青清	缉清	就从	族从	玺心	消心	祀邪	袖邪	巡邪
知组	蜘知	张知	浊澄	撑彻	蛰澄	宙澄	逐澄				宙澄	椽澄
庄组	辎庄		镯崇			骤崇		使生	稍生	事崇	骤崇	
章组		樟章	粥章	称昌	执章	咒章	触昌	始书	烧书	侍禅	咒章	纯禅

6. 见系无颚化，跟细音相拼也读舌面后音

见	记	韭	检	茧	缰	急	结	居	军	蕨
	ki^{33}	kiɐu^{42}	kiɛm^{42}	kiɛn^{42}	kiɛŋ^{53}	kiɐp^{5}	kiɛt^{43}	ky^{53}	kyn^{53}	kyɛt^{43}
溪	欺	丘	歉	遣	腔	怯	曲	去	劝	缺
	khi^{53}	khiɐu^{53}	khiɛm^{33}	khiɛn^{42}	khiɛŋ^{53}	khiæp^{43}	khiuk^{5}	khy^{33}	khyn^{33}	khyɛt^{43}

续表

	骑	求	俭	健	强	及	局	具	权	掘
群	ki^{31}	kiɐu^{31}	kiɛm^{42}	kiɛn^{33}	kiɛŋ^{31}	kiɐp^{1}	kiuk^{1}	ky^{312}	kyn^{31}	kyɛt^{43}
疑	蚁	牛			仰		虐	玉	愿	月
	ŋi^{24}	ŋiɐu^{31}			ŋiɛŋ^{24}		ŋiæk^{23}	ŋy^{312}	ŋyn^{312}	ŋyɛt^{23}
晓	喜	朽	险	献	乡	吸	歇	吁	勋	血
	hi^{42}	hiɐu^{42}	hiɛm^{42}	hiɛn^{53}	hiɛŋ^{53}	khiɐp^{5}	hiɛt^{43}	hy^{53}	hyn^{53}	hyɛt^{43}
匣	系		舰			协				穴
	hi^{33}		kiɛm^{33}			hiæp^{43}				hyɛt^{23}
影				烟						
				ŋin^{53}						
云									员	越
									ŋyn^{31}	ŋyɛt^{23}
以									捐	育
									kyn^{53}	hiuk^{5}

（二）韵母特点

1. 有两套辅音韵尾［m n ŋ］和［p t k］，两者对应整齐

摄	咸		深		山		臻		宕		江		曾		梗		通	
鼻尾	泛	fam^{33}	任	ŋiɐm^{312}	肝	kɔn^{53}	信	sɐn^{33}	房	vɔŋ^{31}	邦	paŋ^{53}	登	tɐŋ^{53}	形	heŋ^{31}	穷	kiuŋ^{31}
塞尾	法	fap^{43}	入	ŋiɐp^{1}	葛	kɔt^{43}	实	sɐt^{1}	缚	vɔk^{43}	岳	ŋæk^{23}	德	tɐk^{5}	吃	hek^{5}	局	kiuk^{1}

例外：

咸摄：［an］惨勘堪坎［an］滥［an］湛赚［iɛn］贬艳［iɛt］胁［an］帆凡［at］拉［ɔt］喝［at］押［iɛt］胁［a］杉捺

深摄：［ɐn］品［in］锦

山摄：［im］迁［iɛm］垫奠［a］撒

臻摄：[iɐm] 纫 [eŋ] 宾斌槟磷闽频衅因 [ek] 室悉膝姪 [iuk] 橘

宕摄：[u] 幕

江摄：[au] 雹 [iu] 饺

曾摄：[in] 仍 [i] 式 [i] 亿忆抑 [i] 翼 [y] 域

梗摄：[ən] 贞侦 [i] 液腋

通摄：[əu] 曝 [y] 玉

2. 四呼齐全，但与中古等呼对应很不整齐，总趋势是细音多转为洪音，合口呼多转为开口呼

今四呼在中古等呼中的字数

中古等呼	总数	今读开口呼	今读齐齿呼	今读合口呼	今读撮口呼
开口洪音	872	832	18	22	0
开口细音	1297	556	728	7	6
合口洪音	513	204	17	288	4
合口细音	609	212	54	245	98

今四呼在中古等呼中的比例

中古等呼	总数	今读开口呼	今读齐齿呼	今读合口呼	今读撮口呼
开口洪音	872	0.954	0.021	0.025	0
开口细音	1297	0.429	0.561	0.005	0.005
合口洪音	513	0.398	0.033	0.561	0.008
合口细音	609	0.348	0.089	0.402	0.161

注：表格中各对应项数值最大的加套底纹。

中古开口洪音今读齐齿呼的是见系二等增加韵头所致，总共18个字。中古开口洪音今读合口呼主要是帮组（15个字）受唇音影响的结果。另有几个庄组字。

中古开口细音今读开口呼的，主要是因为音值的变化，今音读 [e] 开头的韵母归开口呼。其次是古止开三精庄组读 [ɿ]，属开口呼。再有就是流臻等摄的三等字丢掉韵头，合并于一等。

中古合口洪音今读开口呼的，一是臻摄合口端组丢掉韵头，二是元音增大开口度而改变音值 o，三是零声母的合口呼用 v 声母兼代。

中古合口细音大部分今读合口呼和开口呼，是因为撮口呼发育不完全，很早就丢掉了作为合口细音的关键性音素［i］和［u］。

3. 假开三主要元音不同于二等，但有几个零声母字与二等部分字韵母相同

假开二							假开三			
霞	厦	牙	芽	衙	鸦	亚	惹	也	野	夜
hia^{31}	hia^{312}	ŋia^{31}	ŋia^{31}	ŋia^{31}	ia^{53}	ia^{53}	ia^{24}	ia^{24}	ia^{24}	ia^{312}

4. 蟹摄开口、效摄开口、山摄合口的一等与二等有区别

蟹开：哀蟹开一［ei^{53}］≠挨蟹开二［ai^{53}］
爱蟹开一［ei^{33}］≠隘蟹开二［ai^{33}］
开蟹开一［khei^{53}］≠揩蟹开二［khai^{53}］

效开：褒效开一［pəu^{53}］≠包效开二［pau^{53}］
报效开一［pəu^{33}］≠豹效开二［pau^{33}］
稿效开一［kəu^{42}］≠搞效开二［kau^{42}］

山合：窜山合一［tshən^{33}］≠篡山合二［tshən^{33}］
焕山合一［fən^{33}］≠幻山合二［van^{33}］

5. 曾开三与梗摄主流合一读［eŋ ek］

冰曾开三＝兵梗开三［peŋ^{53}］
凭曾开三＝平梗开三［peŋ^{31}］
凝曾开三＝宁梗开四［neŋ^{31}］
陵曾开三＝伶梗开四［leŋ^{31}］
蒸曾开三＝争梗开二［tseŋ^{53}］
称曾开三＝撑梗开二［tsheŋ^{53}］
秤曾开三＝掌梗开二［tsheŋ^{33}］
承曾开三＝成梗开三［seŋ^{31}］

升曾开三＝生梗开二［seŋ^{53}］
蝇曾开三＝迎梗开三［heŋ^{31}］
鹰曾开三＝英梗开三［Øeŋ^{53}］
力曾开三＝历梗开四［lek^{1}］
织曾开三＝迹梗开三［tsek^{5}］
媳曾开三＝昔梗开三［sek^{5}］
食曾开三＝石梗开三［sek^{1}］

6. 通合三有韵头［i］的字较多

通合三东→［iuŋ］穷戎绒融雄熊

通合三锺→［iuŋ］茸容蓉熔镕凶兇胸拥庸雍勇涌用

通合三屋→［iuk］掬菊釉肉育郁

通合三烛→［iuk］局曲辱褥狱浴欲

7. 果合一少数字读［a ua］，个别字读［u］

锁果合一戈＝洒假开二麻［sa^{42}］

果果合一戈＝寡假合二麻［kua^{42}］

果合一戈→［a］火伙祸琐锁涴坐座

果合一戈→［ua］果馃裹过货

果合一戈→［u］簸［pu^{33}］科［k^hu^{53}］

8. 遇合三主要读［y］，唇音读［u］，庄组字读［o］

遇合三鱼→［y］车象棋除储处处居举巨拒据距锯滤吕侣旅虑女蛆去如书舒暑黍署鼠薯恕庶虚嘘墟徐许序叙绪絮淤瘀余鱼馀渔与语预御誉豫诸猪煮著

遇合三虞→［y］厨拘矩句具俱惧聚屡区驱趋取娶趣儒乳枢殊输树竖须需鬚迂于盂娱愉逾愚榆虞宇羽雨禹吁芋喻寓裕遇愈朱诛株珠硃蛛主拄住注驻柱蛀铸

遇合三虞→［u］夫肤敷扶芙俘符抚甫府斧俯辅腑腐父付附赴傅赋巫诬无武侮鹉舞务雾

遇合三鱼→［o］初锄础楚梳疏蔬所阻

遇合三虞→［o］数动词数名词

（三）声调特点

1. 声调 10 类。

古四声各依声母的清浊分为阴阳两类，入声又按元音的高低各分两个小类，分别成为阴平、阳平、阴上、阳上、阴去、阳去、上阴入、下阴入、上阳入、下阳入。

德胜		平				上				去				入			
		全清	次清	次浊	全浊	全清	次清	次浊	全浊	全清	次清	次浊	全浊	全清	次清	次浊	全浊
阴平	53	483	149	16	9	6	2	1	1	8	3	0	1	0	0	0	0
阳平	31	5	5	277	356	0	0	3	2	0	0	3	8	2	0	2	0
阴上	42	3	1	2	1	255	74	30	14	8	2	1	3	1	0	0	0
阳上	24	0	1	3	0	5	0	111	38	3	0	4	5	1	0	0	0
阴去	33	8	4	3	3	8	2	1	29	273	103	16	42	2	0	2	3
阳去	312	1	1	4	2	0	0	4	50	33	1	138	130	0	0	4	0
上阴入	5-	0	0	0	0	0	0	0	0	1	1	0	0	100	34	3	18
下阴入	43-	0	0	0	0	1	0	0	0	0	0	0	0	96	42	2	19
上阳入	23-	0	0	0	0	0	0	0	0	0	0	0	0	6	0	60	35
下阳入	1-	0	0	0	0	0	0	0	0	0	0	0	1	3	3	41	50

2. 入声的上下据声调的音高确定，跟元音有对应关系

韵腹相对高而短的元音［y e ɐ u］读上阴入和下阳入。

韵腹相对低而长的元音［a ɛ æ ɔ］读下阴入和上阳入。

3. 次浊上声 17%读阴上，80%读阳上，“壤、攘、诱、愈”四字读阳去

4. 全浊上声主要四分：阴上（11%）、阳上（29%）、阴去（20%）、阳去（39%）

阴上：釜辅撼很缓晃俭践槛雳痞蕴挺艇皖

阳上：伴抱倍被陛部簿淡弟篁动肚断舵奉旱户沪祸件近舅聚

上社甚市柿竖下象序叙造仗杖重柱罪坐

阴去：棒辨荡範忿愤腐父妇负阜汞浩妓技舰渐键巨拒距绍肾似杏绪皂湛

阳去：罢拌蚌笨婢辩辫待怠殆诞道稻锭杜肚盾惰犯范跪亥骇后厚汇混犟尽靖静臼菌善士氏仕是受巳祀厦限项像橡蟹在丈兆赵痔苎撰篆

5. **全浊去声分成五股：阳平**(4%)、**阴上**(2%)、**阳上**(3%)、**阴去**(20%)、**阳去**(71%)

阳平：傍绗耙薯饲嗣眩殉

阴上：捕翡仪

阳上：换妗瑞示座

阴去：办瓣菢暴焙毙埠焯传兑附翰恨幻患惠慧剂健腱匠胫倦溃隶叛佩翘邵盛嗜署隧系羡效校械撞坠

阳去：败稗湴铇备背被鐾币敝弊篦避便病薄步藏禅豉大代袋但弹蛋导盗邓瞪地递第电佃垫奠殿调掉定洞豆痘度渡镀段缎队钝遁饭吠份缝凤俸共柜害汗焊憾号贺候互护画话坏会绘忌饯贱轿净旧就具惧郡膳上尚射麝慎剩事侍视逝誓寿售授树睡顺寺讼诵颂遂穗下夏县苋现陷馅巷谢袖暂脏赠寨栈绽阵郑治滞稚仲宙骤住助赚状字自牸

6. **全浊入声近30%读阴入**

全清　阳平：忽撒抑
　　　阴上：饺摔
　　　阳上：式
　　　阴去：亿忆
　　　阳去：握

全浊　阳平：划瀑
　　　阴去：雹曝什

次浊　阳平：液腋译
　　　阴去：没翼
　　　阳去：幕捺玉域

六　同音字汇

说明：只收正读音，一般不收没有别义作用的又读音。

【ɿ】

[tsɿ53] 姿蜘兹咨资滋辎

[tsɿ31] 词祠瓷慈辞磁鹚餈饲嗣

[tsɿ42] 子姊秭梓紫滓

[tsɿ33] 做又

[tsɿ312] 寺字自牸小母牛

[tshɿ53] 疵雌

[tshɿ42] 此

[tshɿ33] 次刺赐

[sɿ53] 师狮丝司私思鸶斯撕

[sɿ31] 恃

[sɿ42] 死

[sɿ24] 柿

[sɿ33] 四似肆嗜

[sɿ312] 士仕事侍巳伺祀什家～：东西

【i】

[pi53] 杯悲碑

[pi31] 陪培赔皮枇疲啤琵脾

[pi42] 比俾

[pi24] 陛被棉～

[pi33] 臂

[pi312] 备鐾币庇婢敝痹蔽篦避被～告

[phi53] 胚丕坯披

[phi42] 彼鄙痞

[phi33] 屁

[mi53] 眯咪

[mi31] 眉梅脢媒楣煤霉媚弥枚

[mi42] □马～：蜻蜓

[mi24] 靡尾

[mi312] 昧谜泌秘味沕潜

[fi53] 飞妃非榧灰恢挥辉麾徽

[fi42] 匪翡

[fi33] 痱

[vi53] 煨

[vi31] 肥回茴

[ti312] 地第

[ni53] □小气叫粒～

[ni42] 呢语气词

[ni24] 你

[ni33] 呢代词。哪

[li31] 厘梨狸离璃篱

[li24] 李里理鲤

[li33] □苦～：苦瓜

[li312] 莉厉吏丽利励荔痢

[tsi^{53}] 之支芝吱枝知肢脂栀
[tsi^{31}] 池驰迟持
[tsi^{42}] 止只旨址纸指趾
[tsi^{33}] 至志致智痣
[tsi^{312}] 制治痔稚
[tshi^{53}] 痴嗤
[tshi^{42}] 齿耻翅侈
[si^{53}] 尸诗施
[si^{31}] 匙时
[si^{42}] 史使始驶屎玺
[si^{24}] 市示式试矢
[si^{33}] 什~么
[si^{312}] 视豉氏是逝誓
[ki^{53}] 讥饥机肌基箕稽苣儿茶~
[ki^{31}] 期祁岐其奇祈骑棋旗鳍
[ki^{42}] 己纪杞几~个
[ki^{33}] 记妓技季既继寄
[ki^{312}] 忌
[khi^{53}] 欺
[khi^{42}] 岂启起
[khi^{33}] 企气汽器
[ŋi^{53}] 儿~子
[ŋi^{31}] 仪宜疑谊儿词尾
[ŋi^{42}] 拟
[ŋi^{24}] 耳饵蚁尔
[ŋi^{312}] 二贰义议
[hi^{53}] 希牺稀溪嬉
[hi^{42}] 喜
[hi^{33}] 弃熙戏系

[i^{53}] 衣医依翳
[i^{31}] 而液腋夷姨移遗抑饴
[i^{42}] 已以倚椅
[i^{33}] 亿忆异意肄毅翼伊代词。这
[i^{312}] 易容~

【u】

[pu^{53}] 晡~日：中午
[pu^{31}] 葡脯菩
[pu^{42}] 补
[pu^{24}] 部簿
[pu^{33}] 簸布怖
[pu^{312}] 佈步
[phu^{53}] 铺
[phu^{31}] 蒲瀑
[phu^{42}] 捕甫辅圃浦普谱
[phu^{33}] 舖
[mu^{53}] 巫诬
[mu^{31}] 模
[mu^{24}] 母拇姆婶
[mu^{312}] 募墓幕慕暮
[fu^{53}] 夫肤敷俘
[fu^{42}] 抚府斧俯腑虎浒釜
[fu^{33}] 腐父付妇负附赴副傅富赋戽
[vu^{53}] 凹莴窝乌污蜗
[vu^{31}] 扶芙符狐胡壶湖葫糊蝴鬍瓠无吴蜈
[vu^{24}] 户沪武侮鹉舞
[vu^{33}] 务戊雾恶厌~
[vu^{312}] 互护误

[tu^{53}] 都嘟
[tu^{31}] 图徒涂途屠
[tu^{42}] 堵赌
[tu^{24}] 肚猪～
[tu^{312}] 妒杜度渡镀肚～子
[thu^{42}] 土
[thu^{33}] 吐兔
[nu^{31}] 奴
[nu^{42}] 努
[nu^{24}] 孥妻子
[nu^{312}] 怒
[lu^{53}] 萝
[lu^{31}] 卢庐芦炉鸬鲈驴
[lu^{42}] 鲁橹□孤～子：单身汉
[lu^{24}] 卤虏
[lu^{33}] 噜颅
[lu^{312}] 露赂路鹭
[tsu^{53}] 租
[tsu^{42}] 组祖
[tsu^{33}] 做
[tsu^{312}] 助
[tshu^{53}] 粗
[tshu^{33}] 醋错
[su^{53}] 苏酥
[su^{33}] 漱诉素塑
[ku^{53}] 姑孤鸪菇菰箍
[ku^{42}] 估古股牯鼓臌
[ku^{24}] 跍蹲
[ku^{33}] 固故顾雇
[khu^{53}] 科枯
[khu^{42}] 苦
[khu^{33}] 库裤
[ŋu^{31}] 吾梧
[hu^{53}] 乎呼
[u^{53}] □～□[ŋeŋ^{31}]：扫帚
[u^{312}] 悟

【y】

[ty^{53}] 堆
[thy^{53}] 推
[ny^{24}] 女
[ly^{31}] 雷蕾
[ly^{42}] 缕
[ly^{24}] 吕侣旅铝屡履
[ly^{312}] 滤虑
[tsy^{53}] 朱诛株珠诸猪硃蛛
[tsy^{31}] 除厨蜍储徐
[tsy^{42}] 主煮
[tsy^{24}] 聚拄柱铸
[tsy^{33}] 蛀
[tsy^{312}] 住注驻著苎
[tshy^{53}] 蛆趋
[tshy^{31}] 雏
[tshy^{42}] 取娶处～理
[tshy^{33}] 趣处到～
[sy^{53}] 书枢舒输须需鬚
[sy^{31}] 殊薯
[sy^{42}] 暑黍鼠
[sy^{24}] 竖序叙
[sy^{33}] 署恕庶绪婿絮
[sy^{312}] 树

[ky^{53}] 居拘驹车～马炮
[ky^{31}] 渠
[ky^{42}] 举矩
[ky^{33}] 句巨拒距锯
[ky^{312}] 具俱惧据
[khy^{53}] 区驱
[khy^{31}] 瞿
[khy^{33}] 去呿代词。那
[ŋy^{31}] 鱼渔愚虞
[ŋy^{312}] 玉寓御遇
[hy^{53}] 虚嘘墟吁
[hy^{42}] 许
[y^{53}] 迂淤瘀於
[y^{31}] 如儒于余盂娱馀
[y^{42}] 与
[y^{24}] 乳宇羽雨禹语
[y^{312}] 愉逾榆芋预域喻裕愈誉豫

【a】

[pa^{53}] 巴芭疤
[pa^{31}] 扒钯杷爬耙琶
[pa^{42}] 把
[pa^{33}] 坝爸霸欛
[pa^{312}] 罢稗
[pha^{31}] 趴
[pha^{33}] 怕
[ma^{53}] 妈
[ma^{31}] 麻痳吗嘛
[ma^{24}] 马码蚂
[ma^{33}] □揹(小孩)
[ma^{312}] 骂
[fa^{53}] 花
[fa^{42}] 火伙
[fa^{33}] 化
[va^{31}] 华桦
[va^{24}] 祸
[va^{33}] 涴弄脏
[va^{312}] 画话划计～
[ta^{42}] 打
[tha^{53}] 她他它
[na^{31}] 毑伯母
[na^{312}] 捺那文
[tsa^{53}] 渣楂
[tsa^{31}] 查茬茶
[tsa^{24}] 坐座
[tsa^{33}] 诈炸榨
[tsha^{53}] 叉杈差～别
[tsha^{31}] 搽
[tsha^{42}] 镲
[tsha^{33}] 岔
[sa^{53}] 沙纱杉
[sa^{31}] 撒
[sa^{42}] 洒琐锁厦偏厦:旁屋
[ka^{53}] 加枷家痂嘉
[ka^{42}] 贾假真～
[ka^{33}] 价驾架嫁稼假放～
[kha^{53}] 咔卡
[kha^{33}] 胯□呛
[ŋa^{53}] 丫
[ŋa^{24}] 雅

[ŋa^{33}] 桠呀拟声词
[ha^{53}] 哈虾
[ha^{33}] □～尾:尾骨
[a^{53}] 阿
[a^{42}] 哑
[a^{24}] 下～山
[a^{33}] 埡山谷
[a^{312}] 夏下楼～
【ia】
[ŋia^{53}] □抓
[ŋia^{31}] 牙芽蚜衙
[hia^{31}] 霞
[hia^{312}] 厦大～
[ia^{53}] 鸦亚
[ia^{24}] 惹也野
[ia^{312}] 夜
【ua】
[tsua^{53}] 抓
[tsua^{42}] 爪
[sua^{53}] □被戏弄
[sua^{42}] 耍
[kua^{53}] 瓜
[kua^{42}] 剐寡果馃裹
[kua^{33}] 卦挂褂过
[khua^{53}] 夸跨
[khua^{42}] 垮
[ŋua^{24}] 瓦
[hua^{33}] 货
【o】
[po^{53}] 波玻菠
[po^{31}] 婆□～□[lɛ^{24}]花:牵牛花
[po^{42}] 跛
[po^{312}] 薄
[pho^{53}] 坡颇
[pho^{33}] 破
[mo^{53}] 摸摩魔
[mo^{31}] 摹磨动词
[mo^{312}] 磨名词
[to^{53}] 多
[to^{31}] 驮陀驼砣
[to^{42}] 朵躲
[to^{24}] 舵
[to^{33}] 剁
[to^{312}] 惰
[tho^{53}] 拖
[tho^{42}] 妥椭
[tho^{33}] 唾
[no^{31}] 挪
[no^{312}] 懦糯
[lo^{31}] 罗脶萝锣箩骡螺
[lo^{42}] 卵裸
[lo^{24}] 攞找
[lo^{33}] 啰～唆 裸～颅:秃顶
[lo^{312}] 摞
[tso^{31}] 锄
[tso^{42}] 阻
[tso^{33}] 左
[tso^{312}] 佐
[tsho^{53}] 初搓□挑唆
[tsho^{42}] 础楚

[tsho^{33}] 措锉错
[so^{53}] 梳疏蔬唆梭嗦蓑
[so^{42}] 傻所数动词
[so^{33}] 数名词
[ko^{53}] 戈哥歌锅
[ko^{33}] 个嘓的
[kho^{53}] 棵窠蝌□动词。拖，拉
[kho^{42}] 可
[kho^{33}] 课
[ŋo^{31}] 俄娥鹅蛾讹
[ŋo^{24}] 我
[ŋo^{312}] 卧饿
[o^{53}] 屙痾倭
[o^{31}] 禾何和河荷～花
[o^{24}] 涴脏
[o^{33}] 荷薄～
[o^{312}] 贺

【ɛ】

[tɛ^{53}] 爹
[nɛ^{53}] □统指：些，里，点
[nɛ^{33}] 奶乳房□小
[lɛ^{24}] □□[po^{31}]～花：牵牛花
[lɛ^{312}] 咧□麻～：麻雀
[tsɛ^{53}] 遮
[tsɛ^{42}] 者
[tsɛ^{33}] 借蔗鹧
[tsɛ^{312}] 谢
[tshɛ^{53}] 车
[tshɛ^{31}] 斜
[tshɛ^{42}] 扯且
[sɛ^{53}] 奢赊畲些
[sɛ^{31}] 佘蛇邪
[sɛ^{42}] 捨写
[sɛ^{24}] 社
[sɛ^{33}] 舍赦泻卸
[sɛ^{312}] 射麝
[kɛ^{31}] 茄瘸
[hɛ^{53}] 靴

【iɛ】

[tsiɛ^{53}] 姐
[iɛ^{53}] 椰耶爷姑～：姑夫
[iɛ^{31}] 爷祖父
[iɛ^{42}] 冶
[iɛ^{33}] 噎爷父亲

【ai】

[pai^{31}] 排牌
[pai^{42}] 摆
[pai^{33}] 拜□女阴
[pai^{312}] 败
[phai^{33}] 派
[mai^{31}] 埋
[mai^{24}] 买
[mai^{312}] 迈卖
[tai^{53}] 呆
[tai^{312}] 大
[thai^{33}] 太态泰
[nai^{42}] 奶
[nai^{24}] 乃
[nai^{33}] □疲劳□□[nəŋ^{31}]～雨：连阴雨

［lai³¹²］赖癞
［tsai⁵³］斋
［tsai⁴²］宰载崽
［tsai³³］债
［tsai³¹²］寨
［tshai⁵³］差出～
［sai⁵³］腮鳃筛
［sai³¹］柴
［sai³³］赛晒□统指吃喝
［kai⁵³］该佳阶皆街
［kai⁴²］解
［kai³³］锲丐钙介戒芥届界疥械
［khai⁵³］揩
［khai⁴²］凯楷
［khai³³］溉概慨
［ŋai³¹］捱崖涯
［ŋai⁴²］蔼
［ŋai³¹²］艾蟹
［hai³¹］孩谐鞋
［hai³³］懈
［ai⁵³］埃挨
［ai⁴²］矮
［ai³³］隘

【uai】

［suai⁵³］衰
［suai⁴²］摔
［suai³³］帅率～领
［kuai⁵³］乖
［kuai⁴²］拐
［kuai³³］怪
［khuai⁵³］□骂
［khuai³³］刽块快筷桧会～计
［uai⁵³］歪
［uai³¹］怀淮槐
［uai³¹²］坏

【əi】

［ləi²⁴］累积～
［ləi³¹²］泪类
［səi³¹²］睡
［khəi⁵³］□骂

【oy】

［moy²⁴］每
［thoy³³］蜕
［loy²⁴］儡
［tsoy³³］最
［tshoy⁵³］崔催

【ei】

［pei³³］毙
［pei³¹²］闭弊
［phei⁵³］蓖批
［mei³¹］玫迷
［mei²⁴］美米
［mei³³］没
［mei³¹²］寐
［fei⁴²］悔毁
［fei²⁴］贿
［fei³³］废肺费惠慧
［vei³¹²］吠慰
［tei⁵³］低

[tei^{31}] 堤台抬苔啼提题蹄
[tei^{42}] 底抵
[tei^{24}] 弟
[tei^{33}] 带戴帝隶
[tei^{312}] 代待怠殆贷袋递
[thei^{53}] 胎梯
[thei^{31}] 嚏
[thei^{42}] 体
[thei^{33}] 屉剃涕替
[nei^{31}] 尼泥倪
[nei^{312}] 奈耐腻
[lei^{31}] 来犁黎
[lei^{24}] 礼
[lei^{33}] 瘤□铜～：铜板儿
[lei^{312}] 例
[tsei^{53}] 灾栽
[tsei^{31}] 才材财裁豺齐脐荠
[tsei^{42}] 挤
[tsei^{33}] 际剂济祭再滞
[tsei^{312}] 在
[tshei^{53}] 猜妻凄栖
[tshei^{42}] 采彩睬踩
[tshei^{33}] 菜蔡砌
[sei^{53}] 西犀
[sei^{42}] 洗
[sei^{33}] 世势细
[kei^{53}] 鸡苣
[kei^{42}] 改
[kei^{33}] 盖计髻
[khei^{53}] 开
[khei^{33}] 契
[ŋei^{24}] □推
[ŋei^{312}] 碍艺
[hei^{53}] 奚
[hei^{31}] 携
[hei^{42}] 海
[ei^{53}] 哀
[ei^{33}] 爱
[ei^{312}] 亥害骇

【uei】

[puei^{24}] 倍辈
[puei^{33}] 焙背～人
[puei^{312}] 贝背～部
[phuei^{33}] 沛佩配
[muei^{312}] 妹
[vuei^{312}] 汇绘会开～
[tuei^{33}] 对兑碓
[tuei^{312}] 队
[thuei^{42}] 腿
[thuei^{33}] 退
[nuei^{312}] 内
[luei^{24}] 垒
[luei^{312}] 儡擂
[tsuei^{53}] 追锥
[tsuei^{31}] 垂捶槌锤随
[tsuei^{42}] 嘴
[tsuei^{24}] 罪
[tsuei^{33}] 坠缀赘醉
[tshuei^{53}] 吹炊
[tshuei^{33}] 脆粹翠

[suei^{53}] 虽
[suei^{31}] 谁
[suei^{42}] 水髓
[suei^{24}] 瑞
[suei^{33}] 税岁碎隧
[suei^{312}] 遂
[kuei^{53}] 归龟规闺魁圭
[kuei^{31}] 奎逵葵
[kuei^{42}] 轨诡癸鬼
[kuei^{33}] 瑰贵桂鳜
[kuei^{312}] 柜跪
[khuei^{53}] 亏盔窥
[khuei^{42}] 傀
[khuei^{33}] 愧溃
[ŋuei^{31}] 危桅
[ŋuei^{24}] □花～：花蕾
[ŋuei^{312}] 外
[uei^{53}] 威
[uei^{31}] 微围违唯惟维苇为作～
[uei^{42}] 纬委萎
[uei^{24}] 伟蕊
[uei^{33}] 讳伪卫畏喂餵魏
[uei^{312}] 秽未位胃谓穗为～了

【au】

[pau^{53}] 包胞鲍
[pau^{31}] 刨
[pau^{42}] 饱
[pau^{33}] 雹豹爆
[pau^{312}] 铯□蛋
[phau^{53}] 抛脬泡不结实
[phau^{42}] 跑
[phau^{33}] 炮疱泡水～
[nau^{312}] 闹
[lau^{31}] 捞
[tsau^{42}] 找
[tsau^{33}] 焯皂罩
[tshau^{53}] 抄钞
[tshau^{42}] 吵炒
[sau^{53}] 梢
[sau^{31}] 韶
[sau^{33}] 捎邵绍潲
[kau^{53}] 膏交郊姣茭胶跤
[kau^{42}] 搞狡搅
[kau^{33}] 珓较教窖觉睡～
[khau^{53}] 敲
[ŋau^{31}] 挠
[ŋau^{42}] 袄
[ŋau^{24}] 咬
[ŋau^{33}] 坳拗傲奥澳懊抚比试
[hau^{33}] 浩酵孝效校
[au^{42}] 拗

【əu】

[pəu^{53}] 煲褒
[pəu^{31}] 袍
[pəu^{42}] 宝保堡
[pəu^{24}] 抱
[pəu^{33}] 报菢暴曝
[məu^{53}] 卯铆
[məu^{31}] 毛茅
[məu^{24}] 亩牡

[məu^{312}] 冒帽貌
[fəu^{33}] 埠阜
[təu^{53}] 刀
[təu^{31}] 涛掏逃桃陶淘萄绹捆绑
[təu^{42}] 岛倒
[təu^{33}] 到
[təu^{312}] 导盗道稻
[thəu^{42}] 讨
[thəu^{33}] 滔套
[nəu^{24}] 恼脑
[ləu^{31}] 劳牢痨唠□玩
[ləu^{24}] 老佬姥
[ləu^{312}] 涝□一～：一窝
[tsəu^{53}] 遭糟
[tsəu^{31}] 曹槽巢
[tsəu^{42}] 早枣蚤澡
[tsəu^{24}] 造
[tsəu^{33}] 灶
[tshəu^{53}] 操
[tshəu^{42}] 草
[tshəu^{33}] 糙燥躁
[səu^{53}] 骚臊
[səu^{42}] 嫂
[səu^{33}] 扫
[kəu^{53}] 羔高篙糕
[kəu^{42}] 稿
[kəu^{33}] 告珓
[khəu^{42}] 考拷烤铐
[khəu^{33}] 靠
[ŋəu^{31}] 熬
[həu^{53}] 蒿薅
[həu^{31}] 姣
[həu^{42}] 好～处
[həu^{33}] 耗好爱～
[əu^{31}] 毫豪壕嚎
[əu^{312}] 号

【ɐu】

[pɐu^{312}] □叮
[phɐu^{42}] 剖
[mɐu^{31}] 矛谋
[mɐu^{24}] 有某
[mɐu^{312}] 茂贸
[fɐu^{42}] 否
[vɐu^{31}] 浮
[tɐu^{53}] 兜蔸逗
[tɐu^{31}] 头投
[tɐu^{42}] 斗抖陡蚪
[tɐu^{33}] 鬥
[tɐu^{312}] 豆痘
[thɐu^{53}] 偷
[thɐu^{42}] 敨
[thɐu^{33}] 透
[nɐu^{24}] 纽
[lɐu^{53}] 溜□掏，大骂
[lɐu^{31}] 刘流留琉硫榴楼
[lɐu^{42}] 骝柳搂篓
[lɐu^{312}] 陋漏
[tsɐu^{53}] 州舟周洲邹
[tsɐu^{31}] 仇绸愁稠筹酬囚
[tsɐu^{42}] 酒肘走

[tsɐu^{24}] 揫动词。拿，提
[tsɐu^{312}] 就袖咒宙昼骤奏
[tshɐu^{53}] 抽秋鳅
[tshɐu^{42}] 丑醜
[tshɐu^{33}] 臭凑
[sɐu^{53}] 收搜馊飕修羞
[sɐu^{42}] 手守首
[sɐu^{33}] 瘦嗽秀绣锈
[sɐu^{312}] 寿受兽售授
[kɐu^{53}] 沟
[kɐu^{42}] 狗苟
[kɐu^{33}] 构购够
[khɐu^{53}] 抠眍
[khɐu^{42}] 口
[khɐu^{33}] 叩扣寇
[ŋɐu^{53}] 勾钩欧殴
[ŋɐu^{24}] 呕偶藕
[ŋɐu^{33}] 怄沤
[hɐu^{42}] 吼
[ɐu^{31}] 侯喉猴瘊
[ɐu^{312}] 后厚候

【iɐu】

[niɐu^{24}] 扭
[liɐu^{312}] 撂
[kiɐu^{53}] 鸠阄
[kiɐu^{31}] 求球
[kiɐu^{42}] 纠九久灸韭
[kiɐu^{24}] 舅
[kiɐu^{33}] 究救
[kiɐu^{312}] 旧臼
[khiɐu^{53}] 丘
[khiɐu^{42}] 巧
[ŋiɐu^{31}] 牛
[ŋiɐu^{24}] 纠皱
[hiɐu^{53}] 休
[hiɐu^{42}] 朽
[iɐu^{53}] 忧幽悠
[iɐu^{31}] 柔揉尤由犹邮油游鱿
[iɐu^{24}] 友有酉
[iɐu^{312}] 柚又右幼佑诱釉

【iu】

[piu^{53}] 彪标滮膘镖飙鳔
穮植物长得快
[piu^{31}] 瓢嫖薸浮萍
[piu^{42}] 表
[phiu^{53}] 飘漂～泊
[phiu^{33}] 票漂～亮
[miu^{31}] 锚苗描瞄
[miu^{24}] 猫秒渺藐
[miu^{312}] 妙庙谬
[tiu^{53}] 刁貂雕丢
[tiu^{31}] 条调～整
[tiu^{42}] 屌
[tiu^{33}] 悼吊钓
[tiu^{312}] 掉调腔～
[thiu^{53}] 挑
[thiu^{33}] 跳粜
[niu^{42}] 鸟
[niu^{312}] 尿
[liu^{31}] 辽疗聊撩燎镣瞭

[liu^{24}] 了
[liu^{33}] 鹩飞鸟
[liu^{312}] 廖料
[tsiu^{53}] 朝椒焦蕉招昭沼召
[tsiu^{31}] 朝潮瞧樵
[tsiu^{42}] 剿
[tsiu^{33}] 兆照
[tsiu^{312}] 赵
[tshiu^{53}] 超悄锹缲
[tshiu^{33}] 俏
[siu^{53}] 烧稍宵消萧硝销箫霄
[siu^{42}] 小少多～
[siu^{33}] 鞘笑少～年
[kiu^{53}] 娇骄矫
[kiu^{31}] 乔侨荞桥
[kiu^{42}] 绞饺缴
[kiu^{33}] 叫
[kiu^{312}] 轿
[khiu^{33}] 跷窍翘□跑
[ŋiu^{53}] □麻子
[ŋiu^{33}] □嗅
[hiu^{53}] 侥嚣
[hiu^{42}] 晓
[iu^{53}] 幺吆妖腰邀要～求□藏
[iu^{31}] 饶淆尧姚窑谣摇肴
[iu^{42}] 扰绕
[iu^{33}] 舀鹞耀要需～

【am】

[pam^{312}] 湴
[fam^{33}] 泛範
[vam^{312}] 犯范
[tam^{53}] 耽担动词
[tam^{31}] 谈痰谭潭罈□砍
[tam^{42}] 胆疸
[tam^{24}] 淡
[tam^{33}] 担名词
[tham^{53}] 贪
[tham^{42}] 毯
[tham^{33}] 探
[nam^{31}] 男南楠
[lam^{31}] 蓝篮
[lam^{24}] 览揽缆榄
[lam^{33}] □拃□舔
[tsam^{53}] 簪
[tsam^{31}] 蚕惭劖刺，剁
[tsam^{42}] 斩崭
[tsam^{24}] 錾
[tsam^{33}] 蘸
[tsam^{312}] 暂站
[tsham^{53}] 搀参～加
[sam^{53}] 三衫
[sam^{31}] 谗馋镵
[kam^{53}] 尴监
[kam^{42}] 减碱
[kam^{33}] 鉴
[ŋam^{31}] 岩
[ham^{53}] 憨
[ham^{42}] 喊
[am^{31}] 咸衔
[am^{312}] 陷

【ɔm】

[tsɔm24] □毛虫

[kɔm53] 甘柑

[kɔm42] 敢感橄

[khɔm53] 龛

[ɔm31] 含函衔□捂，抱

[ɔm42] 揞撼

[ɔm33] 庵暗

[ɔm312] 憾

【ɐm】

[tɐm31] 氹水坑

[tɐm33] □煮

[nɐm31] 喃自言自语

[nɐm42] 谂

[nɐm312] 赁

[lɐm31] 林临淋

[lɐm24] 檩

[tsɐm53] 针斟

[tsɐm31] 沉寻

[tsɐm42] 枕

[tsɐm33] 浸

[tshɐm33] 侵渗寝

[sɐm53] 森深心

[sɐm42] 沈审婶

[sɐm24] 甚

[kɐm53] □量词，把

[kɐm31] □遮眉～：刘海儿

【iɐm】

[kiɐm53] 今金襟

[kiɐm31] 岑琴禽擒

[kiɐm24] 妗

[kiɐm33] 禁

[khiɐm53] 钦

[ŋiɐm312] 任□用嘴喂婴儿

[hiɐm33] □寒冷

[iɐm53] 阴荫音

[iɐm31] 壬吟淫

[iɐm24] 饮

[iɐm312] 纫

【iɛm】

[tiɛm42] 点

[tiɛm33] 店

[tiɛm312] 垫奠

[thiɛm42] 舔

[thiɛm33] 掭

[niɛm312] 捻念验

[liɛm31] 镰

[liɛm24] 敛

[liɛm312] 殓

[tsiɛm53] 瞻沾

[tsiɛm31] 潜

[tsiɛm33] 渐佔占

[siɛm31] 蟾

[siɛm42] 闪陕

[kiɛm42] 俭检槛捡

[kiɛm33] 剑舰

[khiɛm33] 欠芡歉

[ŋiɛm24] 染冉

[hiɛm42] 险

[iɛm31] 黡酒～：酒窝

[iɛm^{42}] 掩
[iɛm^{33}] 淹厌
[iɛm^{312}] 芫盐焰
【im】
[tim^{53}] 掂
[tim^{31}] 甜
[tim^{24}] 簟
[thim^{53}] 添
[nim^{53}] 拈黏
[nim^{31}] 鲇严
[lim^{31}] 帘廉
[tsim^{53}] 尖粘～米
[tshim^{53}] 歼迁签
[kim^{53}] 兼
[kim^{31}] 钳挦拔
[khim^{53}] 谦
[im^{53}] 阉
[im^{31}] 嫌炎盐阎檐
【an】
[pan^{53}] 扳班颁斑瘢
[pan^{31}] □～瓜：南瓜
[pan^{42}] 板版
[pan^{33}] 办扮瓣
[phan^{53}] 攀
[phan^{31}] 襻
[phan^{33}] 盼
[man^{53}] 屘排行最末的
[man^{31}] 蛮馒
[man^{312}] 幔慢
[fan^{53}] 番翻藩蕃□量词。一～被：一床被子
[fan^{42}] 反
[fan^{33}] 贩
[van^{53}] 弯湾豌
[van^{31}] 帆凡矾烦繁还环丸
[van^{24}] 换挽晚
[van^{33}] 幻
[van^{312}] 饭万
[tan^{53}] 丹单
[tan^{31}] 坛檀弹～琴
[tan^{312}] 旦但诞蛋弹子～
[than^{53}] 摊滩瘫坦
[than^{33}] 叹炭
[nan^{31}] 难困～
[nan^{312}] 难苦～
[lan^{31}] 兰拦栏
[lan^{24}] 懒
[lan^{312}] 烂滥
[tsan^{31}] 残
[tsan^{42}] 攒盏
[tsan^{33}] 赞濽绽湛
[tsan^{312}] 栈赚
[tshan^{53}] 餐
[tshan^{42}] 惨产铲
[tshan^{33}] 灿
[san^{53}] 山珊舢
[san^{31}] 潸口水
[san^{42}] 散分～
[san^{33}] 伞疝散松～
[kan^{53}] 奸艰间房～

[kan^{42}] 拣柬简涧
[kan^{33}] 裥谏间~隔
[khan^{53}] 刊勘堪
[khan^{42}] 坎砍
[ŋan^{24}] 眼
[ŋan^{33}] 晏
[ŋan^{312}] 雁
[han^{42}] 罕
[an^{31}] 闲颜
[an^{312}] 苋限

【uan】

[suan^{53}] 删闩栓
[kuan^{53}] 关鳏
[ŋuan^{31}] 玩顽
[ŋuan^{312}] □疯

【ɔn】

[pɔn^{24}] 伴
[pɔn^{33}] 半绊
[pɔn^{312}] 拌
[phɔn^{33}] 判叛
[mɔn^{24}] 满
[mɔn^{312}] 漫
[fɔn^{42}] 缓
[fɔn^{33}] 患焕
[vɔn^{31}] 桓
[vɔn^{42}] 皖碗腕
[tɔn^{42}] 短
[tɔn^{24}] 断拦截
[tɔn^{312}] 段缎锻断~绝
[nɔn^{24}] 暖
[lɔn^{312}] 乱
[tshɔn^{42}] 喘
[tshɔn^{33}] 串窜篡
[sɔn^{33}] 蒜算
[sɔn^{312}] 撰篆
[kɔn^{53}] 干杆肝竿擀
[kɔn^{42}] 秆赶桿馆管
[kɔn^{33}] 幹贯惯灌罐
[khɔn^{53}] 款
[khɔn^{33}] 看
[ŋɔn^{312}] 岸
[hɔn^{53}] 鼾
[hɔn^{33}] 汉翰
[ɔn^{53}] 安鞍
[ɔn^{31}] 寒韩
[ɔn^{24}] 旱
[ɔn^{33}] 按案
[ɔn^{312}] 汗焊

【ɐn】

[pɐn^{53}] 奔彬滨
[pɐn^{31}] 盆贫
[pɐn^{42}] 本
[pɐn^{33}] 殡鬓
[pɐn^{312}] 笨
[phɐn^{42}] 品
[phɐn^{33}] 喷
[mɐn^{31}] 门民
[mɐn^{24}] 抿悯敏
[mɐn^{312}] 闷焖问
[fɐn^{53}] 分纷芬昏荤婚

[fɐn⁴²] 粉
[fɐn³³] 奋忿愤粪浑
[fɐn³¹²] 混
[vɐn⁵³] 温瘟
[vɐn³¹] 坟焚浑馄魂文纹闻蚊晕
[vɐn⁴²] 吻稳
[vɐn²⁴] 刎
[vɐn³¹²] 份
[tɐn³¹] 囤
[tɐn³¹²] 盾
[thɐn⁵³] 吞
[thɐn³³] 饨褪挪
[nɐn³¹²] 嫩
[lɐn³¹] 邻鳞伦沦轮崙
[lɐn³¹²] 论
[tsɐn⁵³] 津珍真砧榛尊遵臻
[tsɐn³¹] 尘臣陈秦
[tsɐn⁴²] 诊疹
[tsɐn³³] 进晋振镇震
[tsɐn³¹²] 尽阵
[tshɐn⁵³] 村亲
[tshɐn³³] 衬趁寸
[sɐn⁵³] 申伸身娠孙辛新薪
[sɐn³¹] 辰晨唇神
[sɐn⁴²] 损笋
[sɐn³³] 肾信讯
[sɐn³¹²] 慎
[kɐn⁵³] 根跟斤筋
[khɐn⁴²] 肯垦恳啃

[ŋɐn⁵³] 恩
[ŋɐn³¹] 银
[hɐn⁴²] 很
[hɐn³³] 恨
[ɐn³¹] 痕

【iɐn】
[kiɐn³¹] 芹勤
[kiɐn⁴²] 谨
[kiɐn²⁴] 近
[ŋiɐn³¹] 人仁
[hiɐn⁵³] 欣
[iɐn⁵³] 洇殷
[iɐn⁴²] 隐
[iɐn²⁴] 刃引
[iɐn³³] 印

【uɐn】
[kuɐn⁴²] 滚磙
[kuɐn³³] 棍
[khuɐn⁵³] 坤昆崑
[khuɐn⁴²] 捆
[khuɐn³³] 困睏

【ən】
[tən⁵³] 墩
[tən³¹] 炖屯豚臀
[tən³³] 敦顿
[tən³¹²] 钝遁
[tsən⁵³] 贞侦
[tsən³¹] 存蹲
[sən³¹] 询荀
[sən³³] 迅逊

【iɛn】

[piɛn53] 蝙

[piɛn31] 辫

[piɛn42] 鳊贬扁匾

[piɛn33] 变辨

[piɛn312] 便辩

[phiɛn33] 遍片骗

[miɛn24] 免勉娩缅

[miɛn312] 面

[tiɛn42] 典腆

[tiɛn312] 电佃殿

[thiɛn53] □～水弓:打水漂儿

[niɛn53] 研

[niɛn42] 辇撚撵碾

[liɛn53] 蔫

[liɛn33] □滚地

[liɛn312] 练炼恋链楝

[tsiɛn42] 剪践展

[tsiɛn33] 颤荐箭战

[tsiɛn312] 贱饯

[tshiɛn53] 笺

[tshiɛn42] 浅

[siɛn53] 搧

[siɛn42] 显

[siɛn33] 扇骟线羡

[siɛn312] 蝉善膳鳝

[kiɛn42] 茧捡趼

[kiɛn24] 件

[kiɛn33] 见建健毽腱键

[khiɛn42] 遣

[hiɛn53] 掀宪献轩

[iɛn53] 焉

[iɛn31] 弦筵

[iɛn33] 砚艳谚堰燕

[iɛn312] 现

【yɛn】

[kyɛn53] 鹃

[kyɛn42] 卷捲

[kyɛn33] 倦绢眷券

[khyɛn33] 桊

[ŋyɛn24] 阮软

【in】

[pin53] 边鞭

[phin53] 编偏篇

[min31] 眠绵棉

[fin33] □甩

[tin53] 颠癫

[tin31] 田填

[thin53] 天

[nin31] 年

[lin31] 连怜莲联

[tsin53] 煎毡

[tsin31] 缠前钱

[tshin53] 千

[sin53] 仙先鲜

[sin31] 禅

[kin53] 坚肩巾

[kin31] 乾

[kin42] 紧

[kin33] 劲

[khin^{53}] 牵掀
[khin^{42}] 仅锦
[ŋin^{53}] 烟胭
[ŋin^{31}] 然燃
[ŋin^{24}] 忍
[ŋin^{33}] 韧
[ŋin^{312}] 认
[in^{53}] 姻
[in^{31}] 仍贤延言寅颜
[in^{42}] 演

【un】

[pun^{53}] 搬般
[pun^{31}] 盘
[phun^{53}] 潘
[mun^{31}] 瞒
[fun^{53}] 欢
[tun^{53}] 端
[tun^{31}] 团
[lun^{53}] 圞
[lun^{31}] 峦孪栾鸾銮
[lun^{24}] 卵
[tsun^{53}] 专砖
[tsun^{31}] 全泉传～达
[tsun^{42}] 转准
[tsun^{33}] 钻转传自～
[tshun^{53}] 川穿春椿
[tshun^{42}] 蠢
[tshun^{33}] 篡
[sun^{53}] 酸宣喧
[sun^{31}] 船椽纯醇旋巡旬循殉
[sun^{42}] 选癣
[sun^{312}] 顺舜肫
[kun^{53}] 观官棺冠鸡～
[kun^{33}] 冠～军
[khun^{53}] 宽
[un^{31}] 完

【yn】

[tsyn^{42}] 俊
[kyn^{53}] 捐军君均钧
[kyn^{31}] 权拳裙群
[kyn^{33}] 券
[kyn^{312}] 菌郡
[khyn^{53}] 圈
[khyn^{42}] 犬
[khyn^{33}] 劝
[ŋyn^{31}] 员原源
[ŋyn^{312}] 愿
[hyn^{53}] 勋熏
[hyn^{33}] 楦训
[yn^{53}] 冤渊
[yn^{31}] 铅玄悬眩沿元园圆袁援缘云匀弦
[yn^{42}] 宛
[yn^{24}] 尹远允
[yn^{33}] 怨院熨
[yn^{312}] 闰润县孕运韵

【aŋ】

[paŋ^{53}] 邦
[paŋ^{31}] 滂庞□□[haŋ^{31}]～郎:全部
[paŋ^{42}] 绑榜

[paŋ^{33}] 棒谤磅
[paŋ^{312}] 蚌
[phaŋ^{53}] 乓
[phaŋ^{33}] 胖胮臭～～：很臭
[maŋ^{24}] 甿
[laŋ^{33}] 晾□闲逛 □用清水漂洗 □毛线
[ŋaŋ^{33}] □曾祖父
[ŋaŋ^{312}] 戇蠢，傻
[haŋ^{31}] □～[paŋ^{31}]郎：指全部

【uaŋ】

[khuaŋ^{53}] 框
[khuaŋ^{33}] 匡筐况
[khuaŋ^{312}] 眶

【ɔŋ】

[pɔŋ^{53}] 帮
[pɔŋ^{31}] 傍旁螃
[mɔŋ^{31}] 忙芒盲茫氓虻亡
[mɔŋ^{24}] 莽蟒网
[mɔŋ^{312}] 忘望
[fɔŋ^{53}] 方坊芳枋荒慌
[fɔŋ^{42}] 仿访纺晃谎
[fɔŋ^{33}] 放
[vɔŋ^{53}] 汪
[vɔŋ^{31}] 防妨房肪凰黄煌璜蝗磺簧蟥
[vɔŋ^{42}] 往
[vɔŋ^{24}] 枉
[vɔŋ^{312}] 妄旺
[tɔŋ^{53}] 裆当正～
[tɔŋ^{31}] 唐堂塘搪溏膛糖螳彤
[tɔŋ^{42}] 挡党档～案
[tɔŋ^{33}] 当上～ 档大排～
[thɔŋ^{53}] 汤劏
[thɔŋ^{42}] 躺
[thɔŋ^{33}] 荡烫趟摥推平抹光
[nɔŋ^{31}] 囊瓤
[lɔŋ^{31}] 郎狼廊榔螂
[lɔŋ^{24}] 朗
[lɔŋ^{33}] □峒～：山沟
[lɔŋ^{312}] 浪
[tsɔŋ^{53}] 赃妆庄桩装脏肮～
[tsɔŋ^{31}] 藏躲～
[tsɔŋ^{33}] 葬壮
[tsɔŋ^{312}] 状藏西～ 脏内～
[tshɔŋ^{53}] 仓苍舱闯疮窗
[tshɔŋ^{33}] 畅撞
[sɔŋ^{53}] 桑双霜孀丧吊～
[sɔŋ^{31}] 床
[sɔŋ^{42}] 嗓爽
[sɔŋ^{33}] 丧～失
[kɔŋ^{53}] 刚纲钢肛光胱
[kɔŋ^{31}] 狂
[kɔŋ^{42}] 岗广
[kɔŋ^{33}] 杠
[khɔŋ^{53}] 康糠
[khɔŋ^{31}] 扛
[khɔŋ^{42}] 慷漮
[khɔŋ^{33}] 抗炕旷矿
[ŋɔŋ^{31}] 昂

[ŋɔŋ^{33}] □拟声词。哭～～：大声哭

[hɔŋ^{31}] 行银～

[ɔŋ^{31}] 杭绗航皇隍王

【ɐŋ】

[pɐŋ^{53}] 浜崩

[phɐŋ^{53}] 烹墜

[tɐŋ^{53}] 灯登

[tɐŋ^{31}] 腾誊藤

[tɐŋ^{42}] 等

[tɐŋ^{33}] 凳

[tɐŋ^{312}] 瞪邓

[nɐŋ^{31}] 能□～□[nai^{33}]雨：阵阴雨

[lɐŋ^{31}] 楞

[lɐŋ^{24}] 冷

[tsɐŋ^{53}] 僧增憎曾姓

[tsɐŋ^{31}] 层曾～经

[tsɐŋ^{312}] 赠

[tshɐŋ^{33}] □跺

[sɐŋ^{33}] 擤

[kɐŋ^{53}] 江

[kɐŋ^{42}] 讲

[kɐŋ^{33}] 虹降～落

[kɐŋ^{312}] □昏

[hɐŋ^{53}] 亨□给

[ɐŋ^{31}] 恒衡

[ɐŋ^{33}] 项这么，那么，这样

[ɐŋ^{312}] 巷项～目□还

【eŋ】

[peŋ^{53}] 宾斌槟冰兵

[peŋ^{31}] 频平评凭坪苹屏瓶萍

[peŋ^{42}] 丙秉柄饼禀□把棉线拉直

[peŋ^{24}] □肚～：肚脐眼

[peŋ^{312}] 病

[pheŋ^{53}] 乒箳箅子

[pheŋ^{33}] 并拼聘

[meŋ^{31}] 名明鸣铭

[meŋ^{24}] 皿闽

[meŋ^{312}] 命

[veŋ^{31}] 横

[teŋ^{53}] 丁疔钉

[teŋ^{31}] 廷亭庭停蜓

[teŋ^{42}] 顶鼎

[teŋ^{312}] 订定锭□还是

[theŋ^{53}] 厅汀听

[theŋ^{42}] 挺艇

[neŋ^{53}] 拎

[neŋ^{31}] 宁狞柠凝□马～：苍蝇

[neŋ^{33}] □耳～：耳环

[leŋ^{31}] 磷伶灵苓玲凌铃陵菱蛉零龄

[leŋ^{24}] 岭领

[leŋ^{312}] 令另

[tseŋ^{53}] 晶睛精怎争征挣睁筝蒸踭正～月 埕坛子□□[ŋy^{31}]～：蚯蚓

[tseŋ^{31}] 丞呈诚惩程澄橙情晴

[tseŋ^{42}] 井拯整

[tseŋ^{33}] 正证政症

[tseŋ^{312}] 净靖静郑

[tsheŋ^{53}] 撑青清称～重量

[tsheŋ42] 请逞
[tsheŋ33] 秤称~心 掌斜柱
[seŋ53] 升生声牲笙甥星腥参人~
[seŋ31] 成承城乘绳
[seŋ42] 醒省
[seŋ33] 圣姓性盛胜
[seŋ312] 剩
[keŋ53] 庚耕赓羹京经荆惊粳鲸更三~半夜
[keŋ31] 琼擎
[keŋ42] 耿梗颈景警埂哽
[keŋ33] 茎径胫竞敬境镜更~好
[kheŋ53] 坑轻倾卿
[kheŋ42] 顷
[kheŋ33] 庆
[ŋeŋ31] □□[u54]~:扫帚
[ŋeŋ33] □锅~:锅烟子
[ŋeŋ312] 硬
[heŋ53] 兄馨兴~旺
[heŋ31] 桁刑形型迎莹营蝇行走
[heŋ33] 衅杏兴~趣
[eŋ53] 因英莺婴缨樱鹦鹰
[eŋ31] 盈萤赢
[eŋ42] 影映
[eŋ24] 颖
[eŋ33] 应

【iɛŋ】
[niɛŋ31] 娘
[liɛŋ31] 良凉梁粮粱量丈~ 俩们
[liɛŋ42] 两斤~
[liɛŋ24] 两~个
[liɛŋ312] 亮谅量力~
[tsiɛŋ53] 浆张章彰樟璋瘴将~来
[tsiɛŋ31] 肠常场墙详祥长~短
[tsiɛŋ42] 奖桨蒋掌长生~
[tsiɛŋ24] 仗杖
[tsiɛŋ33] 匠酱帐胀账幛将~军
[tsiɛŋ312] 丈
[tshiɛŋ53] 昌娼猖菖枪
[tshiɛŋ42] 厂敞氅抢
[tshiɛŋ33] 倡唱
[siɛŋ53] 伤商厢湘箱襄镶相互~
[siɛŋ31] 尝偿嫦裳
[siɛŋ42] 晌赏想
[siɛŋ24] 象上~山
[siɛŋ33] 相~片
[siɛŋ312] 尚像橡上楼~
[kiɛŋ53] 姜缰羌
[kiɛŋ31] 强
[kiɛŋ42] 蔃根须
[kiɛŋ312] 犟
[khiɛŋ53] 僵疆腔
[khiɛŋ42] 勥勉强
[ŋiɛŋ24] 仰
[ŋiɛŋ33] □~爹:曾祖父

128

[ȵiɛŋ312] 让
[hiɛŋ53] 乡香
[hiɛŋ42] 享响饷
[hiɛŋ33] 向
[iɛŋ53] 央殃秧鸯
[iɛŋ31] 扬羊阳杨佯疡洋降投～
[iɛŋ42] 养痒
[iɛŋ312] 酿壤攘样

【uŋ】

[puŋ31] 朋彭棚蓬篷膨
[phuŋ42] 捧
[phuŋ33] 碰
[muŋ31] 萌盟蒙
[muŋ42] 懵
[muŋ24] 猛
[muŋ33] □填埋□食物被炖烂的口味
[muŋ312] 孟梦
[tuŋ53] 东冬
[tuŋ31] 同茼桐铜童瞳筒
[tuŋ42] 董懂
[tuŋ24] 动
[tuŋ312] 冻峒栋洞
[thuŋ53] 通
[thuŋ42] 统捅桶
[thuŋ33] 痛
[nuŋ53] 哝埋怨 燶焦，煳
[nuŋ31] 农浓脓
[nuŋ24] 侬
[nuŋ312] 齈
[luŋ31] 龙咙笼聋隆
[luŋ42] 陇垅
[luŋ24] 笼拢
[luŋ312] 弄齈
[tsuŋ53] 忠终盅钟宗综棕踪鬃中～间
[tsuŋ31] 虫崇从丛重～复
[tsuŋ42] 肿总种名词
[tsuŋ24] 重～量
[tsuŋ33] 众纵粽中～奖 种动词
[tsuŋ312] 讼诵颂仲
[tshuŋ53] 充冲囱匆葱聪
[tshuŋ42] 宠
[tshuŋ33] 铳
[suŋ53] 松
[suŋ42] 怂
[suŋ33] 宋送
[kuŋ53] 工弓公功攻宫恭蚣供
[kuŋ42] 巩拱
[kuŋ33] 供躬汞
[kuŋ312] 共贡
[khuŋ53] 空～虚
[khuŋ42] 烘孔恐
[khuŋ33] 控空～缺
[huŋ53] 丰风枫封疯峰锋蜂轰烘
[huŋ31] 宏
[huŋ42] 讽哄
[huŋ24] 奉
[huŋ33] 俸
[uŋ53] 翁

[uŋ31] 冯逢弘红洪鸿虹缝~补
[uŋ33] 窿小洞或小缝儿
[uŋ312] 凤蕹壅缝~隙
【iuŋ】
[kiuŋ53] □老蒜~:蒜苗
[kiuŋ31] 穷
[hiuŋ53] 凶兇胸
[iuŋ53] 雍
[iuŋ31] 戎绒茸荣容蓉熔镕融雄熊庸
[iuŋ42] 拥
[iuŋ24] 永勇涌蛹
[iuŋ312] 咏泳用
【ŋ̍】
[ŋ̍24] 五午伍
【ap】
[fap43] 法
[vap23] 乏
[tap43] 搭答
[tap23] 沓
[thap43] 塌塔榻踏
[nap5] □量词。家,片
[nap23] 纳
[lap23] 腊蜡
[tsap43] 扎眨
[tsap23] 杂闸
[tshap43] 插
[kap43] 夹袷甲胛钾匣挟
[khap43] 掐恰洽
[hap43] 峡狭□副词。才
[hap1] 合盒
[ap43] 压鸭
【iæp】
[phiæp43] 秕瘪
[tiæp23] 谍叠牒碟蝶
[thiæp43] 贴帖
[niæp43] 镊
[niæp23] 聂蹑业
[liæp23] 猎
[tsiæp43] 接捷
[tshiæp43] 妾摺
[siæp43] 涉摄设□掐菜
[kiæp43] 劫
[khiæp43] 怯
[hiæp43] 协
[iæp23] 叶页
【ɔp】
[tsɔp5] □亲嘴
[kɔp5] 鸽蛤
[khɔp5] 瞌磕
[ɔp5] □青蛙
【ɐp】
[tɐp1] 砸
[nɐp5] 粒
[nɐp23] □折,叠
[lɐp1] 立笠
[tsɐp5] 缉辑蛰汁执
[tsɐp1] 集习袭
[sɐp5] 涩湿
[sɐp1] 十拾

[ŋɐp^{5}] □抓
【iɐp】
[kiɐp^{5}] 急
[kiɐp^{1}] 及
[khiɐp^{5}] 给级吸
[ŋiɐp^{1}] 入
【at】
[pat^{43}] 八拔
[mat^{23}] 抹袜
[fat^{43}] 发
[vat^{43}] 挖
[vat^{23}] 伐罚筏
[vat^{1}] 劃
[tat^{43}] 达
[tat^{1}] □石崖
[that^{1}] 遢
[lat^{23}] 拉邋辣
[tsat^{43}] 札轧
[tsat^{23}] 铡
[tshat^{43}] 擦察獭
[sat^{43}] 萨杀刹
[hat^{43}] 瞎辖
[at^{43}] 押
【uat】
[vuat^{23}] 滑猾
[suat^{43}] 刷
[kuat^{43}] 刮括
【ɔt】
[pɔt^{43}] 钵
[pɔt^{23}] 拨脖钹
[phɔt^{43}] 泼
[mɔt^{23}] 末沫茉
[tɔt^{23}] 夺
[thɔt^{43}] 脱
[lɔt^{5}] □地~:蝼蛄
[lɔt^{23}] 捋
[tsɔt^{23}] 绝拙
[tshɔt^{43}] 撮
[sɔt^{43}] 说薛雪
[kɔt^{43}] 割葛
[khɔt^{43}] 豁渴阔
[hɔt^{43}] 喝
[ɔt^{23}] 活
【ɐt】
[pɐt^{5}] 笔必毕弼滗
[pɐt^{1}] 荸鼻
[phɐt^{5}] 匹
[mɐt^{5}] 乜什么说什乜□憋气
[mɐt^{1}] 没密蜜
[fɐt^{5}] 佛忽勿
[vɐt^{5}] 拂
[vɐt^{1}] 佛物
[tɐt^{23}] □芦~:芦苇
[thɐt^{5}] 凸突
[lɐt^{1}] 栗律率
[tsɐt^{5}] 秩
[tsɐt^{43}] 质
[tsɐt^{1}] 疾侄
[tshɐt^{5}] 七漆
[sɐt^{5}] 瑟失虱恤

[sɐt^{1}] 实
[kɐt^{43}] 吉
[khɐt^{5}] □门～：门栓
[ŋɐt^{5}] □垃圾
[ŋɐt^{1}] 日
[hɐt^{5}] 核
[ɐt^{5}] 一
[ɐt^{1}] 逸

【uɐt】

[luɐt^{5}] □钻
[tshuɐt^{5}] 出
[suɐt^{5}] 率术述蟀戌
[kuɐt^{5}] 骨
[khuɐt^{5}] 窟

【iɛt】

[piɛt^{43}] 憋鳖
[piɛt^{23}] 别
[piɛt^{1}] 别又
[phiɛt^{43}] 撇
[miɛt^{23}] 灭蔑篾
[tiɛt^{43}] 跌
[thiɛt^{43}] 铁
[niɛt^{23}] 捏孽
[liɛt^{23}] 列劣烈裂
[tsiɛt^{43}] 节截哲浙折弄断
[tshiɛt^{43}] 彻撤切
[siɛt^{43}] 舌设泄
[siɛt^{23}] 折亏损
[kiɛt^{43}] 揭杰洁结
[kiɛt^{1}] □浓稠
[ŋiɛt^{23}] 热
[hiɛt^{43}] 歇胁

【yɛt】

[kyɛt^{43}] 决诀掘厥蕨乞
[khyɛt^{43}] 讫缺
[ŋyɛt^{23}] 月悦阅粤越
[hyɛt^{43}] 血
[hyɛt^{23}] 穴
[yɛt^{23}] 乙

【yt】

[tsyt^{5}] 卒
[tshyt^{5}] 猝
[kyt^{5}] 橘倔
[khyt^{5}] 屈

【ɔk】

[pɔk^{5}] 榑柚子
[pɔk^{43}] 剥博膊
[pɔk^{23}] 薄
[mɔk^{23}] 膜莫寞漠
[vɔk^{43}] 缚握
[tɔk^{23}] 铎
[thɔk^{43}] 讬托
[nɔk^{5}] □敲打
[nɔk^{23}] 诺
[lɔk^{43}] 烙
[lɔk^{23}] 掠略洛络骆落乐快～
[lɔk^{1}] □去看望人
[tsɔk^{43}] 爵卓桌涿酌啄着琢作
[tsɔk^{23}] 凿昨
[tshɔk^{43}] 戳绰

［sɔk^{43}］朔嗍索
［kɔk^{5}］国
［kɔk^{43}］胳搁阁各郭廓
［khɔk^{43}］霍藿扩确
［ŋɔk^{5}］□～脚:蜷脚
［ŋɔk^{23}］鄂腭鳄鹤
［hɔk^{43}］或惑
［ɔk^{43}］恶凶
［ɔk^{23}］获

【æk】

［pæk^{43}］百柏伯魄
［pæk^{23}］白帛
［phæk^{43}］拍迫
［mæk^{43}］擘
［mæk^{23}］麦脉陌
［tsæk^{43}］责摘窄
［tsæk^{23}］择泽宅
［tshæk^{43}］册策拆鹊
［kæk^{43}］革格隔嗝脚
［khæk^{43}］觉～得
［ŋæk^{23}］额扼轭岳
［hæk^{43}］客
［hæk^{1}］□骗

【iæk】

［tsiæk^{23}］着挨,被
［siæk^{43}］削
［siæk^{23}］勺芍
［khiæk^{43}］却
［ŋiæk^{23}］疟虐弱
［iæk^{43}］约
［iæk^{23}］若药钥跃乐音～

【ɐk】

［pɐk^{5}］北驳
［pɐk^{1}］匐
［mɐk^{5}］□掰
［mɐk^{1}］墨默
［tɐk^{5}］得德
［tɐk^{1}］特
［nɐk^{5}］□腋下
［lɐk^{1}］勒簕肋
［tsɐk^{1}］贼
［tshɐk^{5}］侧厕测则
［sɐk^{5}］塞色
［kɐk^{5}］角
［khɐk^{5}］喀壳咳克刻
［hɐk^{5}］核赫黑吓
［hɐk^{1}］学

【ek】

［pek^{5}］逼碧壁璧
［phek^{5}］辟劈僻
［tek^{5}］的滴嫡
［tek^{1}］狄敌荻笛
［thek^{5}］剔踢
［nek^{1}］逆
［lek^{5}］□瘸
［lek^{1}］力历
［tsek^{5}］迹积绩即脊寂鲫织隻职
［tsek^{1}］籍藉夕直侄值植殖蓆
［tshek^{5}］尺斥赤戚

[sek⁵] 饬识蚀饰适释昔析息悉惜锡熄膝媳

[sek¹] 石食室席

[kek⁵] 击激戟

[kek¹] 屐极剧

[hek⁵] 吃

[hek¹] 亦

[ek⁵] 益缢

[ek²³] 役

[ek¹] 译疫易姓

【uk】

[puk⁵] □背部

[puk¹] 檏

[phuk⁵] 扑

[phuk¹] 卜仆朴

[muk¹] 木目牧睦穆

[tuk⁵] 督笃

[tuk¹] 毒读牍犊独

[thuk⁵] 秃

[luk¹] 六陆录鹿禄绿

[tsuk⁵] 粥竹烛祝捉浊镯足

[tsuk¹] 触逐族

[tshuk⁵] 促束畜轴筑

[suk⁵] 叔淑肃速宿粟缩蓄嘱

[suk¹] 赎塾熟蜀俗续属

[kuk⁵] 谷

[khuk⁵] 哭酷

[huk⁵] 伏服袱幅福蝠腹覆复又

[uk⁵] 屋沃

【iuk】

[kiuk⁵] 掬

[kiuk¹] 局焗

[khiuk⁵] 菊曲粬

[ŋiuk¹] 肉

[hiuk⁵] 育

[iuk⁵] 郁

[iuk¹] 辱褥狱浴欲

第三章　词　汇

一　词汇特点

（一）相同特点

德胜百姓话的词汇，在所调查到的3 454个词中，跟北京话相同的有1 779个，占总数的 52%，超过一半。除干支外，以季节小类相同的比例最高，占 94%。下面是季节小类全部相同的词。

春天　立春　清明　芒种　立秋　寒露　大雪
夏天　雨水　谷雨　夏至　处暑　霜降　冬至
秋天　惊蛰　立夏　小暑　白露　立冬　小寒
冬天　春分　小满　大暑　秋分　小雪　大寒

这些词都是汉族共同语的承传已久的基本词汇，反映了共同语的凝聚力和稳定性。

（二）单双差异

北京话的某些双音词，德胜话用单音词。

北京	德胜	北京	德胜	北京	德胜	北京	德胜	北京	德胜	北京	德胜
雹子	雹	驴骡	骡	桌子	台	钉子	钉	女仆	奴	弟弟	弟
山涧	涧	马骡	骡	毯子	毯	钳子	钳	祖父	爹	姐姐	姐

续表

北京	德胜	北京	德胜	北京	德胜	北京	德胜	北京	德胜	北京	德胜
河滩	滩	兔子	兔	被子	被	镊子	镊	祖母	奶	妹妹	妹
泥土	泥	鸟儿	鹩	镜子	镜	绳子	索	父亲	爷	儿子	儿
集市	街	燕子	燕	碟子	碟	錾子	錾	母亲	妈	女儿	女
集市	墟	翅膀	翅	筷子	筷	砧子	砧	伯母	乸	唾沫	潲
镰刀	镰	虱子	虱	盘子	盘	梳子	梳	叔父	叔	涎水	潲
谷子	粟	鱼儿	鱼	罐子	罐	锥子	锥	叔母	姆	鸡巴	卵
竹子	竹	蛤蜊	蚌	瓶子	罐	扇子	扇	舅父	舅	乳房	奸
李子	李	螺蛳	螺	箅子	箅	客人	客	舅母	妗	肚子	肚
橘子	柑	住宅	屋	刨子	刨	土匪	贼	姑妈	婆	麻疹	麻
栗子	栗	房子	屋	锯子	锯	强盗	贼	姨妈	姨	痱子	痱
蘑菇	菌	屋子	屋	凿子	凿	奶爷	叔	哥哥	哥	痦子	记
领子	领	窗子	窗	尺子	尺	仆人	奴	嫂子	嫂	瘫痪	瘫
袖子	袖	袜子	袜	新郎	郎	戥子	等	提起	搊	裙子	裙
帽子	帽	棺材	木	拔拉	拔	擦掉	擦	裤子	裤	篦子	篦
坟墓	坟	捂住	揞	害怕	怕	裤子	裤	米饭	饭	蜡烛	蜡
摩挲	捋	挂念	想	钮扣	扣	棕子	粽	线香	香	扶着	扶
告诉	讲	扣儿	扣	馅儿	心	签诗	签	嫌弃	嫌	机灵	灵
凉快	凉	肠子	肠	逮捕	捉	选择	选	灵巧	灵	背静	静

（三）语序区别

有些分性别的动物名词，种名在前，性别在后，跟北京话的语序不同。

北京	德胜	北京	德胜	北京	德胜	北京	德胜
公马	马牯	公狗	狗公	公猪	猪哥	母鸡	鸡母
母马	马母	母狗	狗母	母猪	猪母	公鸭	鸭公
公牛	牛牯	公猫	猫牯	公羊	羊公	母鸭	鸭母
母牛	牛母	母猫	猫母	母羊	羊妈	母老虎	大虫母

“公驴、母驴、公鸡”的语序跟北京话相同。另外，“猪哥”

又叫“公猪”，“猪母”又叫“母猪”，“羊妈”又叫“母羊”。

（四）沿用古语词（素）

墟［hy^{53}］集市。赶集叫“上墟”，集日叫“墟日”。《正字通·土部》：“墟，今俗商贾货物辐辏处谓之墟，亦谓之集。”柳宗元《童区寄传》：“二豪贼劫持反接，布囊其口，去逾四十里之墟所卖之。”

箳［$phi\eta^{53}$］箅子。《集韵》青韵：“舟车篷。”是一种竹编，用途不同，词义有转移。

索［$s\text{ɔ}k^{43}$］绳子。井绳叫“井索”。《说文解字》：“索，草茎可作绳索。”《书·五子之歌》：“若朽索之驭六马。”

奴［nu^{31}］仆人，不分男女。杜甫《哀王孙》：“问之不肯道姓名，但道困苦乞为奴。”

妗［$ki\text{ɐ}m^{24}$］舅母。巫婆又叫“妗婆”。《集韵·沁韵》：“妗，俗谓舅母曰妗。”宋·张耒《明道杂志》：“经传中无嬸与妗字……妗字乃舅母二字。”

潺［san^{31}］唾沫，唾沫星儿，口水。围嘴儿叫“潺垫”。《广韵·之韵》：“潺，涎沫也。”《集韵·山韵》：“潺，鱼龙身濡滑者。”

敨［$th\text{ɐ}u^{42}$］把包着或卷着的东西打开。《集韵·厚韵》：“敨，展也。”

跍［khu^{53}］蹲。《广韵·模韵》：“跍，蹲也。”

捋［$l\text{ɔ}t^{23}$］摩挲。《尔雅·释虫》：“强丑捋。”郭璞注：“捋，以脚自摩捋。”郝懿行义疏：“强即强蚚也。捋者：摩捋也。”《广韵·末韵》：“捋，摩也。”

行［$h\text{ɔ}\eta^{31}$］走。走路叫“行路”，走亲戚叫“行亲戚”，望前走叫“向前行”。《释名·释姿容》：“两足进曰行。行，抗也，抗足，而前也。”《说文·行部》：“行，人之步趋也。”

涴［o^{24}］肮脏，弄脏。《广韵·过韵》：“涴，泥著物也。亦作污。”

晏［ηan^{33}］晚，迟。《小尔雅·广言》：“晏，晚也。”《吕氏

春秋·慎小》："二子待君日晏，公不来至。"高诱注："晏，暮也。"

着［tsiæk²³］被，挨。挨骂叫"着骂"，挨说叫"着讲"，噎住了叫"着噎"。《诗词曲语辞汇释》卷三"着（七）"："着，犹被也……陈师道《宿齐河》诗：'还家只有梦，更着晓寒侵。'更着，犹云更被也。"

圞［lun⁵³］圆，整。圆桌叫"圞台"，圆凳叫"圞凳"；整天叫"圞日"，整年叫"圞年"。《玉篇·口部》："圞，团圞也。"五代牛希济《生查子》："新月曲如眉，未有团圞意。"

牯［ku⁴²］公，雄性。公马叫"马牯"，公牛叫"牛牯"，公猫叫"猫牯"，犍牛叫"阉牯"。《正字通·牛部》："牯，俗呼牡牛曰牯。"牡指动物的雄性。

劖［tsam³¹］刺，蜇。《说文·刀部》："劖，剽也。"段玉裁注："砭刺也。"《广韵》："劖，刺也。"

桁［heŋ³¹］屋梁上或门、窗框上的横木，即檩子。《玉篇·木部》："桁，屋桁也。"《文选·何晏〈景福殿赋〉》："桁梧複叠，势合形离。"李善注："桁，梁上所施也。桁与衡同。"

稿［kəu⁴²］稻杆。《集韵·豪韵》："稿，秆也。"

摥［thɔŋ³³］熨斗叫"摥斗"，泥板叫"摥板"。《广韵·宕韵》："摥，排摥。"《集韵·宕韵》："摥，排也。"

婢［pi³¹²］丫环，女仆。《说文·女部》："婢，女之卑者也。"《广韵·纸韵》："婢，女之下也。"

孥［nu²⁴］妻子称"新孥"，儿媳妇称"儿新孥"，孙媳妇称"孙新孥"，新房叫"新孥房"。《孟子·梁惠王下》："泽梁无禁，罪人不孥。"赵岐注："孥，妻、子也。"德胜的词义范围有缩小。

息［sek⁵］重孙叫"息儿"，重孙女叫"息女"。《正字通·心部》："息，子息。子吾所生者，故曰息。"《战国策·赵策四》："老臣贱息舒祺最少，不肖，而臣衰，窃爱怜之。"德胜的词义有转移。

颅［lu³³］头。秃顶叫"裸颅"，秃头叫"光头颅"。《文选·潘岳〈射雉赋〉》："倏余志之精锐，拟青颅而点项。"李善注：

"颃，头也。"

衫［sam⁵³］衣服叫"衫裤"，棒槌叫"衫槌"，棉袄叫"棉衫"，大衣叫"大衫"，（衣）兜儿叫"衫袋"，穿衣服叫"穿衫"，脱衣服叫"解衫"。《说文新附·衣部》："衫，衣也。"《正字通·衣部》："衫，衣之通称。"

晡［pu⁵³］中午。吃午饭叫"吃晡日"，睡午觉叫"睡晡日"。《广韵·模韵》："晡，申时。"即午后三时至五时。德胜的词义稍有转移。

伊［i³³］代词，这。这个叫"伊个"，这个月叫"伊个月"，这些叫"伊些"。《诗·秦风·蒹葭》："所谓伊人，在水一方。"郑玄笺："伊，当作繄。繄犹是也。"

侬［nuŋ²⁴］小孩儿叫"侬儿"，怀孕叫"带侬儿"，生孩子叫"生侬儿"，男孩儿叫"男侬儿"。《六书故·人一》："侬，吴人谓人侬。"《乐府诗集·浔阳乐》："鸡亭故侬去，九里新侬还。"

（五）吸收一些壮语成分

德胜百姓话的词汇当中有一些壮语成分，或者直接成为百姓话的一个词，或者跟汉语语素共同构成壮汉合璧词。壮语成分在汉语中一般写不出字，下面每条注解开头直接用音标表示写不出字的语素，后面用替代号表示该字。有相连二字都写不出的，也用一个替代号表示。壮语说法先写壮文，后用方括号注国际音标。

1. ［sy³³］把屎、把尿抱持小儿双腿，哄他大小便说"～屎、～尿"。壮语说 siq［ɕi³⁵］，哄，逗引。

2. ［ŋy³¹］蚯蚓叫"～□［tseŋ⁵³］"。壮语管蚯蚓叫 ngwh［ŋɯ³⁵］。

3. ［ma³³］背。壮语管背（小孩）叫 maq［ma³⁵］。

4. ［po³¹ lɛ²⁴］牵牛花叫"～花"。～在壮语里说 loxlez［lo⁴² le⁴²］指唢呐、喇叭。

5. ［nɛ⁵³⁻⁵⁵］些，点儿；里（这里）。壮语说 naeih［nai³³］。

德胜百姓话可以构成下面一些词语：伊～这些｜咕～那些｜呢～哪些｜一～～一些些｜大一～大一些｜好一～好一些｜多～～大点儿｜一～一点儿｜一～～一点点｜有～有点儿｜伊～这里｜咕～那里｜呢～哪里。

6. 奶 [nɛ³³] 奶。壮语说 neq [ne³⁵]，指乳房，乳汁。

7. [nɛ³³] 小。壮语说 neh [ne³³]。德胜百姓话用它组成的词有：～风小风｜月～小建｜～石头小石块｜～新孥小老婆｜从～从小。

8. [nai³³] 困倦。壮语说 naiq [naːi³⁵]。

9. [nai³³] 连阴雨叫"凝～雨"。壮语 naih [naːi³³] 指"越来越……"。

10. [ŋei²⁴] 推。壮语说 gaex [ka⁴²]。

11. [ləu³¹] 游玩。流星又说"天星去～"。壮语说 raeuz [ɣau³¹]。

12. [ŋiu⁵³] 人出天花留下的疤痕。麻子叫"～子"。壮语说 nyaux [ȵaːu⁴²]。

13. [ŋiu³³] 闻，嗅。德胜除单用之外，还把嗅觉不灵说成"鼻～有灵"。壮语管嗅叫 nyouq [ȵou³⁵]。

14. [iu⁵³] 收藏，躲藏。壮语说 yo [jo²⁴]。

15. [tam³¹] 砍，用于～树砍树。壮语说 raemj [ɣam⁵⁵]。

16. [tɐm³³] 煮，用于煮鸡蛋。壮语说 dumq [tum³⁵]。

17. [kɐm⁵³] 把，量词。壮语说 gaem [kam²⁴]。

18. [kɐm³¹] 遮盖，刘海儿叫"遮眉～"。壮语说 goemq [kom³⁵]。

19. [neŋ³¹] 昆虫。苍蝇叫"马～"。壮语说 nengz [neːŋ³¹]。

20. [laŋ³³] 逛，浪。逛街叫"～街"，牛百叶叫"～牛帽"。壮语 langh [laːŋ³³] 指"浪，遛"。

21. [toŋ³¹²] 缸。水缸叫"水～"，泔水缸叫"潲水～"，缸底儿叫"～底"，也可以用作量词。壮语的缸叫 dangh [taːŋ³³]。

22. [loŋ³³] 偏僻山谷的小平地，构成峒～山沟，指偏远山区。壮语说 rungh [ɣuŋ³³]。

23. ［hɐŋ^{53}］给，相当于介词“被，让”。壮语说 haengj［haŋ^{55}］。

24. ［neŋ^{33}］耳饰。耳环叫“耳～”。壮语 nengq［neːŋ^{35}］指环，坠子。

25. ［ŋeŋ^{31}］笤帚。扫帚都叫“□［u^{53}］～”。壮语 nyangj［ȵaːŋ^{55}］指禾秆，是做笤帚的材料。

26. ［ŋiɛŋ^{33}］曾祖。曾祖父叫“～爹”，曾祖母叫“～奶”。壮语 mangh［maːŋ^{33}］指曾祖。

27. ［hap^{43}］刚，才。壮语 hab［hap^{33}］指“合适，恰好”。

28. ［tat^{1}］崖。山崖叫“山～”。壮语石崖说 dat［taːt^{35}］。

29. ［khɐt^{5}］门栓叫“门～”。壮语 git［kit^{55}］指“卡，障碍”。

30. ［kiet^{1}］黏稠。壮语说 gwd［kɯt^{33}］。

31. ［nɔk^{5}］打。壮语说 nongq［noːŋ^{35}］。

32. ［lɔk^{1}］看人看望人。壮语 lok［loːk^{35}］指“馈赠”，看望人一般要带手信水果之类。

33. ［ŋɔk^{5}］弯曲。蜷腿说“～脚”。壮语说 nok［noːk^{35}］。

34. ［hæk^{1}］骗我～你玩的，不是真的。壮语说 yoeg［jok^{33}］。

（六）有一批特殊的方言词

词汇最能反映方言的特色，跟共同语相比，有些是得名取义的角度不同，有的是保持了不同时期的古语素，有的是吸收了其他民族语言的语素。不论哪种情况，都是当地方言自身发展的结果。从数字统计来看，代词类和长辈小类的特色词比例最高。下面列举一些其他方言少见的特色词汇（不含有少数民族语素的词），注音后面为词义。

鹩［liau^{33}］鸟儿	旺［vɔŋ^{312}］秤尾高
踭［tseŋ^{53}］脚跟	绵［min^{31}］秤尾低
奶［nɛ^{33}］乳房	搊［tsou^{24}］提起
乸［na^{31}］伯母	清［tsheŋ^{53}］稀
姆［mu^{24}］叔母	肥［vi^{31}］胖

硬［ŋeŋ^{312}］偏
细［sei^{33}］小
帮［pɔŋ^{53}］替
阴底［iɐm^{53} tei^{42}］背阴
二亮［ŋi^{312} liɛŋ^{312}］月亮
蜡令［lap^{23} leŋ^{312}］闪电
龙杠［luŋ^{31} kɔŋ^{33}］虹
米雪［mei^{24} sɔt^{43}］雪珠子
水头［suei^{42} tɐu^{31}］洪峰
闷水［mɐn^{312} suei^{42}］泉水
滚水［kuɐn^{42} suei^{42}］开水
旧年［kiɐu^{312} nin^{31}］去年
捱 ［ŋai^{31}］被
半日［pɔn^{33} ŋɛt^{1}］中午
谷线［kuk^{5} siɛn^{33}］稻穗
晒地［sai^{33} ti^{312}］场院
挖地［vat^{43} ti^{312}］锄地
谷围［kuk^{5} uei^{31}］茓子
谷磨［kuk^{5} mo^{31}］砻
摺槌［liɐu^{312} tsuei^{31}］连枷
碓嘴［tuei^{33} tsuei^{42}］碓杵
抓钯［tsua^{53} pa^{31}］钉钯
钉锄［teŋ^{53} tso^{31}］镐
担杆［tam^{53} kɔn^{53}］扁担
斩树［tam^{31} sy^{312}］砍树
藕花［ŋɐu^{24} fa^{53}］荷花
牛童［ŋiɐu^{31} tuŋ^{31}］牛犊
文猪［vɐn^{31} tsy^{53}］阉猪名词
猪哥［tsy^{53} ko^{53}］种猪
子鸡［tsɿ^{42} kei^{53}］鸡角
栈鸡［tsan^{312} kei^{53}］鸡娘
狗舅［kɐu^{42} kiɐu^{24}］狐狸
草彪［tshəu^{42} piu^{53}］蜥蜴
飞鼠［fi^{53} sy^{42}］蝙蝠
蚂蜗［ma^{24} kuai^{42}］青蛙
偏厦［phin^{53} hia^{312}］厢房
蔑垫［miɛt^{23} tiɛm^{312}］竹席
木糠［muk^{1} khɔŋ^{53}］锯末
瓢羹［piu^{31} keŋ^{53}］羹匙
酒埕［tsɐu^{42} tseŋ^{53}］酒坛子
潲水［sau^{33} suei^{42}］泔水
横斧［veŋ^{31} fu^{42}］锛子
针耳［tsɐm^{53} ŋi^{24}］针鼻儿
针嘴［tsɐm^{53} tsuei^{42}］针尖
侬儿［nuŋ^{24} ŋi^{31}］小孩儿
半嫁［pɔn^{33} ka^{33}］二婚头
姨爷［i^{31} iɛ^{53}］姨夫
老姨［ləu^{24} i^{31}］连襟
外家［ŋuei^{312} ka^{53}］娘家
横肝［veŋ^{31} kɔn^{53}］脾
沤药［ŋɐu^{33} iæk^{23}］煎药
心涌［sɐm^{53} iuŋ^{24}］恶心
泡颈［phau^{53} keŋ^{42}］大脖子
船鞋［sun^{31} hai^{31}］弓鞋
发本［fat^{43} pɐn^{42}］酵子
猪裤［tsy^{53} khu^{33}］肘子
盐蛋［im^{31} pau^{312}］咸鸭蛋
风肠［huŋ^{53} tsiɛŋ^{31}］香肠
盐菜［iɛm^{312} tshei^{33}］咸菜
生盐［seŋ^{53} iɛm^{312}］粗盐

四眼 [sɿ^{33} ŋan^{24}] 孕妇
双生 [suɔŋ^{53} seŋ^{53}] 双胞胎
长生 [tsiɛŋ^{31} seŋ^{53}] 寿材
手挽 [sɐu^{42} van^{24}] 哭丧棒
勒喉 [lɐk^{1} ɐu^{31}] 上吊
妗婆 [kiɐm^{24} po^{31}] 巫婆
剥鞋 [pɔk^{43} hai^{31}] 脱鞋
镊菜 [niæp^{43} tshei^{33}] 搛菜
渡洗 [tu^{312} sei^{42}] 洗澡
担枷 [tam^{53} ka^{53}] 上枷
跑堂 [phau^{42} tɔŋ^{31}] 堂倌儿
船杆 [sun^{31} kɔn^{53}] 桅杆
墨台 [mɐk^{1} tei^{31}] 砚台
动棋 [tuŋ^{24} ki^{31}] 下棋
沕水 [mi^{312} suei^{42}] 潜水
落了 [lɔk^{23} liu^{24}] 丢失
认得 [ŋin^{312} tɐk^{5}] 会了
讲嘴 [kɐŋ^{42} tsuei^{42}] 聊天
背底 [puei^{33} tei^{42}] 后边
我嘓 [ŋo^{24} ko^{33}] 我的
老屘 [ləu^{24} mɔn^{53}] 老末儿
麻什眼 [ma^{31} si^{33} ŋan^{24}] 黄昏
毛秀才 [məu^{31} sɐu^{33} tsei^{31}] 西红柿
马螂扛 [ma^{24} lɔŋ^{31} khɔŋ^{31}] 螳螂
夏来虫 [a^{312} lei^{31} tsuŋ^{31}] 萤火虫
棉被肉 [min^{31} pi^{24} ŋiuk^{1}] 棉花胎
自来火 [tsɿ^{312} lei^{31} fa^{42}] 火柴
饭锹骨 [van^{312} tshiu^{53} kuɐt^{5}] 肩胛骨
拜瞌睡 [pai^{33} sɔi^{312}] 打盹儿
高脚排 [kəu^{53} kæk^{43} pai^{31}] 高跷
合心水 [hap^{1} sɐm^{53} suei^{42}] 称心
天星去□玩 [thin^{53} seŋ^{53} khy^{33} ləu^{31}] 流星
公弟新孥 [kuŋ^{53} tei^{24} sɐn^{53} nu^{24}] 弟媳

二　分类词表

本表参照中国社会科学院语言研究所的词汇调查表，略有增减。前面是词头，可以看成是北京话的说法。之后是德胜百姓话的说法，写不出的字用空围（□）代替，一个空围代替一个字。没有词头的方言词是上一行的同义词或近义词。最后是德胜百姓话的读音，有些词语有变调，本表一律注单字音。表中的省略号为“…”。

（一）天文

1. 日、月、星

太阳　日头 ŋɐt^{1} tɐu^{31}
太阳地儿　日头底 ŋɐt^{1} tɐu^{31} tei^{42}
向阳　向阳 hiɛŋ^{33} iɛŋ^{31}
背阴　阴底 iɐm^{53} tei^{42}
日蚀　日蚀 ŋɐt^{1} sek^{5}
日晕　日头撑伞 ŋɐt^{1} tɐu^{31} tsheŋ^{53} san^{33}
阳光　阳光 iɛŋ^{31} kɔŋ^{53}
月亮　月亮 ŋyɛt^{23} liɛŋ^{312}
　　二亮 ŋi^{312} liɛŋ^{312}
月亮地儿　月亮底 ŋyɛt^{23} liɛŋ^{312} tei^{42}
月蚀　日蚀 ŋɐt^{1} sek^{5}
月晕　月亮撑伞 ŋyɛt^{23} liɛŋ^{312} tsheŋ^{53} san^{33}
星星　星星 seŋ^{53} seŋ^{53}
北斗星　北斗星 pɐk^{5} tɐu^{42} seŋ^{53}
启明星　启明星 khi^{42} meŋ^{31} seŋ^{53}
银河　银河 ŋɐn^{31} o^{31}
流星名词　流星 lɐu^{31} seŋ^{53}
　　天星去□thin^{53} seŋ^{53} khy^{33} ləu^{31}
彗星　扫拂星 səu^{33} vɐt^{5} seŋ^{53}

2. 风、云、雷、雨

风　风 huŋ^{53}
大风　大风 tai^{312} huŋ^{53}
狂风　狂风 kɔŋ^{31} huŋ^{53}
台风　台风 tei^{31} huŋ^{53}
小风　□风 nɛ^{33} huŋ^{53}
旋风　旋风 sun^{31} huŋ^{53}
顶风　顶风 teŋ^{42} huŋ^{53}
顺风　顺风 sun^{312} huŋ^{53}
刮风　吹风 tshuei^{53} huŋ^{53}
风停了　风停了 huŋ^{53} teŋ^{31} liu^{24}
云　云 yn^{31}
黑云　乌云 vu^{53} yn^{31}
霞　火烧云 fa^{42} siu^{53} yn^{31}
早霞　火烧云 fa^{42} siu^{53} yn^{31}
晚霞　火烧云 fa^{42} siu^{53} yn^{31}
雷　雷公 ly^{31} kuŋ^{53}
打雷　雷公叫 ly^{31} kuŋ^{53} kiu^{33}
雷打了大树被～　雷公劈了 ly^{31} kuŋ^{53} phek^{5} liu^{24}
闪电名词　蜡令 lap^{23} leŋ^{312}
闪电动宾　打蜡令 ta^{42} lap^{23} leŋ^{312}
雨　雨 y^{24}
下雨（了）　下雨 a^{24} y^{24}
掉点（了）　落雨 lɔk^{23} y^{24}
小雨　小雨 siu^{42} y^{24}
毛毛雨　纷纷雨 fɐn^{53} fɐn^{53} y^{24}
大雨　大雨 tai^{312} y^{24}
暴雨　暴雨 pəu^{33} y^{24}

连阴雨接连多日阴雨　凝□雨 nəŋ^{31} nai^{33} y^{24}

雷阵雨　雷阵雨 ly^{31} tsɐn^{312} y^{24}

雨停了　雨停了 y^{24} teŋ^{31} liu^{24}

虹　龙杠 luŋ^{31} kɔŋ^{33}

淋雨动宾　淋雨 lɐm^{31} y^{24}

3. 冰、雪、霜、露

冰　冰 peŋ^{53}

结冰　结冰 kiɛt^{43} peŋ^{53}

雹子　雹 pau^{33}

雪　雪 sɔt^{43}

下雪　下雪 a^{312} sɔt^{43}

鹅毛雪　鹅毛雪ŋo^{31} məu^{31} sɔt^{43}

雪珠子米粒状的雪　米雪 mei^{24} sɔt^{43}

雨夹雪　雨夹雪 y^{24} kap^{43} sɔt^{43}

化雪　化雪 fa^{33} sɔt^{43}

露　露水 lu^{312} suei^{42}

下露　打露水 ta^{42} lu^{312} suei^{42}

霜　霜 sɔŋ^{53}

下霜　打霜 ta^{42} sɔŋ^{53}

雾　雾 vu^{33}

下雾　起雾 khi^{42} vu^{33}

4. 气候

天气　天气 thin^{53} khi^{33}

晴天　晴天 tseŋ^{31} thin^{53}

阴天　阴天 iɐm^{53} thin^{53}

（天气）热　热 ŋiet^{23}

（天气）冷　冷 lɐŋ^{24}

伏天　伏天 huk^{5} thin^{53}

入伏　入伏 ŋiɐp^{1} huk^{5}

初伏　初伏 tsho^{53} huk^{5}

中伏　中伏 tsuŋ^{53} huk^{5}

末伏　末伏 mɔt^{23} huk^{5}

天旱　天旱 thin^{53} ɔn^{24}

涝（了）　捱水泡 ŋai^{31} suei^{42} phau^{53}

（二）地理

1. 地

平原　平原 peŋ^{31} ŋyn^{31}

旱地　旱地 ɔn^{24} ti^{312}

水田　水田 suei^{42} tin^{31}

菜地　菜地 tshei^{33} ti^{312}

荒地　荒地 fɔŋ^{53} ti^{312}

　　　荒畲 fɔŋ^{53} sɛ^{53}

沙土地　沙子地 sa^{53} tsɿ^{42} ti^{312}

坡地　坡地 pho^{53} ti^{312}

盐碱地　盐碱地 im^{31} kam^{42} ti^{312}

滩地　滩地 than^{53} ti^{312}

山地山上的农业用地　山地 san^{53} ti^{312}

2. 山

山　山 san^{53}

山腰　山腰 san^{53} iu^{53}

山脚　山脚 san^{53} kæk^{43}

山坳山间的平地　山坳 san^{53} ŋau^{33}

峡口　山隘 san^{53} ai^{33}

山谷　山垭 san^{53} a^{33}

山涧两山夹水　涧 kan^{42}

山坡　山坡 san^{53} pho^{53}

山头山的顶部　山顶 san^{53} teŋ^{42}

山崖　山□san^{53} tat^{1}

3. 江、河、湖、海、水

河　江 kɐŋ^{53}

河里掉～了　江里 kɐŋ^{53} li^{24}

水渠　水渠 suei^{42} ky^{31}

小水沟　小水沟 siu^{42} suei^{42} kɐu^{53}

湖　湖 vu^{31}

潭　潭 tam^{31}

水塘　水塘 suei^{42} tɔŋ^{31}

水坑　水坑 suei^{42} kheŋ^{53}

海　海 hei^{42}

河岸　江岸 kɐŋ^{53} ŋɔn^{312}

　　江滨 kɐŋ^{53} pɐn^{53}

堤　堤 tei^{31}

坝　坝 pa^{33}

洲　洲 tsɐu^{53}

河滩　滩 than^{53}

水　水 suei^{42}

清水　清水 tsheŋ^{53} suei^{42}

浑水　浑水 vɐn^{31} suei^{42}

雨水　雨水 y^{24} suei^{42}

洪水　大水 tai^{312} suei^{42}

发大水　发大水 fat^{43} tai^{312} suei^{42}

洪峰　水头 suei^{42} tɐu^{31}

　　洪峰 uŋ^{31} huŋ^{53}

凉水　凉水 liɛŋ^{31} suei^{42}

泉水　闷水 mɐn^{312} suei^{42}

　　井水 tseŋ^{42} suei^{42}

热水　热水 ȵiɛt^{23} suei^{42}

温水　温水 vɐn^{53} suei^{42}

开水煮沸的水　滚水 kuɐn^{42} suei^{42}

4. 石沙、土块、矿物

石头　石头 sek^{1} tɐu^{31}

小石块　□石头 nɛ^{33} sek^{1} tɐu^{31}

石板板状的石块　石板 sek^{1} pan^{42}

鹅卵石　马卵石 ma^{24} lo^{42} sek^{1}

　　马卵牯 ma^{24} lo^{42} ku^{42}

沙子　沙子 sa^{53} tsɿ^{42}

沙土含沙很多的土　沙土 sa^{53} thu^{42}

沙滩　沙滩 sa^{53} than^{53}

土坯　土坯 thu^{42} phi^{53}

砖坯　砖坯 tsun^{53} phi^{53}

砖　砖 tsun^{53}

　　断中砖 tɔn^{312} tsuŋ^{53} tsun^{53}

　　碎砖 suei^{33} tsun^{53}

瓦　瓦 ŋua^{24}
碎瓦　碎瓦 suei^{33} ŋua^{24}
灰尘　灰尘 fi^{53} tsɐn^{31}
烂泥　烂泥 lan^{312} nei^{31}
泥土干的　泥 nei^{31}
金　金 kiɐm^{53}
银　银 ŋɐn^{31}
铜　铜 tuŋ^{31}
铁　铁 thiɛt^{43}
锡　锡 sek^{5}
煤　煤 mi^{31}
煤油　煤油 mi^{31} iɐu^{31}
汽油　汽油 khi^{33} iɐu^{31}
石灰　石灰 sek^{1} fi^{53}
水泥　水泥 suei^{42} nei^{31}
磁石　磁铁 tsɿ^{31} thiɛt^{43}
玉　玉 ŋy^{312}
木炭　木炭 muk^{1} than^{33}

5. 城乡处所

地方他是什么～人？　地方 ti^{312} fɔŋ^{53}
城市对乡村而言　城市 seŋ^{31} si^{24}
城墙　城墙 seŋ^{31} tsiɛŋ^{31}
壕沟　壕沟 əu^{31} kɐu^{53}
城内　城里 seŋ^{31} li^{24}
城外　城外 seŋ^{31} ŋuei^{312}
城门　城门 seŋ^{31} mɐn^{31}
胡同　街巷 kai^{53} ɐŋ^{312}
　　　细巷 sei^{33} ɐŋ^{312}
乡村对城市而言　村上 tshɐn^{53} siɛŋ^{24}
山沟偏僻的山村　山沟 san^{53} kɐu^{53}
　　　峒□ tuŋ^{312} lɔŋ^{33}
家乡　老家 ləu^{24} ka^{53}
集市　街 kai^{53}
　　　墟 hy^{53}
　　　墟场 hy^{53} tsiɛŋ^{31}
街道　街道 kai^{53} təu^{312}
路　路 lu^{312}
大路　大路 tai^{312} lu^{312}
小路　细路 sei^{33} lu^{312}

（三）时令、时间

1. 季节

春天　春天 tshun^{53} thin^{53}
夏天　夏天 a^{312} thin^{53}
秋天　秋天 tshɐu^{53} thin^{53}
冬天　冬天 tuŋ^{53} thin^{53}
立春　立春 lɐp^{1} tshun^{53}
雨水　雨水 y^{24} suei^{42}
惊蛰　惊蛰 keŋ^{53} tsɐp^{5}
春分　春分 tshun^{53} fɐn^{53}
清明　清明 tsheŋ^{53} meŋ^{31}
谷雨　谷雨 kuk^{5} y^{24}
立夏　立夏 lɐp^{1} a^{312}

小满　小满 siu^{42}mɔn^{24}

芒种　芒种 mɔŋ^{31}tsuŋ^{42}

夏至　夏至 a^{312}tsi^{33}

小暑　小暑 siu^{42}sy^{42}

大暑　大暑 tai^{312}sy^{42}

立秋　立秋 lɐp^{1}tshɐu^{53}

处暑　处暑 tshy^{42}sy^{42}

白露　白露 pæk^{23}lu^{312}

秋分　秋分 tshɐu^{53}fɐn^{53}

寒露　寒露 ɔn^{31}lu^{312}

霜降　霜降 sɔŋ^{53}kɐŋ^{33}

立冬　立冬 lɐp^{1}tuŋ^{53}

小雪　小雪 siu^{42}sɔt^{43}

大雪　大雪 tai^{312}sɔt^{43}

冬至　冬至 tuŋ^{53}tsi^{33}

小寒　小寒 siu^{42}ɔn^{31}

大寒　大寒 tai^{312}ɔn^{31}

历书　皇历 ɔŋ^{31}lek^{1}

农历　农历 nuŋ^{31}lek^{1}

公历　阳历 iɛŋ^{31}lek^{1}

2. 节日

除夕农历一年最后一天　三十晚夜 sam^{53}sɐp^{1}van^{24}ia^{312}

　　三十晚 sam^{53}sɐp^{1}van^{24}

（大）年初一　大年初一 tai^{312}nin^{31}tsho^{53}ɐt^{5}

　　初一 tsho^{53}ɐt^{5}

拜年　拜年 pai^{33}nin^{31}

元宵节　大年十五 tai^{312}nin^{31}sɐp^{1}ŋ ŋ̍^{24}

端午节　五月初五 ŋ ŋ̍^{24}ŋyɛt^{23}tsho^{53}ŋ ŋ̍^{24}

中秋节　八月十五 pat^{43}ŋyɛt^{23}sɐp^{1}ŋ ŋ̍^{24}

七夕　七月初七 tshɐt^{5}ŋyɛt^{23}tsho^{53}tshɐt^{5}

中元节　七月十四 tshɐt^{5}ŋyɛt^{23}sɐp^{1}sɿ^{33}

重阳节　重阳节 tsuŋ^{31}iɛŋ^{31}tsiɛt^{43}

　　九月初九 kiɐu^{42}ŋyɛt^{23}tsho^{53}kiɐu^{42}

寒食节清明前一天　冷吃节 lɐŋ^{24}hek^{5}tsiɛt^{43}

3. 年

今年　今年 kiɐm^{53}nin^{31}

去年　旧年 kiɐu^{312}nin^{31}

明年　明年 meŋ^{31}nin^{31}

前年　前年 tsin^{31}nin^{31}

大前年　大前年 tai^{312}tsin^{31}nin^{31}

往年以往的年头　往年 vɔŋ^{42}nin^{31}

后年　后年 ɐu^{312}nin^{31}

大后年　大后年 tai^{312}ɐu^{312}nin^{31}

每年　每年 moy^{24}nin^{31}

年初　年初 nin^{31}tsho^{53}

年中　年中 nin^{31}tsuŋ^{53}

年底　年底 nin^{31} tei^{42}

上半年　上半年 siɛŋ^{24} pɔn^{33} nin^{31}

下半年　下半年 a^{24} pɔn^{33} nin^{31}

整年　整年 tseŋ^{42} nin^{31}

　　圞年 lun^{53} nin^{31}

4. 月

正月　正月 tseŋ^{53} ŋyɛt^{23}

腊月　十二月 sɐp^{1} ŋi^{312} ŋyɛt^{23}

闰月　闰月 yn^{312} ŋyɛt^{23}

月初　月初 ŋyɛt^{23} tsho^{53}

　　月头 ŋyɛt^{23} tɐu^{31}

月半　月中 ŋyɛt^{23} tsuŋ^{53}

月底　月底 ŋyɛt^{23} tei^{42}

　　月尾 ŋyɛt^{23} mi^{24}

一个月　一个月 ɐt^{5} ko^{33} ŋyɛt^{23}

前个月　上个月 siɛŋ^{24} ko^{33} ŋyɛt^{23}

上个月　上个月 siɛŋ^{24} ko^{33} ŋyɛt^{23}

这个月　伊个月 i^{33} ko^{33} ŋyɛt^{23}

下个月　下个月 a^{312} ko^{33} ŋyɛt^{23}

每月　每月 moy^{24} ŋyɛt^{23}

上旬　上旬 siɛŋ^{24} sun^{31}

中旬　中旬 tsuŋ^{53} sun^{31}

下旬　下旬 a^{312} sun^{31}

大建农历三十天的月份　月大 ŋyɛt^{23} tai^{312}

小建农历二十九天的月份　月□ ŋyɛt^{23} nɛ^{33}

5. 日、时

今天　今日 kiɐm^{53} ŋɐt^{1}

昨天　昨日 tsɔk^{23} ŋɐt^{1}

明天　朝日 tsiu^{31} ŋɐt^{1}

后天　后日 ɐu^{312} ŋɐt^{1}

大后天　大后日 tai^{312} ɐu^{312} ŋɐt^{1}

次日某日的下一天　第二日 ti^{312} ŋi^{312} ŋɐt^{1}

前天　前日 tsin^{31} ŋɐt^{1}

大前天　大前日 tai^{312} tsin^{31} ŋɐt^{1}

前几天　前几日 tsin^{31} ki^{53} ŋɐt^{1}

星期天　星期日 seŋ^{53} ki^{31} ŋɐt^{1}

一星期　一星期 ɐt^{5} seŋ^{53} ki^{31}

整天　圞日 lun^{53} ŋɐt^{1}

每天　每日 moy^{24} ŋɐt^{1}

十几天比十天多　十几日 sɐp^{1} ki^{53} ŋɐt^{1}

上午　上午 siɛŋ^{24} ŋ ŋ̍^{24}

下午　下午 a^{24} ŋ ŋ̍^{24}

半天　半日 pɔn^{33} ŋɐt^{1}

大半天　大半日 tai^{312} pɔn^{33} ŋɐt^{1}

凌晨天快亮的时候　天蒙蒙光 thin^{53} muŋ^{31} muŋ^{31} kɔŋ^{53}

清晨日出前后的一段时间　老清早 ləu^{24} tsheŋ^{53} tsəu^{42}

午前　老早 ləu^{24} tsəu^{42}

中午　半日 pɔn^{33} ŋɐt^{1}

午后　半满 pɔn^{33} mɔn^{24}

白天　白日 pæk^{43} ŋɐt^{1}

黄昏日落以后星出以前　麻什眼

149

ma^{31} si^{33} ŋan^{24}

夜晚从天黑到天亮的一段时间　夜晚 ia^{312} van^{24}

半夜　半夜 pɔn^{33} ia^{312}

上半夜　上半夜 siɛŋ^{24} pɔn^{33} ia^{312}

下半夜　下半夜 a^{312} pɔn^{33} ia^{312}

整夜　圞晚 lun^{53} van^{24}

每天晚上　每晚上 moy^{24} van^{24} siɛŋ^{24}

6. 其他时间概念

年份指某一年　年份 nin^{31} vɐn^{312}

月份指某一月　月份 ŋyɛt^{23} vɐn^{312}

日子指日期　日子 ŋɛt^{1} tsɿ^{42}

集日有集市的日子　街日 kai^{53} ŋɛt^{1}

墟日 hy^{53} ŋɛt^{1}

什么时候　什乜时候 si^{33} mɐt^{5} si^{31} ɐu^{312}

先前　以前 i^{42} tsin^{31}

先前　先前 sin^{53} tsin^{31}

现在　现在 iɛn^{312} tsei^{312}

后来　后来 ɐu^{312} lei^{31}

从今以后　从今以后 tsuŋ^{31} kiɐm^{53} i^{42} ɐu^{312}

从此以后　从此以后 tsuŋ^{31} tshɿ^{42} i^{42} ɐu^{312}

（四）农业

1. 农事

春耕　春耕 tshun^{53} keŋ^{53}

夏收　夏收 a^{312} sɐu^{53}

秋收　秋收 tshɐu^{53} sɐu^{53}

早秋　早秋 tsəu^{42} tshɐu^{53}

晚秋　晚秋 van^{24} tshɐu^{53}

整地　整地 tseŋ^{42} ti^{312}

下种　撒秧 sa^{31} iɛŋ^{53}

插秧　插田 tshap^{43} tin^{31}

插秧　插秧 tshap^{43} iɛŋ^{53}

薅草　薅草 həu^{53} tshəu^{42}

稻穗　谷线 kuk^{5} siɛn^{33}

割稻子　割谷 kɔt^{43} kuk^{5}

割麦　割麦 kɔt^{43} mæk^{23}

打场　打谷 ta^{42} kuk^{5}

场院　晒地 sai^{33} ti^{312}

锄地　挖地 vat^{43} ti^{312}

松土　松土 suŋ^{53} thu^{42}

施肥　放肥 fɔŋ^{33} vi^{31}

浇粪　淋粪 lɐm^{31} fɐn^{33}

粪坑　粪坑 fɐn^{33} kheŋ^{53}

积肥　积肥 tsek^{5} vi^{31}

拾粪　捡粪 kiɛn^{42} fɐn^{33}

粪肥　大粪 tai^{312} fɐn^{33}

牛粪　牛粪 ŋiɐu^{31} fɐn^{33}

猪粪　猪粪 tsy^{53} fɐn^{33}

鸡屎　鸡屎 kei^{53} si^{42}
化肥　化肥 fa^{33} vi^{31}
钾肥　钾肥 kap^{43} vi^{31}
复合肥　复合肥 huk^{5} hap^{1} vi^{31}
磷肥　磷肥 leŋ^{31} vi^{31}
尿素　尿素 niu^{312} su^{33}
浇水　淋水 lɐm^{31} suei^{42}
灌水使水入地　讨水 thəu^{42} suei^{42}　开水 khei^{53} suei^{42}
排水使水出地　放水 fɔŋ^{33} suei^{42}
打水从井里或河里取水　担水 tam^{53} suei^{42}
水井　水井 suei^{42} tseŋ^{42}

2. 农具

水桶汲水用的木桶　水桶 suei^{42} thuŋ^{42}
井绳　井索 tseŋ^{42} sɔk^{43}
水车　水车 suei^{42} tshɛ^{53}
大车　大车 tai^{312} tshɛ^{53}
牛轭　牛轭 ŋiɐu^{31} ŋæk^{23}
牛笼嘴　牛笼嘴 ŋiɐu^{31} luŋ^{31} tsuei^{42}
牛鼻桊儿　牛鼻桊 ŋiɐu^{31} pɐt^{1} khyɛn^{33}
犁　犁 lei^{31}
犁身　犁身 lei^{31} sɐn^{53}
犁把　犁手 lei^{31} sɐu^{42}
犁铧　犁头 lei^{31} tɐu^{31}
耙子　犁猪嘴 lei^{31} tsy^{53} tsuei^{42}
茓子　谷围 kuk^{5} uei^{31}
囤存放粮食的器具　谷围 kuk^{5} uei^{31}
扇车使米粒跟谷壳分离的农具　打谷机 ta^{42} kuk^{5} ki^{53}
石磙圆柱形，用来轧谷物、平场地　碾磙 niɛn^{42} kuɐn^{42}
砻脱去稻谷外皮的农具　谷磨 kuk^{5} mo^{31}
打谷机　打谷机 ta^{42} kuk^{5} ki^{53}
石磨　石磨 sek^{1} mo^{31}
磨盘　磨盘 mo^{31} pun^{31}
磨把儿　磨手 mo^{31} sɐu^{42}
磨脐儿磨扇中心的铁轴　磨脐 mo^{31} tsei^{31}
筛子筛稻、米用的　筛儿 sai^{53} ki^{53}
罗筛粉末状细物用的器具　罗头 lo^{31} tɐu^{31}
连枷　摺槌 liɐu^{312} tsuei^{31}
碓指整体　碓 tuei^{33}
碓杵　碓嘴 tuei^{33} tsuei^{42}
钉耙　抓钯 tsua^{53} pa^{31}
镐刨硬地用，一头尖形，一头扁小　钉锄 teŋ^{53} tso^{31}　硬锄 ŋeŋ^{312} tso^{31}
锄松土、锄草用，扁形，各地形状不一　锄头 tso^{31} tɐu^{31}
铡刀　铡刀 tsat^{23} təu^{53}
镰刀　镰 liɛm^{31}
砍刀用来劈开或剁断木柴的刀　柴刀

sai^{31} təu^{53}

木锨　木锹 muk^{1} tshiu^{53}

铁锨口是平的　平口铲　peŋ^{31} khɐu^{42} tshan^{42}

簸箕盛粮食用　簸箕 pu^{33} ki^{53}

撮箕撮垃圾用　撮箕 tshɔt^{43} ki^{53}

垃圾　□ŋɐt^{5}

筐　筐 khuaŋ^{33}

箩　箩 lo^{31}

扁担　担杆 tam^{53} kɔn^{53}

挑担子　担担 tam^{53} tam^{53}

扫帚用竹枝扎成，比笤帚大，扫地用　□□u^{53} ŋeŋ^{31}

笤帚用高粱穗、黍子穗等绑成，扫地用　□□u^{53} ŋeŋ^{31}

（五）植物

1. 农作物

庄稼　庄稼 tsuɔŋ^{53} ka^{33}

粮食　粮食 liɛŋ^{31} sek^{1}

五谷　五谷杂粮 ŋŋ̍^{24} kuk^{5} tsap^{23} liɛŋ^{31}

麦　麦 mæk^{23}

荞麦　养麦 iɛŋ^{42} mæk^{23}

麦茬儿　麦梗 mæk^{23} keŋ^{42}

小米儿　粟米 suk^{5} mei^{24}

谷子指植株，子实是小米　粟 suk^{5}

玉米　玉米 ŋy^{312} mei^{24}

高粱　高粱 kəu^{53} liɛŋ^{31}

稻指植株　谷 kuk^{5}

稻子指子实　谷子 kuk^{5} tsɿ^{42}

早稻　头苗 tɐu^{31} miu^{31}

晚稻　二苗 ŋi^{312} miu^{31}

稗子　稗子 pa^{312} tsɿ^{42}

秕子空的或不饱满的子粒　秕子 phiæp^{43} tsɿ^{42}

米　米 mei^{24}

粳米 keŋ^{53} mei^{24}

精米 tseŋ^{53} mei^{24}

油粘米 iɐu^{31} tsim^{53} mei^{24}

糙米 tshəu^{33} mei^{24}

糯米　糯米 no^{312} mei^{24}

大米相对糯米而言　大米 tai^{312} mei^{24}

早米　头苗米 tɐu^{31} miu^{31} mei^{24}

晚米　二苗米 ŋi^{312} miu^{31} mei^{24}

糙米未舂碾过的米　糙米 tshəu^{33} mei^{24}

白米经过舂碾的米　白米 pæk^{23} mei^{24}

棉花　棉花 min^{31} fa^{53}

棉花桃儿　棉桃 min^{31} təu^{31}

麻秆　麻秆 ma^{31} kɔn^{42}

麻梗 ma^{31} keŋ^{42}

苎麻　青麻 tsheŋ^{53} ma^{31}

园麻 yn[31] ma[31]

脂麻芝麻 芝麻 tsi[53] ma[31]

向日葵 向日葵 hiɛŋ[33] ŋɛt[1] kuei[31]

葵花子儿 葵瓜子 kuei[31] kua[53] tsɿ[42]

白薯 红薯 uŋ[31] sy[31]

黄心薯 vɔŋ[31] sɐm[53] sy[31]

白心薯 pæk[23] sɐm[53] sy[31]

花心薯 fa[53] sɐm[53] sy[31]

马铃薯 马铃薯 ma[24] leŋ[31] sy[31]

芋指这种植物 芋头 y[312] tɐu[31]

芋头芋块茎的总称 芋头y[312] tɐu[31]

慈姑 田狗 tin[31] kɐu[42]

山药学名叫薯蓣 山薯 san[53] sy[31]

藕 藕 ŋɐu[24]

莲子莲蓬的子 莲子 lin[31] tsɿ[42]

2. 豆类、蔬菜

黄豆 黄豆 vɐŋ[31] tɐu[312]

绿豆 绿豆 luk[1] tɐu[312]

黑豆 黑豆 hɐk[5] tɐu[312]

红小豆 红小豆 uŋ[31] siu[42] tɐu[312]

豌豆 豌豆 van[53] tɐu[312]

豇豆细长条的 豆角 tɐu[312] kɐk[5]

扁豆 扁豆 piɛn[42] tɐu[312]

蚕豆 蚕豆 tsam[31] tɐu[312]

茄子 茄菜 kɛ[31] tshei[33]

黄瓜 黄瓜 vɔŋ[31] kua[53]

菜瓜 菜瓜 tshei[33] kua[53]

丝瓜 丝瓜 sɿ[53] kua[53]

苦瓜 苦□ khu[42] li[33]

南瓜 □瓜 pan[31] kua[53]

冬瓜 冬瓜 tuŋ[53] kua[53]

葫芦 葫芦 vu[31] lu[31]

瓠子 瓠子瓜 vu[31] tsɿ[42] kua[53]

葱 葱 tshuŋ[53]

洋葱 洋葱 iɛŋ[31] tshuŋ[53]

葱叶 葱叶 tshuŋ[53] iæp[23]

葱白 葱白 tshuŋ[53] pæk[23]

蒜指这种植物 蒜 sɔn[33]

蒜头蒜的鳞茎，由蒜瓣构成 老蒜头 ləu[24] sɔn[33] tɐu[31]

蒜苗蒜的花茎 老蒜弓 ləu[24] sɔn[33] kiuŋ[53]

青蒜嫩的蒜梗和蒜叶 青蒜 tsheŋ[53] sɔn[33]

蒜泥 蒜茸 sɔn[33] iuŋ[31]

韭菜 韭菜 kiɐu[42] tshei[33]

韭黄 韭黄 kiɐu[42] vɔŋ[31]

苋菜 苋菜 an[312] tshei[33]

白苋菜 白苋菜pæk[23] an[312] tshei[33]

红苋菜 红苋菜uŋ[31] an[312] tshei[33]

西红柿 毛秀才məu[31] sɐu[33] tsei[31]

姜 姜 kiɛŋ[53]

柿子椒 灯笼椒tɐŋ[53] luŋ[31]

tsiu^{53}

辣椒　辣椒 lat^{23} tsiu^{53}

辣椒面儿　辣椒粉 lat^{23} tsiu^{53} fɐn^{42}

芥菜　青菜 tsheŋ^{53} tshei^{33}

芥末　芥末 kai^{33} mɔt^{23}

胡椒　胡椒 vu^{31} tsiu^{53}

菠菜　菠菜 po^{53} tshei^{33}

白菜　白菜 pæk^{23} tshei^{33}

洋白菜叶子卷成球状的　大白菜 tai^{312} pæk^{23} tshei^{33}

小白菜　白菜 pæk^{23} tshei^{33}

莴笋指茎部　莴苣笋 vu^{53} ki^{53} sɐn^{42}

莴笋叶　莴苣笋叶 vu^{53} ki^{53} sɐn^{42} iæp^{23}

生菜　生菜 seŋ^{53} tshei^{33}

君荙菜　猪肚菜 tsy^{53} tu^{24} tshei^{33}

芹菜　芹菜 kiɐn^{31} tshei^{33}

芫荽　芫须 iɛm^{312} sy^{53}

蒿子秆儿茼蒿　茼蒿 tuŋ^{31} həu^{53}

萝卜　萝卜 lo^{31} phuk^{1}

（萝卜）糠了　萝卜空心 lo^{31} phuk^{1} khuŋ^{53} sɐm^{53}

萝卜缨儿　萝卜叶 lo^{31} phuk^{1} iæp^{23}

萝卜干儿　萝卜干 lo^{31} phuk^{1} kɔn^{53}

胡萝卜　胡萝卜 vu^{31} lo^{31} phuk^{1}

苤蓝　芥篮球 kai^{33} lam^{31} kiɐu^{31}

茭白　茭笋 kau^{53} sɐn^{42}

油菜做蔬菜用　油菜 iɐu^{31} tshei^{33}

油菜薹　油菜苗 iɐu^{31} tshei^{33} miu^{31}

油菜子榨油用　油菜子 iɐu^{31} tshei^{33} tsɿ^{42}

蕹菜　蕹菜 uŋ^{312} tshei^{33}

3. 树木

树　树 sy^{312}

树林　树林 sy^{312} lɐm^{31}

树苗　树苗 sy^{312} miu^{31}

树干　树干 sy^{312} kɔn^{53}

树梢　树尾 sy^{312} mi^{24}

树根　树根 sy^{312} kɐn^{53}

　　　树蔸 sy^{312} tɐu^{53}

树叶　树叶 sy^{312} iæp^{23}

树枝　树枝 sy^{312} tsi^{53}

种树动宾　种树 tsuŋ^{42} sy^{312}

砍树动宾　□树 tam^{31} sy^{312}

松树　松树 suŋ^{53} sy^{312}

松针　松树叶 suŋ^{53} sy^{312} iæp^{23}

松球　松树子 suŋ^{53} sy^{312} tsɿ^{42}

松香　松香 suŋ^{53} hiɛŋ^{53}

杉树　杉树 sa^{53} sy^{312}

杉针　杉树叶 sa^{53} sy^{312} iæp^{23}

杉蒿　杉树条 sa^{53} sy^{312} tiu^{31}

桑树　桑树 sɔŋ^{53} sy^{312}

桑葚儿　桑树子 sɔŋ^{53} sy^{312} tsɿ^{42}

桑叶　桑叶 sɔŋ^{53}iæp^{23}
杨树　杨树 iɛŋ^{31}sy^{312}
柳树　杨柳 iɛŋ^{31}lɐu^{42}
荆条　白荆条 pæk^{23}keŋ^{53}tiu^{31}
桐油树　桐油树 tuŋ^{31} iɐu^{31} sy^{312}
桐子　桐子 tuŋ^{31}tsɿ^{42}
桐油　桐油 tuŋ^{31}iɐu^{31}
苦楝树　苦楝树 khu^{42} liɛn^{312} sy^{312}
红豆树　红豆树uŋ^{31}tɐu^{312}ʒy^{312}
竹子　竹 tsuk^{5}
　　　刺竹 tshɿ^{33}tsuk^{5}
　　　白竹 pæk^{23}tsuk^{5}
　　　吊丝竹 tiu^{33}sɿ^{53}tsuk^{5}
　　　金竹 kiɐm^{53}tsuk^{5}
　　　南竹 nam^{31}tsuk^{5}
　　　篙竹 kəu^{53}tsuk^{5}
　　　帐竿竹 tsiɛŋ^{33}kɔn^{53}tsuk^{5}
　　　顶锅竹 teŋ^{42}ko^{53}tsuk^{5}
竹笋　竹笋 tsuk^{5}sɐn^{42}
冬笋　冬笋 tuŋ^{53}sɐn^{42}
春笋　春笋 tshun^{53}sɐn^{42}
笋壳　笋壳 sɐn^{42}khɐk^{5}
竹竿儿　竹篙 tsuk^{5}kəu^{53}
竹叶儿　竹叶 tsuk^{5}iæp^{23}
篾片竹子劈成的薄片　篾片 miɛt^{23} phiɛn^{33}
篾黄　篾白 miɛt^{23}pæk^{23}
篾青　篾青 miɛt^{23}tsheŋ^{53}

4. 瓜果

水果　水果 suei^{42}kua^{42}
干果　干果 kɔn^{53}kua^{42}
桃　桃 təu^{31}
杏　杏 heŋ^{33}
李子　李 li^{24}
苹果　苹果 peŋ^{31}kua^{42}
沙果　沙果 sa^{53}kua^{42}
枣儿　糖枣 tɔŋ^{31}tsəu^{42}
梨　梨 li^{31}
枇杷　枇杷 pi^{31}pa^{31}
柿子　柿子 sɿ^{24}tsɿ^{42}
柿饼　柿饼 sɿ^{24}peŋ^{42}
石榴　石榴 sek^{1}lɐu^{31}
柚子　欂柚 puk^{1}iɐu^{312}
橘子　柑 kɔm^{53}
橘络橘瓣上的丝儿　橘络 kyt^{5}lɔk^{23}
金橘　金橘 kiɐm^{53}kyt^{5}
橙子　圆柑 yn^{31}kɔm^{53}
木瓜　木瓜 muk^{1}kua^{53}
龙眼　龙眼 luŋ^{31}ŋan^{24}
龙眼肉去壳去核的龙眼干　龙眼肉 luŋ^{31}ŋan^{24}ɲiuk^{1}
荔枝　荔枝 li^{312}tsi^{53}
杧果　杧果 mɔŋ^{31}kua^{42}
菠萝　菠萝 po^{53}lo^{31}
橄榄　橄榄 kɔm^{42}lam^{24}
银杏　银杏 ŋɐn^{31}heŋ^{33}
栗子　栗 lɐt^{1}

核桃　核桃 hɐk^{5} təu^{31}

榛子　榛子 tsɐn^{53} tsɿ^{42}

榧子　榧子 fi^{53} tsɿ^{42}

西瓜　西瓜 sei^{53} kua^{53}

瓜子儿　瓜子 kua^{53} tsɿ^{42}

甜瓜　甜瓜 tim^{31} kua^{53}

荸荠　荸荠 pɐt^{1} tsei^{31}

甘蔗　甘蔗 kɔm^{53} tsɛ^{33}

花生　花生 fa^{53} seŋ^{53}

花生米　花生米 fa^{53} seŋ^{53} mei^{24}

花生皮花生米外面的红皮　花生皮 fa^{53} seŋ^{53} pi^{31}

5. 花草、菌类

桂花　桂花 kuei^{33} fa^{53}

菊花　菊花 khiuk^{5} fa^{53}

梅花　梅花 mi^{31} fa^{53}

凤仙花　凤仙花 uŋ^{312} sin^{53} fa^{53}

荷花　藕花 ŋɐu^{24} fa^{53}

荷叶　藕叶 ŋɐu^{24} iæp^{23}

莲蓬　莲蓬 lin^{31} puŋ^{31}

水仙（花）　水仙花 suei^{42} sin^{53} fa^{53}

茉莉花儿　茉莉花 mɔt^{23} li^{312} fa^{53}

含羞草　含羞草 ɔm^{31} sɐu^{53} tshəu^{42}

牵牛花　□□花 po^{31} lɛ^{24} fa^{53}

杜鹃花　杜鹃花 tu^{312} kyɛn^{42} fa^{53}

芙蓉花指木芙蓉　芙蓉花 vu^{31} iuŋ^{31} fa^{53}

万年青　万年青 van^{312} nin^{31} tsheŋ^{53}

仙人掌　仙人掌 sin^{53} ŋiɐn^{31} tsiɛŋ^{42}

花蕾没有开放的花　花□fa^{53} ŋuei^{24}

花瓣儿　花片 fa^{53} phiɛn^{33}

花蕊　花心 fa^{53} sɐm^{53}

芦苇　芦□lu^{31} tɐt^{23}

香菇　香菇 hiɛŋ^{53} ku^{53}

蘑菇　菌 kyn^{312}

冬菇　冬菇 tuŋ^{53} ku^{53}

青苔　青苔 tsheŋ^{53} tei^{31}

（六）动物

1. 牲畜

牲口　畜牲 tshuk^{5} seŋ^{53}

公马　马牯 ma^{24} ku^{42}

母马　马母 ma^{24} mu^{24}

骟马骟过的马　骟马 siɛn^{33} ma^{24}

公牛　牛牯 ŋiɐu^{31} ku^{42}

犍牛阉过的公牛　阉牯 im^{53} ku^{42}

母牛　牛母 ŋiɐu^{31} mu^{24}

黄牛　黄牛 vɔŋ^{31} ŋiɐu^{31}

水牛　水牛 suei^{42} ŋiɐu^{31}

牛犊　牛童 ŋiɐu^{31} tuŋ^{31}

驴　驴 lu^{31}

公驴 公驴 $kuŋ^{53}lu^{31}$
母驴 母驴 $mu^{24}lu^{31}$
骡 骡 lo^{31}
驴骡马父驴母 骡 lo^{31}
马骡驴父马母 骡 lo^{31}
骆驼 骆驼 $lɔk^{23}to^{31}$
绵羊 绵羊 $min^{31}iɛŋ^{31}$
山羊 山羊 $san^{53}iɛŋ^{31}$
公羊 羊公 $iɛŋ^{31}kuŋ^{53}$
母羊 羊妈 $iɛŋ^{31}ma^{53}$
母羊 $mu^{24}iɛŋ^{31}$
羊羔 羊崽 $iɛŋ^{31}tsai^{42}$
狗 狗 $kɐu^{42}$
公狗 狗公 $kɐu^{42}kuŋ^{53}$
母狗 狗母 $kɐu^{42}mu^{24}$
小狗儿脱奶后的幼犬 狗崽 $kɐu^{42}tsai^{42}$
哈巴狗 哈巴狗 $ha^{53}pa^{53}kɐu^{42}$
猫 猫 miu^{24}
公猫 猫牯 $miu^{24}ku^{42}$
母猫 猫母 $miu^{24}mu^{24}$
公猪 猪哥 $tsy^{53}ko^{53}$
公猪 $kuŋ^{53}tsy^{53}$
文猪 $vɐn^{31}tsy^{53}$
种猪 猪哥 $tsy^{53}ko^{53}$
母猪 猪母 $tsy^{53}mu^{24}$
母猪 $mu^{24}tsy^{53}$
猪崽 猪崽 $tsy^{53}tsai^{42}$
阉猪动宾 阉猪 $im^{53}tsy^{53}$
兔子 兔 thu^{33}

鸡 鸡 kei^{53}
公鸡成年的打鸣的公鸡 公鸡 $kuŋ^{53}kei^{53}$
鸡角未成年的小公鸡 子鸡 $tsɿ^{42}kei^{53}$
阉鸡阉过的公鸡 骟鸡 $siɛn^{33}kei^{53}$
阉鸡动宾 阉鸡 $im^{53}kei^{53}$
母鸡 鸡母 $kei^{53}mu^{24}$
抱窝鸡正在孵蛋的母鸡 赖抱鸡 $lai^{312}pəu^{24}kei^{53}$
鸡娘未成年的小母鸡 栈鸡 $tsan^{312}kei^{53}$
小鸡儿 鸡儿 $kei^{53}ŋi^{31}$
鸡蛋 鸡□$kei^{53}pau^{312}$
下蛋 屙□$o^{53}pau^{312}$
孵～小鸡儿 抱壳 $pəu^{24}khɐk^{5}$
鸡冠 鸡冠 $kei^{53}kun^{53}$
鸡爪子 鸡爪 $kei^{53}tsua^{42}$
鸭 鸭 ap^{43}
公鸭 鸭公 $ap^{43}kuŋ^{53}$
母鸭 鸭母 $ap^{43}mu^{24}$
小鸭子 鸭崽 $ap^{43}tsai^{42}$
鸭蛋 鸭□$ap^{43}pau^{312}$
鹅 鹅 $ŋo^{31}$
小鹅儿 鹅崽 $ŋo^{31}tsai^{42}$

2. 鸟、兽

野兽 野兽 $ia^{24}sɐu^{312}$
狮子 狮子 $sɿ^{53}tsɿ^{42}$
老虎 大虫 $tai^{312}tsuŋ^{31}$

母老虎雌虎　大虫母 tai^{312} tsuŋ^{31} mu^{24}

猴子　马骝 ma^{24} lɐu^{42}

熊　熊 iuŋ^{31}

豹　豹 pau^{33}

狐狸　狐狸 vu^{31} li^{31}

　　　狗舅 kɐu^{42} kiɐu^{24}

黄鼠狼　黄鼠狼 vɔŋ^{31} sy^{42} lɔŋ^{31}

老鼠　老鼠 ləu^{24} sy^{42}

蛇　蛇 sɛ^{31}

蜥蜴　草彪 tshəu^{42} piu^{53}

鸟儿　鹩 liu^{33}

乌鸦　老鸦 ləu^{24} ia^{53}

喜鹊　喜鹊 hi^{42} tshæk^{43}

麻雀　麻咧鸟 ma^{31} lɛ^{312} niu^{42}

燕子　燕 iɛn^{33}

雁　雁 ŋan^{312}

斑鸠　斑鸠 pan^{53} kiɐu^{53}

鸽子　白鸽 pæk^{23} kɔp^{5}

鹌鹑　含子 ɔm^{31} tsɿ^{42}

鹧鸪　鹧鸪 tsɛ^{33} ku^{53}

杜鹃　庚贵 keŋ^{53} kuei^{33}

布谷鸟　布谷鸟 pu^{33} kuk^{5} niu^{42}

啄木鸟　啄木鸟tsɔk^{43} muk^{1} niu^{42}

猫头鹰　鼓鹩 ku^{42} liu^{33}

夜鹰　夜鹰 ia^{312} eŋ^{53}

　　　牛骨驴 ŋiɐu^{31} kuɐt^{5} lu^{31}

鹦鹉　鹦鹉　eŋ^{53} vu^{24}

八哥儿　牛鹩 ŋiɐu^{31} liu^{33}

鹤　白鹤 pæk^{23} ŋɔk^{23}

老鹰　火鹞 fa^{42} iu^{33}

野鸡　野鸡 ia^{24} kei^{53}

野鸭　水鸭 suei^{42} ap^{43}

鸬鹚　鸬鹚 lu^{31} tsɿ^{31}

鹭鸶　鹭鸶 lu^{312} sɿ^{53}

蝙蝠　飞鼠 fi^{53} sy^{42}

翅膀　翅 tshi^{42}

嘴鸟类之嘴　嘴 tsuei^{42}

鸟窝　鸟窝 niu^{42} vu^{53}

3. 虫类

蚕虫 tsam^{31} tsuŋ^{31}

蚕　蚕 tsam^{31}

蚕蛹　蚕蛹 tsam^{31} iuŋ^{24}

蚕沙家蚕的屎　蚕屎 tsam^{31} si^{42}

蜘蛛　蜘蛛 tsɿ^{53} tsy^{53}

蚂蚁　蚂蚁 ma^{24} ŋi^{24}

蝼蛄　地□ti^{312} lɔt^{5}

土鳖可入药，叫地鳖　拌拌虫 pɔn^{312} pɔn^{312} tsuŋ^{31}

蚯蚓　□□ŋy^{31} tsiŋ^{53}

蜗牛　小螺 siu^{42} lo^{31}

蜣螂　闷屎虫 mɐn^{312} si^{42} tsuŋ^{31}

蜈蚣　蜈蚣 vu^{31} kuŋ^{53}

壁虎　四脚蛇 sɿ^{33} kæk^{43} sɛ^{31}

毛虫　□tsɔm^{24}

肉虫米里的米色虫　米虫 mei^{24} tsuŋ^{31}

蚜虫　蚜虫 ŋia^{31} tsuŋ^{31}

苍蝇　马□ma^{24} niŋ^{31}

蚊子　马□ma^{24} ŋɐt^{5}

孑孓　跟头虫 kɐn^{53} tɐu^{31} tsuŋ^{31}

虱子　虱 sɐt^{5}

臭虫　臭虫 tshɐu^{33} tsuŋ^{31}

跳蚤　狗蚤 kɐu^{42} tsəu^{42}

牛虻　牛蚊蛉 ŋiɐu^{31} vɐn^{31} leŋ^{31}

蟋蟀　蟀狗 suɐt^{5} kɐu^{42}

灶蟋蟀状似蟋蟀，常出没于厨房　灶鸡 tsəu^{33} kei^{53}

蟑螂　烧甲 siu^{53} kap^{43}

蝗虫　蝗虫 vɔŋ^{31} tsuŋ^{31}

螳螂　马螂扛 ma^{24} lɔŋ^{31} khɔŋ^{31}

蝉　蝉虫 siɛn^{312} tsuŋ^{31}

蜜蜂　蜜蜂 mɐt^{1} huŋ^{53}

马蜂　马蜂 ma^{24} huŋ^{53}

（马蜂）蜇人　劖人 tsam^{31} ŋiɐn^{31}

蜂窝　蜂窝 huŋ^{53} vu^{53}

蜂蜜　蜜糖 mɐt^{1} tɔŋ^{31}

萤火虫　夏来虫 a^{312} lei^{31} tsuŋ^{31}

臭大姐　臭屁虫 tshɐu^{33} phi^{33} tsuŋ^{31}

灯蛾　飞蛾 fi^{53} ŋo^{31}

蝴蝶　蝴蝶 vu^{31} tiæp^{23}

蜻蜓　蚂迷 ma^{24} mei^{31}

花大姐学名"瓢虫"　瓢虫 piu^{31} tsuŋ^{31}

4. 鱼虾类

鱼儿　鱼 ŋy^{31}

鲤鱼　鲤鱼 li^{24} ŋy^{31}

鲫鱼　土鱼 thu^{42} ŋy^{31}

鳊鱼　鳊鱼 piɛn^{42} ŋy^{31}

草鱼　草鱼 tshəu^{42} ŋy^{31}

黄鱼　黄鱼 vɔŋ^{31} ŋy^{31}

比目鱼　比目鱼 pi^{42} muk^{1} ŋy^{31}

鳜鱼　鳜鱼 kuei^{33} ŋy^{31}

鳗鱼　白鳝 pæk^{23} siɛn^{312}

带鱼　带鱼 tei^{33} ŋy^{31}

鲈鱼　鲈鱼 lu^{31} ŋy^{31}

平鱼　平鱼 peŋ^{31} ŋy^{31}

鲇鱼　鲇拐鱼 nim^{31} kuai^{42} ŋy^{31}

黑鱼　黑鱼 hɐk^{5} ŋy^{31}

墨鱼　墨鱼 mɐk^{1} ŋy^{31}

鱿鱼　鱿鱼 iɐu^{31} ŋy^{31}

胖头鱼　大头鱼 tai^{312} tɐu^{31} ŋy^{31}

金鱼　金鱼 kiɐm^{53} ŋy^{31}

泥鳅　泥鳅 nei^{31} tshɐu^{53}

鳝鱼　黄鳝 vɔŋ^{31} siɛn^{312}

鲞剖开晒干的鱼　鱼干 ŋy^{31} kɔn^{53}

鱼鳞　鱼鳞 ŋy^{31} lɐn^{31}

鱼刺　鱼刺 ŋy^{31} tshɿ^{33}

鱼鳔儿　鱼鳔 ŋy^{31} piu^{53}

鳍　鳍 ki^{31}

鱼腮　鱼腮 ŋy^{31} sai^{53}

鱼子鱼的卵　鱼泡 ŋy^{31} phau^{53}

鱼苗儿　鱼花 ŋy^{31} fa^{53}

钓鱼　钓鱼 tiu^{33} ŋy^{31}

钓鱼竿儿　钓竿 tiu^{33} kɔn^{53}
钓鱼钩儿　钓鱼钩 tiu^{33} ŋy^{31} ŋɐu^{53}
鱼篓儿　鱼顶 ŋy^{31} teŋ^{42}
鱼网　鱼网 ŋy^{31} mɔŋ^{24}
虾　虾 ha^{53}
（鲜）虾仁儿　虾仁 ha^{53} ŋiɐn^{31}
（干）虾米　虾米 ha^{53} mei^{24}
虾子虾的卵，干制后做调味品　虾酱 ha^{53} tsiɛŋ^{33}
龟　乌龟 vu^{53} kuei^{53}
鳖　鳖 piɛt^{43}
螃蟹　螃蟹 pɔŋ^{31} ŋai^{312}
蟹黄　蟹酱 ŋai^{312} tsiɛŋ^{33}
青蛙　蚂蜗 ma^{24} kuai^{42}
蝌蚪　蝌蚪 kho^{53} tɐu^{42}
蟾蜍　蟾蜍 siɛm^{31} tsy^{31}
水蛭　蚂蟥 ma^{24} vɔŋ^{31}
蛤蜊　蚌 paŋ^{312}
螺蛳　螺 lo^{31}
蚌　蚌 paŋ^{312}

（七）房舍

1. 房子

住宅　屋 uk^{5}
造（房子）　起 khi^{42}
（整座）房子　屋 uk^{5}
院子　门楼 mɐn^{31} lɐu^{31}
院墙　围墙 uei^{31} tsiɛŋ^{31}
影壁　照壁 tsiu^{33} pek^{5}
（单间）屋子　屋 uk^{5}
外间　屋外 uk^{5} ŋuei^{312}
里间　屋里 uk^{5} li^{24}
正房　中间屋 tsuŋ^{53} kan^{53} uk^{5}
厢房　偏厦 phin^{53} sa^{42}
客厅　客厅 hæk^{43} theŋ^{53}
平房　平房 peŋ^{31} vɔŋ^{31}
楼房　楼房 lɐu^{31} vɔŋ^{31}
洋房旧指新式楼房　洋房 iɛŋ^{31} vɔŋ^{31}
楼上　楼上 lɐu^{31} siɛŋ^{24}
楼下　楼底 lɐu^{31} tei^{42}
门楼儿大门上边牌楼式的顶　门楼 mɐn^{31} lɐu^{31}
楼梯　楼梯 lɐu^{31} thei^{53}
梯子可移动的　楼梯 lɐu^{31} thei^{53}
阳台　阳台 iɛŋ^{31} tei^{31}
晒台　晒台 sai^{33} tei^{31}
草房用茅草盖的房子　茅屋 mɔu^{31} uk^{5}

2. 房屋结构

房脊　屋脊 uk^{5} tsek^{5}
房顶站在～上　屋顶 uk^{5} teŋ^{42}
房檐儿　屋檐 uk^{5} im^{31}

梁　梁 liɛŋ^{31}

檩　桁条 heŋ^{31} tiu^{31}

椽子　椽皮 sun^{31} pi^{31}

柱　柱 tsy^{24}

柱下石　柱脚 tsy^{24} kæk^{43}

台阶儿　石阶 sek^{1} kai^{53}

天花板　天花板 thin^{53} fa^{53} pan^{42}

正门　大门 tai^{312} mɐn^{31}

后门　后门 ɐu^{312} mɐn^{31}

边门儿　侧门 tshɐk^{5} mɐn^{31}

门坎儿　门坎 mɐn^{31} khan^{42}

门后门扇的后面　门背 mɐn^{31} puei^{33}

门栓　门□mɐn^{31} khɐt^{5}

门扇　门扇 mɐn^{31} siɛn^{33}

锁　锁 sa^{42}

钥匙　钥匙 iæk^{23} si^{31}

窗子　窗 tshɔŋ^{53}

窗台　窗台 tshɔŋ^{53} tei^{31}

走廊　走廊 tsɐu^{42} lɔŋ^{31}

过道　过道 kua^{33} təu^{312}

楼道　楼道 lɐu^{31} təu^{312}

楼板　楼板 lɐu^{31} pan^{42}

3. 其他设施

厨房　厨房 tsy^{31} vɔŋ^{31}

灶　灶 tsəu^{33}

烟囱厨房的附属部分　烟囱 ŋin^{53} tshuŋ^{53}

厕所　厕所 tshɐk^{5} so^{42}

磨房　磨房 mo^{31} vɔŋ^{31}

马棚　马棚 ma^{24} puŋ^{31}

牛圈　牛栏 ŋiɐu^{31} lan^{31}

猪圈　猪栏 tsy^{53} lan^{31}

猪食槽　猪槽 tsy^{53} tsəu^{31}

羊圈　羊圈 iɛŋ^{31} khyn^{53}

狗窝　狗窝 kɐu^{42} vu^{53}

鸡窝　鸡窝 kei^{53} vu^{53}

鸡笼　鸡笼 kei^{53} luŋ^{31}

鸡罩竹子编的，罩鸡的器具　鸡罩 kei^{53} tsau^{33}

柴草垛　柴茅堆 sai^{31} məu^{31} ty^{53}

（八）器具、用品

1. 一般家具

家具　家具 ka^{53} ky^{312}

柜通称　柜 kuei^{312}

桌子　台 tei^{31}

圆桌　圞台 lun^{53} tei^{31}

方桌　方台 fɔŋ^{53} tei^{31}

条案一种狭长的桌子　长台 tsiɛŋ^{31} tei^{31}

条台 tiu^{31} tei^{31}

办公桌　办公台 pan^{33} kuŋ^{53} tei^{31}

饭桌　吃饭台 hek^{5} van^{312} tei^{31}

台布铺在桌面上的布　台布 tei^{31}

pu^{33}

围桌挂在桌子前面的布　围台布 uei^{31} tei^{31} pu^{33}

抽屉　抽箱 tsheu^{53} siɛŋ^{53}

椅子　板凳 pan^{42} teŋ^{33}

躺椅　睡椅 soi^{312} i^{42}

椅子背儿　椅背 i^{42} puei^{33}

椅子掌儿　椅掌 i^{42} tsheŋ^{33}

板凳长条形的　长凳 tsiɛŋ^{31} teŋ^{33}

方凳　板凳 pan^{42} teŋ^{33}

小板凳儿　小板凳 siu^{42} pan^{42} teŋ^{33}

圆凳　圞凳 lun^{53} teŋ^{33}

高凳子　高凳 kəu^{53} teŋ^{33}

马扎　马扎 ma^{24} tsap^{43}

蒲团　蒲团 phu^{31} tun^{31}

草墩 tshəu^{42} tən^{53}

2. 卧室用具

床　床 soŋ^{31}

铺板　床方 soŋ^{31} foŋ^{53}

棕绷　棕床 tsuŋ^{53} soŋ^{31}

竹床　竹床 tsuk^{5} soŋ^{31}

炕北方睡觉用的　炕 khoŋ^{33}

帐子　蚊帐 ven^{31} tsiɛŋ^{33}

帐钩　蚊帐钩 ven^{31} tsiɛŋ^{33} ŋeu^{53}

帐檐儿　蚊帐檐 ven^{31} tsiɛŋ^{33} im^{31}

毯子　毯 tham^{42}

被子　被 pi^{24}

被窝儿为睡觉叠成的长筒形的被子　被窝 pi^{24} vu^{53}

被里　被里 pi^{24} li^{24}

被面　被面 pi^{24} miɛn^{312}

棉花胎棉被的胎　棉被肉 min^{31} pi^{24} ŋiuk^{1}

床单　床单 soŋ^{31} tan^{53}

褥子　垫被 tiɛm^{312} pi^{24}

草席草编的　水草席 suei^{42} tshəu^{42} sek^{1}

竹席竹篾编的　蔑垫 miɛt^{23} tiɛm^{312}

枕头　枕头 tsem^{42} teu^{31}

枕套儿　枕头套 tsem^{42} teu^{31} thəu^{33}

枕头心儿　枕头心 tsem^{42} teu^{31} sem^{53}

梳妆台　梳妆台 so^{53} tsoŋ^{53} tei^{31}

镜子　镜 keŋ^{33}

手提箱　手提箱 seu^{42} tei^{31} siɛŋ^{53}

衣架立在地上的　衣架 i^{53} ka^{33}

晾衣架　晒衣架 sai^{33} i^{53} ka^{33}

马桶　尿桶 niu^{312} thuŋ^{42}

夜壶　尿罐 niu^{312} kon^{33}

手炉　火筒 fa^{42} tuŋ^{31}

火盆　火盆 fa^{42} pen^{31}

汤壶盛热水后放在被中取暖用的　热水壶 ŋiɛt^{23} suei^{42} vu^{31}

暖水瓶　热水瓶 ŋiɛt^{23} suei^{42} peŋ^{31}

暖壶保暖用的旧式茶壶　暖壶 non^{24}

vu^{31}

3. 炊事用具

风箱　风箱 huŋ^{53} siɛŋ^{53}

通条通炉子的　火棍 fa^{42} kuɐn^{33}

火钳　火钳 fa^{42} kim^{31}

火筷子　火筷 fa^{42} khuai^{33}

火铲铲炉灰用的　灰铲 fi^{53} tshan^{42}

柴草　柴茅 sai^{31} məu^{31}

稻秆　禾稿 o^{31} kəu^{42}

麦秸　麦梗 mæk^{23} keŋ^{42}

高粱秆儿　高粱梗 kəu^{53} liɛŋ^{31} keŋ^{42}

豆秸　豆梗 tɐu^{312} keŋ^{42}

锯末　木糠 muk^{1} khɔŋ^{53}

刨花　刨花 pau^{31} fa^{53}

火柴　自来火 tsɿ^{312} lei^{31} fa^{42}

锅烟子　锅□ko^{53} ŋeŋ^{33}

烟筒移动式煤炉抽风用　烟筒 ŋin^{53} tuŋ^{31}

锅　锅 ko^{53}

铝锅　铝锅 ly^{24} ko^{53}

沙锅　沙锅 sa^{53} ko^{53}

大锅　大锅 tai^{312} ko^{53}

小锅　锅儿 ko^{53} ŋi^{31}

锅盖　锅盖 ko^{53} kei^{33}

锅铲　锅铲 ko^{53} tshan^{42}

水壶烧开水用　水壶 suei^{42} vu^{31}

碗　碗 vɔn^{42}

海碗　大海碗 tai^{312} hei^{42} vɔn^{42}

茶杯瓷的带把儿的　茶杯 tsa^{31} pi^{53}

碟子　碟 tiæp^{23}

饭勺盛饭用的　饭勺 van^{312} siæk^{23}

羹匙瓷的，小的　瓢羹 piu^{31} keŋ^{53}

筷子　筷 khuai^{33}

筷笼放筷子用的　筷筒 khuai^{33} tuŋ^{31}

茶托瓷的碟形的　茶盘 tsa^{31} pun^{31}

盖碗儿喝茶用，有盖不带把儿，下有茶托儿　茶杯 tsa^{31} pi^{53}

酒杯　酒杯 tsɐu^{42} pi^{53}

盘子　盘 pun^{31}

酒壶茶壶形的　酒壶 tsɐu^{42} vu^{31}

酒坛子　酒埕 tsɐu^{42} tseŋ^{53}

坛子　埕 tseŋ^{53}

罐子　罐 kɔn^{33}

瓢舀水用的　水勺 suei^{42} siæk^{23}

笊篱　捞篱 lau^{31} li^{31}

筲箕　撮箕 tshɔt^{43} ki^{53}

瓶子　罐 kɔn^{33}

瓶盖儿　罐盖 kɔn^{33} kei^{33}

礤床　瓜刨 kua^{53} pau^{31}

菜刀　菜刀 tshei^{33} təu^{53}

砧板　砧板 tsɐn^{53} pan^{42}

面板做面食用的　擀面板 kɔn^{53} miɛn^{312} pan^{42}

水桶挑水用的　水桶 suei^{42} thuŋ^{42}

研船铁制研药材的用具，船形　研

船 niɛn^{53} sun^{31}
饭桶装饭的桶　饭桶 van^{312} thuŋ^{42}
蒸笼　蒸笼 tseŋ^{53} luŋ^{31}
箅子蒸食物用的　箅 phiŋ^{53}
水缸　水□suei^{42} tɔŋ^{312}
泔水缸　潲水□sau^{33} suei^{42} tɔŋ^{312}
泔水　潲水 sau^{33} suei^{42}
抹布　抹布 mat^{23} pu^{33}
拖把　拖地 tho^{53} ti^{312}

4. 工匠用具

刨子　刨 pau^{31}
斧子　手斧 sɐu^{42} fu^{42}
锛子　横斧 veŋ^{31} fu^{42}
锯子　锯 ky^{33}
凿子　凿 tsɔk^{23}
尺子　尺 tshek^{5}
曲尺　曲尺 khiuk^{5} tshek^{5}
摺尺　叠尺 tiæp^{23} tshek^{5}
卷尺　卷尺 kyɛn^{42} tshek^{5}
墨斗　墨斗 mɐk^{1} tɐu^{42}
墨斗线　墨斗线 mɐk^{1} tɐu^{42} siɛn^{33}
钉子　钉 teŋ^{53}
钳子　钳 kim^{31}
老虎钳用来起钉子或夹断铁丝　老虎钳 ləu^{24} fu^{42} kim^{31}
钉锤　钉锤 teŋ^{53} tsuei^{31}
镊子　镊 niæp^{43}
绳子　索 sɔk^{43}
合叶　合叶 hap^{1} iæp^{23}

瓦刀　瓦刀 ŋua^{24} təu^{53}
抹子　搪刀 tɔŋ^{31} təu^{53}
泥板瓦工用来盛抹墙物的木板　搨板 thɔŋ^{33} pan^{42}
麻刀抹墙用的碎麻，放在泥灰中增加凝聚力　麻筋 ma^{31} kɐn^{53}
灰斗子　灰浆桶 fi^{53} tsiɛŋ^{53} thuŋ^{42}
錾子　錾 tsam^{24}
砧子打铁时垫铁块用　砧 tsɐn^{53}
剃刀　剃刀 thei^{33} təu^{53}
推子　推剪 thy^{53} tsiɛn^{42}
理发剪　理发剪 li^{24} fat^{43} tsiɛn^{42}
梳子　梳 so^{53}
鐾刀布　鐾刀布 pi^{312} təu^{53} pu^{33}
理发椅　理发凳 li^{24} fat^{43} tɐŋ^{33}
缝纫机　衣车 i^{53} tshɛ^{53}
剪子　口剪 khɐu^{42} tsiɛn^{42}
熨斗　搨斗 thɔŋ^{33} tɐu^{42}
烙铁　烙铁 lɔk^{43} thiɛt^{43}
弓子弹棉花的工具　弹棉弓 tan^{312} min^{31} kuŋ^{53}
纺车　纺纱机 fɔŋ^{42} sa^{53} ki^{53}
织布机旧式的　织布机 tsek^{5} pu^{33} ki^{53}
梭织布用的　梭 so^{53}

5. 其他生活用品

东西　东西 tuŋ^{53} sei^{53}
　　　家什 ka^{53} sɿ^{312}
洗脸水　洗面水 sei^{42} miɛn^{312}

suei^{42}
脸盆　面盆 miɛn^{312} pɐn^{31}
脸盆架　面盆架 miɛn^{312} pɐn^{31} ka^{33}
澡盆　渡洗盆 tu^{312} sei^{42} pɐn^{31}
香皂　香碱 hiɛŋ^{53} kam^{42}
肥皂　洋碱 iɛŋ^{31} kam^{42}
洗衣粉　洗衫粉 sei^{42} sam^{53} fɐn^{42}
毛巾　手巾 sɐu^{42} kin^{53}
脚盆洗脚用的　洗脚盆 sei^{42} kæk^{43} pɐn^{31}
擦脚布　抹脚布 mat^{23} kæk^{43} pu^{33}
气灯　气灯 khi^{33} tɐŋ^{53}
蜡烛　蜡烛 lap^{23} tsuk^{5}
煤油灯有玻璃罩的　水火油灯 suei^{42} fa^{42} iɐu^{31} tɐŋ^{53}
灯心　灯芯 tɐŋ^{53} sɐm^{53}
灯罩　灯筒 tɐŋ^{53} tuŋ^{31}
灯盏　灯盏 tɐŋ^{53} tsan^{42}
灯草　灯草 tɐŋ^{53} tshəu^{42}
灯油　灯油 tɐŋ^{53} iɐu^{31}
灯笼　灯笼 tɐŋ^{53} luŋ^{31}
手提包　手提包 sɐu^{42} tei^{31} pau^{53}
钱包　钱包 tsin^{31} pau^{53}
图章私人用的　私章 sɿ^{53} tsiɛŋ^{53}
望远镜　望远镜 mɔŋ^{312} yn^{24} keŋ^{33}
浆糊　浆糊 tsiɛŋ^{53} vu^{31}
顶针儿　顶针 teŋ^{42} tsɐm^{53}
线轴儿　线筒 siɛn^{33} tuŋ^{31}
针鼻儿针上引线的孔　针耳 tsɐm^{53} ŋi^{24}
针尖　针嘴 tsɐm^{53} tsuei^{42}
针脚　针脚 tsɐm^{53} kæk^{43}
穿针动宾　穿针 tshun^{53} tsɐm^{53}
锥子　锥 tsuei^{53}
耳挖子　耳屎瓢 ŋi^{24} si^{42} piu^{31}
洗衣板儿　洗衫板 sei^{42} sam^{53} pan^{42}
棒槌洗衣服用的　衫槌 sam^{53} tsuei^{31}
鸡毛掸子　鸡毛拂 kei^{53} mɐu^{31} vɐt^{5}
扇子　扇 siɛn^{33}
蒲扇　蒲扇 phu^{31} siɛn^{33}
拐杖中式的　拐棍 kuai^{42} kuɐn^{33}
手杖西式的　拐棍 kuai^{42} kuɐn^{33}
手纸　解手纸 kai^{42} sɐu^{42} tsi^{42}

（九）称谓

1. 一般称谓

男人　男人 nam^{31} ŋiɐn^{31}
女人　女人 ny^{24} ŋiɐn^{31}
婴儿刚生下不久的　姨侬 i^{31} nuŋ^{24}

小孩儿　侬儿 nuŋ^{24} ŋi^{31}
男孩儿　男侬儿 nam^{31} nuŋ^{24} ŋi^{31}
女孩儿　女侬儿 ny^{24} nuŋ^{24} ŋi^{31}
老头儿　高老子 kəu^{53} ləu^{24} tsɿ^{42}
老头子带贬意　高老子 kəu^{53} ləu^{24} tsɿ^{42}
老太婆　奶老子 nai^{42} ləu^{24} tsɿ^{42}
小伙子　后生儿 ɐu^{312} seŋ^{53} ŋi^{31}
城里人　街上人 kai^{53} siɛŋ^{24} ŋiɐn^{31}
乡巴佬带贬意　乡巴佬 hiɛŋ^{53} pa^{53} ləu^{24}
村上人 tshɐn^{53} siɛŋ^{24} ŋiɐn^{31}
乡下人　村上人 tshɐn^{53} siɛŋ^{24} ŋiɐn^{31}
一家子同宗同姓的　一族人 ɐt^{5} tsuk^{1} ŋiɐn^{31}
外地人　外地人 ŋuei^{312} ti^{312} ŋiɐn^{31}
本地人　本地人 pɐn^{42} ti^{312} ŋiɐn^{31}
外国人　外国人 ŋuei^{312} kɔk^{5} ŋiɐn^{31}
自己人　自己人 tsɿ^{312} ki^{42} ŋiɐn^{31}
外人不是自己人　外人 ŋuei^{312} ŋiɐn^{31}
客人　客 hæk^{43}
客人 hæk^{43} ŋiɐn^{31}
同庚　同年 tuŋ^{31} nin^{31}
内行　内行 nuei^{312} hɔŋ^{31}
外行　外行 ŋuei^{312} hɔŋ^{31}
半瓶醋比喻性说法　半桶水 pɔn^{33} thuŋ^{42} suei^{42}
荐头介绍佣人、奶妈等的介绍人　介绍人 kai^{33} sau^{33} ŋiɐn^{31}
单身汉　单手人 tan^{53} sɐu^{42} ŋiɐn^{31}
老姑娘　老红花 ləu^{24} uŋ^{31} fa^{53}
老女 ləu^{24} ny^{24}
童养媳　童养媳 tuŋ^{31} iɛŋ^{42} sek^{5}
二婚头　二嫁 ŋi^{312} ka^{33}
半嫁 pɔn^{33} ka^{33}
寡妇　寡妇 kua^{42} fu^{33}
婊子　老举婆 ləu^{24} ky^{42} po^{31}
私生子　野儿 ia^{24} ŋi^{53}
囚犯　犯人 vam^{312} ŋiɐn^{31}
衙役旧时　差人 tsha^{53} ŋiɐn^{31}
暴发户儿　暴发户 pəu^{33} fat^{43} vu^{24}
吝啬鬼　粒□鬼 nɐp^{5} ni^{53} kuei^{42}
败家子　败家儿 pai^{312} ka^{53} ŋi^{53}
乞丐　告化 kəu^{33} fa^{33}
走江湖的　走江湖 tsɐu^{42} kɐŋ^{53} vu^{31}
骗子　骗子 phiɛn^{33} tsɿ^{42}
流氓　流氓 lɐu^{31} mɔŋ^{31}
拍花子的专门拐带小孩的　拐子 kuai^{42} tsɿ^{42}
土匪　贼 tsɐk^{1}
强盗　贼 tsɐk^{1}
贼　贼 tsɐk^{1}

扒手　扒手 pa^{31} sɐu^{42}

2. **职业称谓**

工作　工作 kuŋ^{53} tsɔk^{43}

工人　工人 kuŋ^{53} ȵiɐn^{31}

雇工　雇人 ku^{33} ȵiɐn^{31}

长工　长工 tsiɛŋ^{31} kuŋ^{53}

短工　短工 tɔn^{42} kuŋ^{53}

零工　零工 leŋ^{31} kuŋ^{53}

农民　农民 nuŋ^{31} mɐn^{31}

做买卖的　做生意嘓 tsɿ^{33} seŋ^{53} i^{33} ko^{33}

老板　老板 ləu^{24} pan^{42}

东家　东家 tuŋ^{53} ka^{53}

老板娘　老板娘 ləu^{24} pan^{42} niɛŋ^{31}

伙计店员或长工　伙计 fa^{42} kei^{33}

学徒　学徒 hɐk^{1} tu^{31}

顾客　客人 hæk^{43} ȵiɐn^{31}

小贩　小贩 siu^{42} fan^{33}

摊贩　摊贩 than^{53} fan^{33}

（私塾）教书先生　先生 sin^{53} seŋ^{53}

（学校）教员　先生 sin^{53} seŋ^{53}

学生　学生 hɐk^{1} seŋ^{53}

同学　同学 tuŋ^{31} hɐk^{1}

朋友　朋友 puŋ^{31} iɐu^{24}

兵相对百姓而言　兵 peŋ^{53}

警察　警察 keŋ^{42} tshat^{43}

医生　医生 i^{53} seŋ^{53}

　　医师 i^{53} sɿ^{53}

司机　司机 sɿ^{53} ki^{53}

手艺人　手艺人 sɐu^{42} ŋei^{312} ȵiɐn^{31}

木匠　木匠 muk^{1} tsiɛŋ^{33}

瓦匠砌墙、抹墙的　瓦匠 ŋua^{24} tsiɛŋ^{33}

锡匠　锡匠 sek^{5} tsiɛŋ^{33}

铜匠　铜匠 tuŋ^{31} tsiɛŋ^{33}

铁匠　铁匠 thiɛt^{43} tsiɛŋ^{33}

补锅的　补锅佬 pu^{42} ko^{53} ləu^{24}

裁缝做衣服的　裁缝 tsei^{31} uŋ^{31}

理发员旧名称　剃头佬 thei^{33} tɐu^{31} ləu^{24}

屠户　杀猪佬 sat^{43} tsy^{53} ləu^{24}

脚夫搬运夫的旧称　脚夫 kæk^{43} fu^{53}

挑夫　担夫 tam^{53} fu^{53}

轿夫　轿夫 kiu^{312} fu^{53}

艄工　掌舵人 tsiɛŋ^{42} to^{24} ȵiɐn^{31}

管家　管家 kɔn^{42} ka^{53}

伙计合作的人　合伙人 hap^{1} fa^{42} ȵiɐn^{31}

厨师　厨师 tsy^{31} sɿ^{53}

饲养员旧名称　饲养员 tsɿ^{31} iɛŋ^{42} ŋyn^{31}

奶妈　奶妈 nai^{42} ma^{53}

奶爷奶妈之夫　大爷 tai^{312} iɛ^{33}

　　叔 suk^{5}

仆人　奴 nu^{31}

女仆　奴 nu^{31}

丫环　老婢 ləu^{24} pi^{312}

接生婆　接生婆 tsiæp^{43} seŋ^{53} po^{31}

和尚　和尚 o^{31} siɛŋ^{312}

尼姑　尼姑 nei^{31} ku^{53}

道士出家的道教徒　道士 təu^{312} sɿ^{312}

道士火居的道教徒　道士 təu^{312} sɿ^{312}

　鬼师 kuei^{42} sɿ^{53}

（十）亲属

1. 长辈

长辈　长辈 tsiɛŋ^{42} puei^{24}

曾祖父　□爹 ŋiɛŋ^{33} tɛ^{53}

曾祖母　□奶 ŋiɛŋ^{33} nai^{42}

祖父　爹 tɛ^{53}

祖母　奶 nai^{42}

外祖父　姥爷 ləu^{24} iɛ^{31}

外祖母　姥妈 ləu^{24} ma^{53}

父亲　爷 iɛ^{33}

母亲　妈 ma^{53}

岳父　外公 ŋuei^{312} kuŋ^{53}

岳母　外婆 ŋuei^{312} po^{31}

公公夫之父　家公 ka^{53} kuŋ^{53}

婆婆夫之母　家婆 ka^{53} po^{31}

继父　后爷 ɐu^{312} iɛ^{33}

继母　后妈 ɐu^{312} ma^{53}

伯父　大爷 tai^{312} iɛ^{33}

伯母　㜷 na^{31}

叔父　叔 suk^{5}

叔母　姆 mu^{24}

舅父　舅 kiɐu^{24}

舅母　妗 kiɐm^{24}

姑妈　婆 po^{31}

姨妈　姨 i^{31}

姑夫　姑爷 ku^{53} iɛ^{53}

姨夫　姨爷 i^{31} iɛ^{53}

姻伯弟兄的岳父，姐妹的公公　亲家爷 tshɐn^{53} ka^{53} iɛ^{53}

姑奶奶父之姑母　婆奶 po^{31} nai^{42}

姨奶奶父之姨母　姨奶 i^{31} nai^{42}

2. 平辈

平辈　平班 peŋ^{31} pan^{53}

夫妻　公婆 kuŋ^{53} po^{31}

夫　老公 ləu^{24} kuŋ^{53}

妻　新孥 sɐn^{53} nu^{24}

小老婆　□新孥 nɛ^{33} sɐn^{53} nu^{24}

大伯子夫之兄　大爷 tai^{312} iɛ^{33}

小叔子夫之弟　小叔 siu^{42} suk^{5}

大姑子夫之姐　大姑 tai^{312} ku^{53}

小姑子夫之妹　小姑 siu^{42} ku^{53}

内兄弟妻之兄弟　舅 kiɐu^{24}

内兄　内兄 nuei^{312} heŋ^{53}

内弟　内弟 nuei^{312} tei^{24}

大姨子　大姨 tai^{312}i^{31}
小姨子　小姨 siu^{42}i^{31}
弟兄　兄弟 heŋ^{53}tei^{24}
姊妹　姊妹 tsɿ^{42}muei^{312}
哥哥　哥 ko^{53}
嫂子　嫂 səu^{42}
弟弟　弟 tei^{24}
弟媳　公弟新拏 kuŋ^{53} tei^{24} sɐn^{53}nu^{24}
姐姐　姐 tsiɛ^{53}
姐夫　姑爷 ku^{53}iɛ^{33}
妹妹　妹 muci^{312}
妹夫　妹夫 muei^{312}fu^{53}
堂兄弟　堂兄弟 tɔŋ^{31}heŋ^{53}tei^{24}
堂兄　堂哥 tɔŋ^{31}ko^{53}
堂弟　堂弟 tɔŋ^{31}tei^{24}
堂姊妹　堂姊妹 tɔŋ^{31} tsɿ^{42} muei^{312}
堂姐　堂姐 tɔŋ^{31}tsiɛ^{53}
堂妹　堂妹 tɔŋ^{31}muei^{312}
表兄　表哥 piu^{42}ko^{53}
表弟　表弟 piu^{42}tei^{24}
表兄　表哥 piu^{42}ko^{53}
表嫂　表嫂 piu^{42}səu^{42}
表弟　表弟 piu^{42}tei^{24}
表姊妹　表姊妹piu^{42} tsɿ^{42} muei^{312}
表姐　表姐 piu^{42}tsiɛ^{53}
表妹　表妹 piu^{42}muei^{312}

3. 晚辈

晚辈　晚辈 van^{24}puei^{24}
子女儿子和女儿的总称　儿女 ŋi^{53} ny^{24}
儿子　儿 ŋi^{53}
大儿子　大儿 tai^{312}ŋi^{53}
小儿子　小儿 siu^{42}ŋi^{53}
养子　抱养儿 pəu^{24}iɛŋ^{42}ŋi^{53}
儿媳妇儿之妻　儿新拏 ŋi^{53} sɐn^{53}nu^{24}
女儿　女 ny^{24}
女婿　姑爷 ku^{53}iɛ^{53}
孙子　孙儿 sɐn^{53}ŋi^{53}
孙媳妇　孙新拏 sɐn^{53} sɐn^{53} nu^{24}
孙女　孙女 sɐn^{53}ny^{24}
孙女婿　孙女姑爷 sɐn^{53} ny^{24} ku^{53}iɛ^{53}
重孙　息儿 sek^{5}ŋi^{53}
重孙女　息女 sek^{5}ny^{24}
外孙女之子　外孙 ŋuei^{312}sɐn^{53}
外孙女女之女　外孙女 ŋuei^{312} sɐn^{53}ny^{24}
外甥姐妹之子　外甥 ŋuei^{312}seŋ^{53}
外甥女姐妹之女　外甥 ŋuei^{312} seŋ^{53}
侄子　侄儿 tsɐt^{1}ŋi^{53}
侄女　侄女 tsɐt^{1}ny^{24}
内侄妻的兄弟之子　内侄 nuei^{312} tsɐt^{1}

内侄女妻的兄弟之女　内侄女 nuei^{312} tsɐt^{1} ny^{24}

4. 其他称谓

连襟　老姨 ləu^{24} i^{31}

亲家子之岳父，女婿之父　亲家 tshɐn^{53} ka^{53}

亲家母　亲家母 tshɐn^{53} ka^{53} mu^{24}

亲家翁　亲家爷 tshɐn^{53} ka^{53} iɛ^{33}

亲戚　亲戚 tshɐn^{53} tshek^{5}

带犊儿妇女改嫁带的子女　随母下堂 tsuei^{31} mu^{24} a^{24} tɔŋ^{31}

爷儿们男子通称　男人大丈夫 nam^{31} ŋiɐn^{31} tai^{312} tsiɛŋ^{312} fu^{53}

娘儿们妇女通称　女人 ny^{24} ŋiɐn^{31}

娘家　外家 ŋuei^{312} ka^{53}

婆家　家婆家 ka^{53} po^{31} ka^{53}

男家男方　男家 nam^{31} ka^{53}

女家女方　外家 ŋuei^{312} ka^{53}

姥姥家　姥屋 ləu^{24} uk^{5}

丈人家　外公屋 ŋuei^{312} kuŋ^{53} uk^{5}

（十一）身体

1. 五官

身体　身体 sɐn^{53} thei^{42}

身材　身材 sɐn^{53} tsei^{31}

头　头 tɐu^{31}

奔儿头前额生得向前突　额头突 ŋæk^{23} tɐu^{31} thɐt^{5}

秃头头发掉光了的头　光头颅 kɔŋ^{53} tɐu^{31} lu^{33}

秃顶掉了大量头发的头　裸颅 lo^{33} lu^{33}

头顶　头顶 tɐu^{31} teŋ^{42}

后脑勺子　后脑 ɐu^{312} nəu^{24}

颈　颈 keŋ^{42}

　　颈脖 keŋ^{42} pɔt^{23}

后脑窝子颈后凹处　头后窝 tɐu^{31} ɐu^{312} vu^{53}

头发　头毛 tɐu^{31} məu^{31}

少白头　白头毛 pæk^{23} tɐu^{31} məu^{31}

掉头发动宾　落头毛 lɔk^{23} tɐu^{31} məu^{31}

额　额头 ŋæk^{23} tɐu^{31}

囟门　生门 seŋ^{53} mɐn^{31}

辫子　头辫 tɐu^{31} piɛn^{31}

髻中老年盘在脑后的鬏　头髻 tɐu^{31} kei^{33}

刘海儿　遮眉□tsɛ^{53} mi^{31} kɐm^{31}

脸　面 miɛn^{312}

脸蛋儿　面墩 miɛn^{312} tən^{53}

颧骨　面高骨 miɛn^{312} kəu^{53}

kuɐt^{5}

酒窝　酒靨 tsɐu^{42} iɛm^{31}

人中　人中 ŋiɐn^{31} tsuŋ^{53}

腮帮子　牙高骨 ŋia^{31} kəu^{53} kuɐt^{5}

眼　眼 ŋan^{24}

眼眶　眼眶 ŋan^{24} khuaŋ^{312}

眼珠儿　眼珠 ŋan^{24} tsy^{53}

白眼珠儿　白眼珠 pæk^{23} ŋan^{24} tsy^{53}

黑眼珠儿　黑眼珠 hɐk^{5} ŋan^{24} tsy^{53}

瞳人儿　瞳人 tuŋ^{31} ŋiɐn^{31}

眼角儿上下眼睑的结合处　眼角 ŋan^{24} kɐk^{5}

大眼角眼角儿靠近鼻子的部位　大眼角 tai^{312} ŋan^{24} kɐk^{5}

眼圈儿　眼圈 ŋan^{24} khyn^{53}

眼泪　眼泪 ŋan^{24} lɔi^{312}

眼眵　眼屎 ŋan^{24} si^{42}

眼皮儿　眼皮 ŋan^{24} pi^{31}

单眼皮儿　单眼皮 tan^{53} ŋan^{24} pi^{31}

双眼皮儿　双眼皮 sɔŋ^{53} ŋan^{24} pi^{31}

眼睫毛　眼毛 ŋan^{24} məu^{31}

眉毛　眼眉 ŋan^{24} mi^{31}

皱眉头动宾　斛眼眉 ŋiɐu^{24} ŋan^{24} mi^{31}

鼻子五官之一　鼻梁 pɐt^{1} liɛŋ^{31}

鼻涕液体　鼻涕 pɐt^{1} thei^{33}

干鼻涕鼻垢　鼻梁屎 pɐt^{1} liɛŋ^{31} si^{42}

鼻孔　鼻梁孔 pɐt^{1} liɛŋ^{31} khuŋ^{42}

鼻毛　鼻梁毛 pɐt^{1} liɛŋ^{31} məu^{31}

鼻子尖儿鼻子顶端　鼻梁头 pɐt^{1} liɛŋ^{31} tɐu^{31}

鼻子尖嗅觉灵敏　鼻梁利 pɐt^{1} liɛŋ^{31} li^{312}

鼻梁儿　鼻梁桥 pɐt^{1} liɛŋ^{31} kiu^{31}

酒糟鼻子　酒糟鼻 tsɐu^{42} tsəu^{53} pɐt^{1}

嘴　嘴 tsuei^{42}

嘴唇儿　嘴皮 tsuei^{42} pi^{31}

唾沫　潾 san^{31}

唾沫星儿　潾 san^{31}

涎水　潾 san^{31}

舌头　口唇头 khɐu^{42} sɐn^{31} tɐu^{31}

舌苔　舌苔 siɛt^{43} tei^{31}

大舌头口齿不清　口唇头大 khɐu^{42} sɐn^{31} tɐu^{31} tai^{312}

牙　牙齿 ŋia^{31} tshi^{42}

门牙　门牙 mɐn^{31} ŋia^{31}

大牙　大牙 tai^{312} ŋia^{31}

虎牙　虎牙 fu^{42} ŋia^{31}

牙垢　牙齿屎 ŋia^{31} tshi^{42} si^{42}

牙床　牙床 ŋia^{31} sɔŋ^{31}

虫牙　虫牙 tsuŋ^{31} ŋia^{31}

耳朵　耳朵 ŋi^{24} to^{42}

耳朵眼儿　耳朵窟 ŋi^{24} to^{42} khuɐt^{5}

耳屎　耳屎 ŋi^{24} si^{42}

耳背听不清　耳背 ŋi^{24} puei^{33}

下巴　下巴 a^{312} pa^{53}

喉咙　喉咙 ɐu^{31} luŋ^{31}

喉结　喉结 ɐu^{31} kiɛt^{43}

胡子　胡须 vu^{31} sy^{53}

络腮胡子　赖腮胡 lai^{312} sai^{53} vu^{31}

八字胡子　八字胡 pat^{43} tsɿ^{312} vu^{31}

下巴鬚　胡须 vu^{31} sy^{53}

2. 手、脚、胸、背

肩膀　膊头 pɔk^{43} tɐu^{31}

肩胛骨　饭锹骨 van^{312} tshiu^{53} kuɐt^{5}

溜肩膀儿　膊头跌 pɔk^{43} tɐu^{31} tiɛt^{43}

胳膊　手臂 sɐu^{42} pi^{33}

胳膊肘儿　手肘 sɐu^{42} tsɐu^{42}

膈肢窝　肢□底 tsi^{53} nɐk^{5} tei^{42}

手腕子　手腕 sɐu^{42} vɔn^{42}

左手　左手 tso^{33} sɐu^{42}

右手　右手 iɐu^{312} sɐu^{42}

手指　手儿 sɐu^{42} ŋi^{31}

（指头）关节　关节 kuan^{53} tsiɛt^{43}

手指缝儿　手儿窟 sɐu^{42} ŋi^{31} khuɐt^{5}

手趼子　趼 kiɛn^{42}

大拇指　手拇头 sɐu^{42} mu^{24} tɐu^{31}

食指　食指 sek^{1} tsi^{42}

中指　中指 tsuŋ^{53} tsi^{42}

无名指　无名指 vu^{31} meŋ^{31} tsi^{42}

小拇指　乜手儿 mɐt^{5} sɐu^{42} ŋi^{31}

指甲　手甲 sɐu^{42} kap^{43}

手指头肚儿手指末端有指纹的略微隆起的部分　手儿头 sɐu^{42} ŋi^{31} tɐu^{31}

拳头　擘槌 mæk^{43} tsuei^{31}

手掌　手掌 sɐu^{42} tsiɛŋ^{42}

巴掌打一～　巴掌 pa^{53} tsiɛŋ^{42}

手心　手心 sɐu^{42} sɐm^{53}

手背　手背 sɐu^{42} puei^{33}

腿整条腿　腿 thuei^{42}

大腿　大腿 tai^{312} thuei^{42}

大腿根儿　大腿根 tai^{312} thuei^{42} kɐn^{53}

小腿　细腿 sei^{33} thuei^{42}

腿肚子　腿肚 thuei^{42} tu^{24}

胫骨小腿内侧的长骨　当面骨 tɔŋ^{53} miɛn^{312} kuɐt^{5}

膝盖　菠箩盖 po^{53} lo^{31} kei^{33}

胯骨　胯骨 kha^{33} kuɐt^{5}

裆两条腿的中间　胯 kha^{33}

屁股　屁股 phi^{33} ku^{42}

肛门　屁股眼 phi^{33}ku^{42}ŋan^{24}
屁股蛋儿　屁股墩 phi^{33} ku^{42} tən^{53}
屁股沟儿　屁股埡 phi^{33}ku^{42}a^{33}
尾骨　□尾 ha^{33}mi^{24}
鸡巴男阴　卵 lo^{42}
鸡鸡赤子阴　鸟鸟 niu^{42}niu^{42}
女阴　□pai^{33}
交合　操□tshəu^{53}pai^{33}
精液　卵水 lo^{42}suei^{42}
脚腕子　脚腕 kæk^{43}vən^{42}
踝子骨　脚眼珠 kæk^{43} ŋan^{24} tsy^{53}
脚　脚 kæk^{43}
赤脚　打赤脚 ta^{42}tshek^{5}kæk^{43}
脚背　脚背 kæk^{43}puei^{33}
脚掌　脚板底 kæk^{43}pan^{42}tei^{42}
脚心　脚板心 kæk^{43} pan^{42} sɐm^{53}
脚尖　脚尖 kæk^{43}tsim^{53}
脚趾头　脚儿头 kæk^{43}ŋi^{31}tɐu^{31}
脚趾甲　脚甲 kæk^{43}kap^{43}
脚跟（儿）　脚踭 kæk^{43}tseŋ^{53}
脚印儿　脚印 kæk^{43}iɐn^{33}
鸡眼一种脚病　鸡眼 kei^{53}ŋan^{24}
心口儿　心口 sɐm^{53}khɐu^{42}
胸脯　胸脯 hiuŋ^{53}pu^{31}
肋骨　肋线骨 lɐk^{1}siɛn^{33}kuɐt^{5}
乳房　奶 nɛ^{33}
奶汁　奶水 nɛ^{33}suei^{42}

肚子腹部　肚 tu^{24}
小肚子小腹　肚 tu^{24}
肚脐眼　肚□tu^{24}peŋ^{24}
腰　腰 iu^{53}
脊背　脊背 tsek^{5}puei^{33}
脊梁骨　脊梁骨 tsek^{5} liɛŋ^{31} kuɐt^{5}

3. 其他

头发旋儿　转罗 tsun^{42}lo^{31}
双旋儿　两个转 liɛŋ^{24} ko^{33} tsun^{42}
指纹　指纹 tsi^{42}vɐn^{31}
斗圆形的指纹　箩 lo^{31}
箕簸箕形的指纹　撮箕 tshɔt^{43} ki^{53}
寒毛　汗毛 ɔn^{312}məu^{31}
寒毛眼儿　汗毛管 ɔn^{312} məu^{31} kɔn^{42}
痣　记 ki^{33}
骨　骨 kuɐt^{5}
筋　筋 kɐn^{53}
血　血 hyɛt^{43}
血管　血管 hyɛt^{43}kɔn^{42}
脉　脉 mæk^{23}
五脏　五脏 ŋ ŋ̍^{24}tsɔŋ^{53}
心　心 sɐm^{53}
肝　肝 kɔn^{53}
肺　肺 fei^{33}
胆　胆 tam^{42}

脾　横肝 veŋ^{31}kɔn^{53}
胃　肚 tu^{24}
肾　腰子 iu^{53}tsɿ^{42}
肠　肠 tsiɛŋ^{31}

大肠　大肠 tai^{312}tsiɛŋ^{31}
小肠　细肠 sei^{33}tsiɛŋ^{31}
盲肠　盲肠 mɔŋ^{31}tsiɛŋ^{31}

（十二）疾病、医疗

1. 一般用语

病了　病了 peŋ^{312}liu^{24}
小病　小病 siu^{42}peŋ^{312}
重病　大病 tai^{312}peŋ^{312}
病轻了　病轻了peŋ^{312} kheŋ^{53} liu^{24}
病好了　病好了peŋ^{312}həu^{42}liu^{24}
请医生　请医生 tsheŋ^{42}i^{53}seŋ^{53}
　　请医师 tsheŋ^{42}i^{53}sɿ^{53}
医（病）　医 i^{53}
看病　看病 khɔn^{33}peŋ^{312}
号脉　号脉 əu^{312}mæk^{23}
开药方子　开药单 khei^{53}iæk^{23} tan^{53}
偏方儿　偏方 phin^{53}fɔŋ^{53}
抓药中药　拾药 sɐp^{1}iæk^{23}
买药西药　买药 mai^{24}iæk^{23}
（中）药铺　药舖 iæk^{23}phu^{33}
药房西药　药房 iæk^{23}vɔŋ^{31}
药引子　引药 iɐn^{24}iæk^{23}
药罐子　药罐 iæk^{23}kɔn^{33}
煎药动宾　沤药 ŋɐu^{33}iæk^{23}
药膏西药　药膏 iæk^{23}kau^{53}
膏药中药　膏药 kau^{53}iæk^{23}
药面儿药粉　药粉 iæk^{23}fɐn^{42}
擦药膏　擦药膏 tshat^{43} iæk^{23} kau^{53}
上药动宾　放药 fɔŋ^{33}iæk^{23}
发汗　发汗 fat^{43}ɔn^{312}
去风　去风 khy^{33}huŋ^{53}
去火　去火 khy^{33}fa^{42}
去湿　去湿 khy^{33}sɐp^{5}
去毒　去毒 khy^{33}tuk^{1}
消食　消食 siu^{53}sek^{1}
扎针　打针 ta^{42}tsɐm^{53}
拔火罐子　拔火罐 pat^{43} fa^{42} kɔn^{33}

2. 内科

泻肚　泻水 sɛ^{33}suei^{42}
发烧　发烧 fat^{43}siu^{53}
发冷　发冷 fat^{43}lɐŋ^{24}
起鸡皮疙瘩　起鸡内 khi^{42} kei^{53}nuei^{312}
伤风　伤风 siɛŋ^{53}huŋ^{53}
咳嗽　咳嗽 khɐk^{5}sɐu^{33}

气喘　气喘 khi^{33}tshɔn^{42}

气管炎　气管炎 khi^{33} kɔn^{42} im^{31}

中暑　中暑 tsuŋ^{53}sy^{42}

上火　上火 siɛŋ^{24}fa^{42}

积滞　积滞 tsek^{5}tsei^{33}

肚子疼　肚痛 tu^{24}thuŋ^{33}

胸口疼　胸口痛 hiuŋ^{53}khɐu^{42} thuŋ^{33}

头晕　头晕 tɐu^{31}vɐn^{31}

晕车　晕车 vɐn^{31}tshɛ^{53}

晕船　晕船 vɐn^{31}sun^{31}

头疼　头痛 tɐu^{31}thuŋ^{33}

恶心要呕吐　心涌 sɐm^{53}iuŋ^{24}

吐了呕吐　吐了 thu^{33}liu^{24}

干哕　喀有出 khɐk^{5} mɐu^{24} tshuɐt^{5}

疝气　疝气 san^{33}khi^{33}

脱肛　肛头掉 kɔŋ^{53}tɐu^{31}tiu^{312}

子宫脱垂　子宫脱落 tsɿ^{42} kuŋ^{53}thɔt^{43}lɔk^{23}

发疟子虐疾发作　发凉 fat^{43} liɛŋ^{31}

霍乱　霍乱 khɔk^{43}lɔn^{312}

（出）麻疹　麻 ma^{31}

（出）水痘　水痘 suei^{42}tɐu^{312}

（出）天花　天花 thin^{53}fa^{53}

种痘　种牛痘 tsuŋ^{42}ȵiɐu^{31}tɐu^{312}

伤寒　伤寒 siɛŋ^{53}ɔn^{31}

黄疸　黄疸 vɔŋ^{31}tam^{42}

肝炎　肝炎 kɔn^{53}im^{31}

肺炎　肺炎 fei^{33}im^{31}

胃病　胃病 uei^{312}peŋ^{312}

盲肠炎　盲肠炎 mɔŋ^{31} tsiɛŋ^{31} im^{31}

痨病中医指结核病　痨病 lɔu^{31} peŋ^{312}

3. 外科

跌伤　打倒伤 ta^{42}tɔu^{42}siɛŋ^{53}

碰伤　碰伤 phuŋ^{33}siɛŋ^{53}

蹭破皮儿　擦破皮 tshat^{43} pho^{33}pi^{31}

刺个口子　剐个口子 kua^{42} ko^{33}khɐu^{42}tsɿ^{42}

出血　出血 tshuɐt^{5}hyɛt^{43}

淤血　淤血 y^{53}hyɛt^{43}

红肿　红肿 uŋ^{31}tsuŋ^{42}

溃脓　化脓 fa^{33}nuŋ^{31}

结痂　结疤 kiɛt^{43}pa^{53}

疤　疤 pa^{53}

腮腺炎　猪头肥 tsy^{53}tɐu^{31}vi^{31}

长疮动宾　生疔 seŋ^{53}teŋ^{53}

长疔动宾　生疔 seŋ^{53}teŋ^{53}

痔疮　痔疮 tsi^{312}tshɔŋ^{53}

疥疮　癞咔 lai^{312}kha^{53}

癣　癣 sun^{42}

痱子　痱 fi^{33}

汗斑　汗斑 ɔn^{312}pan^{53}

瘊子　蚂蟥瘊 ma^{24}vɔŋ^{31}ɐu^{31}

痦子　记 ki^{33}

雀斑　麻咧斑 ma^{31} lɛ^{312} pan^{53}

粉刺　粉刺 fɐn^{42} tshɿ^{33}

狐臭　葡萄骚 pu^{31} təu^{31} səu^{53}

口臭　嘴臭 tsuei^{42} tshɐu^{33}

大脖子甲状腺肿大　泡颈 phau^{33} keŋ^{42}

鼻子不灵嗅觉不灵　鼻□有灵 pɐt^{1} ŋiu^{33} mɐu^{24} leŋ^{31}

齉鼻儿鼻不通气，发音不清　鼻梁齉 pɐt^{1} liɛŋ^{31} luŋ^{312}

水蛇腰　水蛇腰 suei^{42} sɛ^{31} iu^{53}

公鸭嗓儿嗓音沙哑　鸭公嗓 ap^{43} kuŋ^{53} səŋ^{42}

一只眼儿一只眼睛是瞎的　独眼龙 tuk^{1} ŋan^{24} luŋ^{31}

近视眼　近视眼 kiɐn^{24} si^{312} ŋan^{24}

老花眼　老花眼 ləu^{24} fa^{53} ŋan^{24}

鼓眼泡儿　鼓眼泡 ku^{42} ŋan^{24} phau^{53}

斗鸡眼儿内斜视　斗眼儿 tɐu^{42} ŋan^{24} ŋi^{31}

羞明　怕光 pha^{33} kəŋ^{53}

4. 残疾等

癫痫　发羊癫 fat^{43} iɛŋ^{31} tin^{53}

惊风小儿病　惊风 keŋ^{53} huŋ^{53}

抽风　抽风 tshɐu^{53} huŋ^{53}

中风　中风 tsuŋ^{53} huŋ^{53}

瘫痪　瘫 than^{53}

瘸子　□子 lek^{5} tsɿ^{42}

罗锅儿　驼背 to^{31} puei^{33}

聋子　聋子 luŋ^{31} tsɿ^{42}

哑巴　哑子 a^{42} tsɿ^{42}

结巴　结巴 kiɛt^{43} pa^{53}

瞎子　瞎子 hat^{43} tsɿ^{42}

傻子　戆子 ŋaŋ^{312} tsɿ^{42}

拽［阴平］子腿残者叫瘸子，手残着叫拽子　手跛 sɐu^{42} po^{42}

秃子头发脱光的人　裸颅 lo^{42} lu^{33}

麻子人出天花会留下的疤痕　□ŋiu^{53}

麻子脸上有麻子的人　□子 ŋiu^{53} tsɿ^{42}

豁唇子　缺唇 khyɛt^{43} sɐn^{31}

豁牙子　缺牙齿 khyɛt^{43} ŋia^{31} tshi^{42}

六指儿　六丫 luk^{1} ŋa^{53}

左撇子　左拐 tso^{33} kuai^{42}

（十三）衣服、穿戴

1. 服装

穿戴　穿戴 tshun^{53} tei^{33}

打扮　打扮 ta^{42} pan^{33}

衣服总称内外衣内外裤　衫裤

sam^{53} khu^{33}

制服　制服 tsi^{312} huk^{5}

中装　中装 tsuŋ^{53} tsɔŋ^{53}

西装　西装 sei^{53} tsɔŋ^{53}

长衫　长衫 tsiɛŋ^{31} sam^{53}

马褂儿　马褂 ma^{24} kua^{33}

旗袍女装　旗袍 ki^{31} pəu^{31}

棉衣　棉衫 min^{31} sam^{53}

棉袄　棉衫 min^{31} sam^{53}

皮袄　皮褂 pi^{31} kua^{33}

大衣　大衫 tai^{312} sam^{53}

短大衣　短大衫 tɔn^{42} tai^{312} sam^{53}

衬衫　衬衣 tshɐn^{33} i^{53}

外衣　外衣 ŋuei^{312} i^{53}

内衣　内衣 nuei^{312} i^{53}

坎肩　背心 puei^{33} sɐm^{53}

针织圆领衫　圆领衫 yn^{31} leŋ^{24} sam^{53}

汗背心　汗衫 ɔn^{312} sam^{53}

衣襟儿　衣襟 i^{53} kiɐm^{53}

大襟　大襟 tai^{312} kiɐm^{53}

小襟　细襟 sei^{33} kiɐm^{53}

对襟儿　对襟 tuei^{33} kiɐm^{53}

下摆　下摆 a^{312} pai^{42}

领子　领 leŋ^{24}

袖子　袖 tsɐu^{312}

长袖　长袖 tsiɛŋ^{31} tsɐu^{312}

短袖　短袖 tɔn^{42} tsɐu^{312}

裙子　裙 kyn^{31}

衬裙　衬裙 tshɐn^{33} kyn^{31}

裤子　裤 khu^{33}

单裤　单裤 tan^{53} khu^{33}

裤衩儿贴身穿的　短裤 tɔn^{42} khu^{33}

短裤穿在外面的　短裤 tɔn^{42} khu^{33}

裤子中式的　裤 khu^{33}

连脚裤　踩脚裤 tshei^{42} kæk^{43} khu^{33}

开裆裤　裸裆裤 lo^{42} tɔŋ^{53} khu^{33}

死裆裤相对开裆裤而言　封裆裤 huŋ^{53} tɔŋ^{53} khu^{33}

裤裆　裤裆 khu^{33} tɔŋ^{53}

裤腰　裤头 khu^{33} tɐu^{31}

裤腰带　裤带 khu^{33} tei^{33}

裤腿儿　裤脚 khu^{33} kæk^{43}

兜儿衣服上的口袋　衫袋 sam^{53} tei^{312}

钮扣中式的　扣 khɐu^{33}

扣襻中式的　扣襻 khɐu^{33} phan^{31}

扣儿西式的　扣 khɐu^{33}

扣眼儿西式的　扣眼 khɐu^{33} ŋan^{24}

2. 鞋帽

鞋　鞋 hai^{31}

拖鞋　拖鞋 tho^{53} hai^{31}

棉鞋　棉鞋 min^{31} hai^{31}

皮鞋　皮鞋 pi^{31} hai^{31}
毡鞋　毡鞋 tsin^{53} hai^{31}
布鞋　布鞋 pu^{33} hai^{31}
鞋底儿　鞋底 hai^{31} tei^{42}
鞋帮儿　鞋面 hai^{31} miɛn^{312}
鞋楦子　鞋楦 hai^{31} hyn^{33}
鞋拔子　鞋拔 hai^{31} pat^{43}
雨鞋橡胶做的　水鞋 suei^{42} hai^{31}
木屐　木拖 muk^{1} tho^{53}
鞋带儿　鞋带 hai^{31} tei^{33}
袜子　袜 mat^{23}
线袜　线袜 siɛn^{33} mat^{23}
丝袜　丝袜 sɿ^{53} mat^{23}
长袜　长袜 tsiɛŋ^{31} mat^{23}
短袜　短袜 tɔn^{42} mat^{23}
袜带　袜带 mat^{23} tei^{33}
弓鞋旧时裹脚妇女穿的鞋　船鞋 sun^{31} hai^{31}
裹脚旧时妇女裹脚的布　包脚布 pau^{53} kæk^{43} pu^{33}
裹腿军人用的　缠脚 tsin^{31} kæk^{43}
帽子　帽 məu^{312}
皮帽　皮帽 pi^{31} məu^{312}
礼帽　礼帽 lei^{24} məu^{312}
瓜皮帽　瓜皮帽 kua^{53} pi^{31} məu^{312}
军帽　军帽 kyn^{53} məu^{312}
草帽　草帽 tshəu^{42} məu^{312}
斗笠　竹帽 tsuk^{5} məu^{312}
帽檐儿　帽檐 məu^{312} im^{31}

3. 装饰品

首饰　首饰 sɐu^{42} sek^{5}
镯子　镯子 tsuk^{5} tsɿ^{42}
戒指　金手指 kiɐm^{53} sɐu^{42} tsi^{42}
项链　项链 ɐŋ^{312} liɛn^{312}
项圈　项圈 ɐŋ^{312} khyn^{53}
百家锁小儿佩戴的　金锁 kiɐm^{53} sa^{42}
别针儿　别针 piɛt^{23} tsɐm^{53}
簪子　簪 tsam^{53}
耳环　耳□ ŋi^{24} neŋ^{33}
胭脂　胭脂 ŋin^{53} tsi^{53}
粉　粉 fɐn^{42}

4. 其他穿戴用品

围裙　围裙 uei^{31} kyn^{31}
围嘴儿　襟垫 san^{31} tiɛm^{312}
　　口水垫 khɐu^{42} suei^{42} tiɛm^{312}
尿布　尿垫 niu^{312} tiɛm^{312}
手绢儿　纱巾 sa^{53} kin^{53}
围巾长条的　围巾 uei^{31} kin^{53}
手套　手套 sɐu^{42} thəu^{33}
眼镜　眼镜 ŋan^{24} keŋ^{33}
伞　伞 san^{33}
蓑衣　蓑衣 so^{53} i^{53}
雨衣新式的　雨衣 y^{24} i^{53}
手表　手表 sɐu^{42} piu^{42}

（十四）饮食

1. 伙食

伙食　伙食 fa^{42} sek^{1}

吃饭　吃饭 hek^{5} van^{312}

早饭　早饭 tsəu^{42} van^{312}

午饭　晡日 pu^{53} ŋɛt^{1}

晚饭　夜饭 ia^{312} van^{312}

食物　食物 sek^{1} vɐt^{1}

零食　嘴头 tsuei^{42} tɐu^{31}

点心糕饼之类食品　点心 tiɛm^{42} sɐm^{53}

茶点　茶点 tsa^{31} tiɛm^{42}

夜宵　宵夜 siu^{53} ia^{312}

消夜吃夜宵　吃宵夜 hek^{5} siu^{53} ia^{312}

2. 米食

米饭　饭 van^{312}

剩饭吃剩下的饭　剩饭 seŋ^{312} van^{312}

现饭不是本餐新做的饭　旧饭 kiɐu^{312} van^{312}

（饭）煳了　焦了 tsiu^{53} liu^{24}

（饭）馊了　馊了 sɐu^{53} liu^{24}

锅巴　饭皮 van^{312} pi^{31}

粥　粥 tsuk^{5}

米汤煮饭滗出来的　米汤 mei^{24} thɔŋ^{53}

米糊用米磨成的粉做的糊状食物　蒸糕 tseŋ^{53} kəu^{53}

粽子　粽 tsuŋ^{33}

3. 面食

面粉　面粉 miɛn^{312} fɐn^{42}

面条儿　面条 miɛn^{312} tiu^{31}

挂面像线状的干面条　面条 miɛn^{312} tiu^{31}

干切面机制的宽的干面条　面条 miɛn^{312} tiu^{31}

汤面带汤的面条　面条 miɛn^{312} tiu^{31}

臊子肉末　锉肉 tsho^{33} ŋiuk^{1}

面片儿用面做成的片状食物，吃法与汤面同　面片 miɛn^{312} phiɛn^{33}

面糊用面做成的糊状食物　面糊 miɛn^{312} vu^{31}

馒头没馅的　馒头 man^{31} tɐu^{31}

包子有馅的　包子 pau^{53} tsɿ^{42}

油条　油条 iɐu^{31} tiu^{31}

烧饼　烧饼 siu^{53} peŋ^{42}

烙饼名词　煎饼 tsin^{53} peŋ^{42}

花卷儿　花卷 fa^{53} kyɛn^{42}

饺子饺子的总称　饺子 kiu^{42} tsɿ^{42}

（饺子）馅儿　心 sɐm^{53}

馄饨　云吞 yn^{31} thɐn^{53}

烧卖　烧卖 siu^{53} mai^{312}

蛋糕老式小圆形的　蛋糕 tan^{312} kəu^{53}

元宵用干粉淋水反复多次搓成，有馅　汤圆 thɔŋ^{53} yn^{31}

汤圆用湿粉团搓成的，有的有馅，有的无馅　汤圆 thɔŋ^{53} yn^{31}

月饼　月饼 ŋyɛt^{23} peŋ^{42}

饼干　饼干 peŋ^{42} kɔn^{53}

酵子发酵用的面团　发本 fat^{43} pɐn^{42}

4. 肉、蛋

肉丁　肉丁 ŋiuk^{1} teŋ^{53}

肉片　肉片 ŋiuk^{1} phiɛn^{33}

肉丝　肉丝 ŋiuk^{1} sɿ^{53}

肉末　锉肉 tsho^{33} ŋiuk^{1}

肉皮　肉皮 ŋiuk^{1} pi^{31}

肉松　锉肉 tsho^{33} ŋiuk^{1}

肘子猪腿靠近身体的部位　猪裤 tsy^{53} khu^{33}

猪蹄儿　猪蹄 tsy^{53} tei^{31}

里脊　内脢 nuei^{312} mi^{31}

蹄筋　脚筋 kæk^{43} kɐn^{53}

牛舌头　牛口唇 ŋiɐu^{31} khɐu^{42} sɐn^{31}

猪舌头　猪口唇 tsy^{53} khɐu^{42} sɐn^{31}

下水猪、牛、羊的内脏　下水 a^{24} suei^{42}

肺猪的　肺 fei^{33}

肠子猪的　肠 tsiɛŋ^{31}

腔骨猪的　膛骨 tɔŋ^{31} kuɐt^{5}

排骨猪的　排骨 pai^{31} kuɐt^{5}

牛肚儿毛状物的那种　毛肚 məu^{31} tu^{24}

牛□帽 ŋiɐu^{31} laŋ^{33} məu^{312}

牛肚儿光滑的那种　牛光肚 ŋiɐu^{31} kɔŋ^{53} tu^{24}

肝猪的　肝 kɔn^{53}

腰子猪的　腰子 iu^{53} tsɿ^{42}

鸡杂儿　鸡杂 kei^{53} tsap^{23}

鸡肫　鸡肫 kei^{53} sun^{312}

猪血　猪红 tsy^{53} uŋ^{31}

鸡血　鸡红 kei^{53} uŋ^{31}

炒鸡蛋　炒鸡□tshau^{42} kei^{53} pau^{312}

荷包蛋油炸的　油炸荷包□iɐu^{31} tsa^{33} o^{31} pau^{53} pau^{312}

卧鸡子儿水煮的鸡蛋不带壳　荷包□o^{31} pau^{53} pau^{312}

煮鸡子儿连壳煮的鸡蛋　□鸡□tɐm^{33} kei^{53} pau^{312}

蛋羹加水调匀蒸的　芙蓉□vu^{31} iuŋ^{31} pau^{312}

松花蛋　皮□pi^{31} pau^{312}

咸鸡蛋　盐鸡□im^{31} kei^{53} pau^{312}

咸鸭蛋　盐□im^{31} pau^{312}

香肠　风肠 huŋ^{53} tsiɛŋ^{31}

鸡蛋汤　鸡□汤 kei^{53} pau^{312} thɔŋ^{53}

5. 菜

（下饭的）菜　菜 tshei^{33}

素菜　素菜 su^{33} tshei^{33}

荤菜　荤菜 fɐn^{53} tshei^{33}

咸菜　盐菜 iɛm^{312} tshei^{33}

小菜儿非正式菜总称　小菜 siu^{42} tshei^{33}

豆腐　豆腐 tɐu^{312} fu^{33}

豆腐皮可以用来做腐竹的　豆腐皮 tɐu^{312} fu^{33} pi^{31}

腐竹　腐竹 fu^{33} tsuk^{5}

千张薄的豆腐干皮　豆腐皮 tɐu^{312} fu^{33} pi^{31}

豆腐干儿　干豆腐 kɔn^{53} tɐu^{312} fu^{33}

豆腐泡儿　豆泡 tɐu^{312} phau^{53}

豆腐脑儿　豆脑 tɐu^{312} nəu^{24}

豆浆　豆浆 tɐu^{312} tsiɛŋ^{53}

豆腐乳　豆腐乳 tɐu^{312} fu^{33} y^{24}

粉丝绿豆做的，细条的　粉丝 fɐn^{42} sɿ^{53}

粉条白薯做的，粗条的　红薯粉 uŋ^{31} sy^{31} fɐn^{42}

粉皮绿豆做的，片状的　粉皮 fɐn^{42} pi^{31}

面筋　面筋 miɛn^{312} kɐn^{53}

凉粉绿豆做的，凝冻状的　凉粉 liɛŋ^{31} fɐn^{42}

藕粉　藕粉 ŋɐu^{24} fɐn^{42}

豆豉　豆豉 tɐu^{312} si^{312}

芡粉　芡粉 khiɛm^{33} fɐn^{42}

木耳　木耳 muk^{1} ŋi^{24}

银耳　银耳 ŋɐn^{31} ŋi^{24}

金针　金针 kiɐm^{53} tsɐm^{53}

海参　海参 hei^{42} seŋ^{53}

海带　海带 hei^{42} tei^{33}

6. 油盐作料

滋味吃的滋味　味道 mi^{312} təu^{312}

气味闻的气味　气味 khi^{33} mi^{312}

颜色　颜色 an^{31} sɐk^{5}

荤油　猪油 tsy^{53} iɐu^{31}

素油　菜油 tshei^{33} iɐu^{31}

花生油　花生油 fa^{53} seŋ^{53} iɐu^{31}

茶油　茶油 tsa^{31} iɐu^{31}

菜子油　菜油 tshei^{33} iɐu^{31}

脂麻油可以拌凉菜的那种　麻油 ma^{31} iɐu^{31}

盐　盐 iɛm^{312}

粗盐　生盐 seŋ^{53} iɛm^{312}

精盐　熟盐 suk^{1} iɛm^{312}

酱油　酱油 tsiɛŋ^{33} iɐu^{31}

脂麻酱　油麻酱 iɐu^{31} ma^{31} tsiɛŋ^{33}

甜面酱　甜面酱 tim^{31} miɛn^{312} tsiɛŋ^{33}

豆瓣儿酱　豆酱 tɐu^{312} tsiɛŋ^{33}

辣酱　辣椒酱 lat^{23} tsiu^{53} tsiɛŋ^{33}

醋　醋 tshu^{33}
料酒　料酒 liu^{312} tsɐu^{42}
红糖　沙糖 sa^{53} tɔŋ^{31}
白糖　白糖 pæk^{23} tɔŋ^{31}
冰糖　冰糖 peŋ^{53} tɔŋ^{31}
糖块一块块用纸包装好的　砖糖 tsun^{53} tɔŋ^{31}
花生糖　花生糖 fa^{53} seŋ^{53} tɔŋ^{31}
麦芽糖　麦芽糖 mæk^{23} ŋia^{31} tɔŋ^{31}
作料　配料 phuei^{33} liu^{312}
八角　八角 pat^{43} kɐk^{5}
桂皮　桂皮 kuei^{33} pi^{31}
花椒　花椒 fa^{53} tsiu^{53}
胡椒粉　胡椒粉 vu^{31} tsiu^{53} fɐn^{42}

7. 烟、茶、酒

烟　烟 ŋin^{53}
烟叶　烟叶 ŋin^{53} iæp^{23}
烟丝　烟丝 ŋin^{53} sɿ^{53}
香烟　烟崽 ŋin^{53} tsai^{42}
旱烟　旱烟 ɔn^{24} ŋin^{53}
黄烟　黄烟 vɔŋ^{31} ŋin^{53}
水烟袋铜制的　水烟筒 suei^{42} ŋin^{53} tuŋ^{31}
旱烟袋细竹杆儿做的烟具　烟筒 ŋin^{53} tuŋ^{31}
烟盒装香烟的金属盒，有的还带打火机　烟盒 ŋin^{53} hap^{1}
烟油子　烟屎 ŋin^{53} si^{42}
烟灰　烟灰 ŋin^{53} fi^{53}
火镰旧时取火用具　火镰 fa^{42} liɛm^{31}
火石用火镰打的那种石头　火石 fa^{42} sek^{1}
纸煤儿　纸煤 tsi^{42} mi^{31}
（沏好的）茶　茶 tsa^{31}
茶叶　茶叶 tsa^{31} iæp^{23}
开水　开水 khei^{53} suei^{42}
沏茶动宾　斟茶 tsɐm^{53} tsa^{31}
倒茶　滗茶 pɐt^{5} tsa^{31}
白酒　白酒 pæk^{23} tsɐu^{42}
江米酒　甜酒 tim^{31} tsɐu^{42}
黄酒　黄酒 vɔŋ^{31} tsɐu^{42}

（十五）红白大事

1. 婚姻、生育

亲事　婚事 fɐn^{53} sɿ^{312}
做媒　做媒 tsɿ^{33} mi^{31}
媒人　媒婆 mi^{31} po^{31}
相亲男女双方见面，看是否合意　相亲 siɛŋ^{53} tshɐn^{53}
相貌　相貌 siɛŋ^{53} məu^{312}
年龄　年龄 nin^{31} leŋ^{31}
定婚　定婚 teŋ^{312} fɐn^{53}
定礼　过礼 kua^{33} lei^{24}

喜期结婚的日子　日期 $ŋɛt^{1}ki^{31}$

喜酒　结婚酒 $kiɛt^{43}fɐn^{53}tsɐu^{42}$

过嫁妆　陪嫁 $pi^{31}ka^{33}$

（男子）娶亲　讨媳妇 $thəu^{42}sek^{5}fu^{33}$

（女子）出嫁　出嫁 $tshuɐt^{5}ka^{33}$

嫁闺女　嫁女 $ka^{33}ny^{24}$

结婚　结婚 $kiɛt^{43}fɐn^{53}$

花轿　花轿 $fa^{53}kiu^{312}$

拜堂　拜堂 $pai^{33}tɔŋ^{31}$

新郎　郎 $lɔŋ^{31}$

新娘　新孥 $sɐn^{53}nu^{24}$

新房　新孥房 $sɐn^{53}nu^{24}vɔŋ^{31}$

新娘房 $sɐn^{53}niɛŋ^{31}vɔŋ^{31}$

交杯酒　交杯酒 $kau^{53}pi^{53}tsɐu^{42}$

暖房　暖房 $nɔn^{24}vɔŋ^{31}$

回门　回门 $vi^{31}mɐn^{31}$

再醮寡妇再嫁　半嫁 $pɔn^{33}ka^{33}$

续弦从男方说　另讨新孥 $leŋ^{312}thəu^{42}sɐn^{53}nu^{24}$

填房从女方说　填房 $tin^{31}vɔŋ^{31}$

怀孕了　带依儿 $tei^{33}nuŋ^{24}ŋi^{31}$

孕妇　四眼 $sɿ^{33}ŋan^{24}$

小产　过生 $kua^{33}seŋ^{53}$

生孩子　生依儿 $seŋ^{53}nuŋ^{24}ŋi^{31}$

接生　接生 $tsiæp^{43}seŋ^{53}$

胎盘　胞盘 $pau^{53}pun^{31}$

坐月子　坐月 $tsa^{24}ŋyɛt^{23}$

满月　满月 $mɔn^{24}ŋyɛt^{23}$

头胎　头胎 $tɐu^{31}thei^{53}$

双胞胎　双生 $sɔŋ^{53}seŋ^{53}$

打胎　打胎 $ta^{42}thei^{53}$

遗腹子父死后才出生的　背父生 $puei^{33}fu^{33}seŋ^{53}$

吃奶　吃奶 $hek^{5}nɛ^{33}$

奶头　奶嘴 $nɛ^{33}tsuei^{42}$

（小孩子）尿床　屙尿淋床 $o^{53}niu^{312}lɐm^{31}sɔŋ^{31}$

2. 寿辰、丧葬

生日　生日 $seŋ^{53}ŋɛt^{1}$

做生日　做生日 $tsɿ^{33}seŋ^{53}ŋɛt^{1}$

祝寿　贺寿 $o^{312}sɐu^{312}$

寿星　寿星 $sɐu^{312}seŋ^{53}$

丧事　丧事 $sɔŋ^{53}sɿ^{312}$

白事 $pæk^{23}sɿ^{312}$

奔丧　吊孝 $tiu^{33}hau^{33}$

死了　死了 $sɿ^{42}liu^{24}$

冇在了 $mɐu^{24}tsei^{312}liu^{24}$

过世 $kua^{33}sei^{33}$

灵床　灵床 $leŋ^{31}sɔŋ^{31}$

棺材　木 muk^{1}

寿材生前预制的棺材　长生 $tsiɛŋ^{31}seŋ^{53}$

寿料 $sɐu^{312}liu^{312}$

入殓　入殓 $ŋiɐp^{1}liɛm^{312}$

灵堂　灵堂 $leŋ^{31}tɔŋ^{31}$

佛堂　佛堂 $vɐt^{1}tɔŋ^{31}$

守灵　守灵 sɐu^{42} leŋ^{31}

做七　做初三 tsu^{33} tsho^{53} sam^{53}

守孝　守孝 sɐu^{42} hau^{33}

带孝　带孝 tei^{33} hau^{33}

除孝　脱孝 thɔt^{43} hau^{33}

孝子　孝子 hau^{33} tsɿ^{42}

孝孙　孝孙 hau^{33} sɐn^{53}

出殡　出殡 tshuɐt^{5} pɐn^{33}

送葬　送葬 suŋ^{33} tsɔŋ^{33}

哭丧棒　手挽 sɐu^{42} van^{24}

纸扎用纸扎的人、马、房子等　纸扎 tsi^{42} tsap^{43}

纸钱　钱纸 tsin^{31} tsi^{42}

坟地坟墓所在的地方　坟地 vɐn^{31} ti^{312}

坟墓　坟 vɐn^{31}

碑不单指墓碑　碑 pi^{53}

墓碑　墓碑 mu^{312} pi^{53}

上坟　上坟 siɛŋ^{24} vɐn^{31}

自杀　自杀 tsɿ^{312} sat^{43}

投水自尽　跳江 thiu^{33} keŋ^{53}

上吊　勒喉 lɐk^{1} ɐu^{31}

尸骨　尸骨 si^{53} kuɐt^{5}

骨灰坛子　金坛 kiɐm^{53} tan^{31}

3. 迷信

老天爷　天地老人 thin^{53} ti^{312} ləu^{24} ŋiɐn^{31}

灶王爷　灶王 tsəu^{33} ɔŋ^{31}

佛　佛 vɐt^{1}

菩萨　菩萨 pu^{31} sat^{43}

观世音　观音 kun^{53} iɐm^{53}

土地庙　土地庙 thu^{42} ti^{312} miu^{312}

关帝庙　关帝庙 kuan^{53} tei^{33} miu^{312}

城隍庙　城隍庙 seŋ^{31} ɔŋ^{31} miu^{312}

阎王　阎王 im^{31} ɔŋ^{31}

祠堂　祠堂 tsɿ^{31} tɔŋ^{31}

佛龛　佛龛 vɐt^{1} khɔm^{53}

香案　神台 sɐn^{31} tei^{31}

上供　敬神 keŋ^{33} sɐn^{31}

烛台　香炉盆 hiɛŋ^{53} lu^{31} pɐn^{31}

蜡烛敬神的那种　蜡 lap^{23}

线香敬神的那种　香 hiɛŋ^{53}

香炉　香炉 hiɛŋ^{53} lu^{31}

烧香动宾　烧香 siu^{53} hiɛŋ^{53}

签诗印有谈吉凶的诗文的纸条　签 tshim^{53}

求签　求签 kiɐu^{31} tshim^{53}

打卦　卜卦 phuk^{1} kua^{33}

珓占卜用，通常用一正一反两片竹片制成　珓板 kau^{33} pan^{42}

阴珓两面都朝下　阴珓 iɐm^{53} kau^{33}

阳珓两面都朝上　阳珓 iɛŋ^{31} kau^{33}

圣珓一正一反　阴阳珓 iɐm^{53} iɛŋ^{31} kau^{33}

庙会　庙会 miu^{312} vuei^{312}

做道场　做道场 tsɿ^{33} təu^{312} tsiɛŋ^{31}

念经　念经 niɛm^{312} keŋ^{53}

测字　测字 tshɐk^{5} tsɿ^{312}

看风水　看风水 khɔn^{33} huŋ^{53} suei^{42}

算命　算命 sɔn^{33} meŋ^{312}

算命先生　算命先生 sɔn^{33} meŋ^{312} sin^{53} seŋ^{53}

看相的　看相人 khɔn^{33} siɛŋ^{53} ŋiɐn^{31}

巫婆　妗婆 kiɐm^{24} po^{31}

跳神　跳神 thiu^{33} sɐn^{31}

许愿　许愿 hy^{42} yn^{33}

还愿　还愿 van^{31} yn^{33}

（十六）日常生活

1. 衣

穿衣服　穿衫 tshun^{53} sam^{53}

脱衣服　解衫 kai^{42} sam^{53}

脱鞋　剥鞋 pɔk^{43} hai^{31}

量衣服　量衫 liɛŋ^{31} sam^{53}

做衣服　补衫 pu^{42} sam^{53}

贴边缝在衣服里子边上的窄条　贴边 thiæp^{43} pin^{53}

滚边在衣服、布鞋等的边缘特别缝制的一种圆棱的边儿　滚边 kuɐn^{42} pin^{53}

缲边儿　缲边 tshiu^{53} pin^{53}

纳鞋底子　打鞋底 ta^{42} hai^{31} tei^{42}

钉扣子　钉扣 teŋ^{53} khɐu^{33}

绣花儿　补花 pu^{42} fa^{53}

打补丁　打补丁 ta^{42} pu^{42} teŋ^{53}

做被卧　订被 teŋ^{312} pi^{24}

洗衣服　洗衫 sei^{42} sam^{53}

洗一水一次　过一下水 kua^{33} ɐt^{5} a^{24} suei^{42}

敨　敨 thɐu^{42}

晒衣服　晒衫 sai^{33} sam^{53}

晾衣服　晾衫 laŋ^{33} sam^{53}

浆衣服　浆衫 tsiɛŋ^{53} sam^{53}

熨衣服　熨衫 yn^{33} sam^{53}

2. 食

生火　烧火 siu^{53} fa^{42}

做饭总称　煮饭 tsy^{42} van^{312}

淘米　擦米 tshat^{43} mei^{24}

发面　发面 fat^{43} miɛn^{312}

和面　拌面 pɔn^{312} miɛn^{312}

揉面　揉面 iɐu^{31} miɛn^{312}

擀面条　擀面 kɔn^{53} miɛn^{312}

抻面条　拉面 lat^{23} miɛn^{312}

蒸馒头　蒸馒头 tseŋ^{53} man^{31} tɐu^{31}

择菜　选菜 sun^{42} tshei^{33}
做菜　弄菜 luŋ^{312} tshei^{33}
炒菜　炒菜 tshau^{42} tshei^{33}
做汤　煮汤 tsy^{42} thɔŋ^{53}
饭好了包括饭菜　饭好了 van^{312} həu^{42} liu^{24}
（饭）生　夹生 kap^{43} seŋ^{53}
开饭　吃饭 hek^{5} van^{312}
盛饭　舀饭 iu^{33} van^{312}
搛菜　镊菜 niæp^{43} tshei^{33}
舀汤　舀汤 iu^{33} thɔŋ^{53}
吃早饭　吃早饭 hek^{5} tsəu^{42} van^{312}
吃午饭　吃晡日 hek^{5} pu^{53} ŋɛt^{1}
吃晚饭　吃夜饭 hek^{5} ia^{312} van^{312}
吃零食　吃嘴头 hek^{5} tsuei^{42} tɐu^{31}
使筷子　用筷 iuŋ^{312} khuai^{33}
肉不烂　肉冇软 ŋiuk^{1} mɐu^{24} ŋyɛn^{24}
嚼不动　咬冇动 ŋau^{24} mɐu^{24} tuŋ^{24}
（吃饭）噎住了　着噎 tsiæk^{23} iɛ^{33}
打嗝儿吃饱后　打嗝 ta^{42} kæk^{43}
（吃的太多了）撑着了　胀多 tsiɛŋ^{33} to^{53}
　饱多 pau^{42} to^{53}
嘴没味儿　嘴淡 tsuei^{42} tam^{24}
喝茶　吃茶 hek^{5} tsa^{31}
喝酒　吃酒 hek^{5} tsɐu^{42}
抽烟　吃烟 hek^{5} ŋin^{53}
饿了　饥了 ki^{53} liu^{24}

3. 住

起床　起床 khi^{42} sɔŋ^{31}
洗手　洗手 sei^{42} sɐu^{42}
洗脸　洗面 sei^{42} miɛn^{312}
漱口　漱口 su^{33} khɐu^{42}
刷牙　刷牙齿 suat^{43} ŋia^{31} tshi^{42}
梳头　梳头 so^{53} tɐu^{31}
梳辫子　打头辫 ta^{42} tɐu^{31} piɛn^{31}
梳髻　捆头髻 khuɐn^{42} tɐu^{31} kei^{33}
剪指甲　剪手甲 tsiɛn^{42} sɐu^{42} kap^{43}
掏耳朵　抠耳朵 khɐu^{53} ŋi^{24} to^{42}
洗澡　渡洗 tu^{312} sei^{42}
擦澡　抹身 mat^{23} sɐn^{53}
小便动词　痾尿 o^{53} niu^{312}
大便动词　痾屎 o^{53} si^{42}
乘凉　晾凉 laŋ^{33} liɛŋ^{31}
晒太阳　晒日头 sai^{33} ŋɛt^{1} tɐu^{31}
烤火取暖　向火 hiɛŋ^{33} fa^{42}
点灯　点灯 tiɛm^{42} tɐŋ^{53}
熄灯　黑灯 hɐk^{5} tɐŋ^{53}
歇歇休息一会儿　歇一时 hiɛt^{43} ɐt^{5} si^{31}
打盹儿　拜瞌睡 pai^{33} khɔp^{5} sɔi^{312}
打哈欠　打哈欠 ta^{42} ha^{53} khiɛm^{33}

困了　□了 nai^{33} liu^{24}

铺床　铺床 phu^{53} sɔŋ^{31}

躺下　睡下去 sɔi^{312} a^{24} khy^{33}

睡着了　睡着了 sɔi^{312} tsɔk^{43} liu^{24}

打呼　鼾睡 hɔn^{53} sɔi^{312}

睡不着　睡冇着 sɔi^{312} mɐu^{24} tsɔk^{43}

睡午觉　睡晡日 sɔi^{312} pu^{53} ŋɛt^{1}

仰面睡　仰睡 ŋiɛŋ^{24} sɔi^{312}

侧着睡　侧身睡 tshɐk^{5} sɐn^{53} sɔi^{312}

趴着睡　仆趴睡 phuk^{1} pha^{31} sɔi^{312}

落枕　睡错枕 sɔi^{312} tshu^{33} tsɐm^{42}

抽筋了　发溜筋 fat^{43} lɐu^{53} kɐn^{53}

做梦　睡梦 sɔi^{312} muŋ^{312}

说梦话　讲梦话 kɐŋ^{42} muŋ^{312} va^{312}

魇住了　捱鬼揿 ŋai^{31} kuei^{42} khin^{53}

熬夜　打通宵 ta^{42} thuŋ^{53} siu^{53}

开夜车　打通宵 ta^{42} thuŋ^{53} siu^{53}

4. 行

走路　行路 heŋ^{31} lu^{312}

下地去地里干活　去做工 khy^{33} tsɿ^{33} kuŋ^{53}

上工　去做工 khy^{33} tsɿ^{33} kuŋ^{53}

收工　去了 khy^{33} liu^{24}

赶集到集市上买卖货物　上墟 siɛŋ^{24} hy^{53}

走亲戚　行亲戚 heŋ^{31} tshɐn^{53} tshek^{5}

出去了　出去了 tshuɐt^{5} khy^{33} liu^{24}

回家了　归了 kuei^{53} liu^{24}

逛街　□街 laŋ^{33} kai^{53}

散步　散步 san^{42} pu^{312}

（十七）讼事

打官司　打官司 ta^{42} kun^{53} sɿ^{53}

告状动宾　告状 kɐu^{33} tsɔŋ^{312}

原告　原告 ŋyn^{31} kɐu^{33}

被告　被告 pi^{24} kɐu^{33}

状子　状子 tsɔŋ^{312} tsɿ^{42}

坐堂　坐堂 tsa^{24} tɔŋ^{31}

退堂　退堂 thuei^{33} tɔŋ^{31}

问案　问案 mɐn^{312} ɔn^{33}

过堂　过堂 kua^{33} tɔŋ^{31}

证人　证人 tseŋ^{33} ŋiɐn^{31}

人证　人证 ŋiɐn^{31} tseŋ^{33}

物证　物证 vɐt^{1} tseŋ^{33}

对质　对质 tuei^{33} tsɐt^{43}

刑事　刑事 heŋ^{31} sɿ^{312}

民事　民事 mɐn^{31} sɿ^{312}

家务事清官难断～事　家务事 ka^{53} vu^{33} sɿ^{312}

律师　律师 lɐt^{1} sɿ^{53}

代书代人写状子的　代写 tei^{312} sɛ^{42}

服　服气 huk^{5} khi^{33}

不服　有服 mɐu^{24} huk^{5}

上诉　上诉 siɛŋ^{24} su^{33}

宣判　宣判 sun^{53} phɔn^{33}

招认　认了 ŋin^{312} liu^{24}

口供　口供 khɐu^{42} kuŋ^{33}

供～出同谋　供出 kuŋ^{33} tshuɐt^{5}

同谋　同谋 tuŋ^{31} mɐu^{31}

故犯　故犯 ku^{33} vam^{312}

误犯　误犯 vu^{312} vam^{312}

犯法　犯法 vam^{312} fap^{43}

犯罪　犯罪 vam^{312} tsuei^{24}

诬告　诬告 mu^{53} kəu^{33}

连坐　连坐 lin^{31} tsa^{24}

保释　保释 pəu^{42} sek^{5}

取保　取保 tshy^{42} pəu^{42}

逮捕　捉 tsuk^{5}

押解　押送 at^{43} suŋ^{33}

囚车　牢车 ləu^{31} tshɛ^{53}

青天老爷　青官 tsheŋ^{53} kun^{53}

赃官　赃官 tsɔŋ^{53} kun^{53}

受贿　受礼 sɐu^{312} lei^{24}

行贿　买通 mai^{24} thuŋ^{53}

罚款　罚款 vat^{23} khɔn^{53}

斩首　杀头 sat^{43} tɐu^{31}

枪毙　枪毙 tshiɛŋ^{53} pei^{33}

斩条插在死囚背后验明正身的木条　斩条 tsam^{42} tiu^{31}

拷打　拷打 khəu^{42} ta^{42}

打屁股旧时刑罚　打屁股 ta^{42} phi^{33} ku^{42}

上枷　担枷 tam^{53} ka^{53}

手铐　手铐 sɐu^{42} khəu^{42}

脚镣　脚镣 kæk^{43} liu^{31}

绑起来　捆起来 khuɐn^{42} khi^{42} lei^{31}

囚禁起来　禁起来 kiɐm^{33} khi^{42} lei^{31}

坐牢　坐牢 tsa^{24} ləu^{31}

探监　探监 tham^{33} kam^{53}

越狱　从牢里逃出去 tsuŋ^{31} ləu^{31} li^{24} təu^{31} tshuɐt^{5} khy^{33}

立字据　立字据 lɐp^{1} tsɿ^{312} ky^{312}

画押　画押 va^{312} at^{43}

按手印　按手印 ɔn^{33} sɐu^{42} iɐn^{33}

捐税　捐税 kyn^{53} suei^{33}

地租　地租 ti^{312} tsu^{53}

地契　地契 ti^{312} khei^{33}

税契持契交税盖印，使契有效　税契 suei^{33} khei^{33}

纳税　纳税 nap^{23} suei^{33}

执照　执照 tsɐp^{5} tsiu^{33}

告示　告示 kəu^{33} si^{24}

通知　通知 thuŋ^{53} tsi^{53}

路条　路条 lu^{312} tiu^{31}
命令　命令 meŋ^{312} leŋ^{312}
印官方图章　官印 kun^{53} iɐn^{33}
私访　私访 sɿ^{53} fɔŋ^{42}
交代把经手的事务移交给接替的人　交接 kau^{53} tsiæp^{43}

上任　上任 siɛŋ^{24} ȵiɐm^{312}
卸任　冇做官 mɐu^{24} tsɿ^{33} kun^{53}
罢免　罢免 pa^{312} miɛn^{24}
案卷　案卷 ɔn^{33} kyɛn^{42}
传票　传票 tsun^{31} phiu^{33}

（十八）交际

应酬　应酬　eŋ^{33} tsɐu^{31}
来往　来往 lei^{31} vɔŋ^{42}
看人去看望人　□lɔk^{1}
拜访　拜访 pai^{33} fɔŋ^{42}
回拜　回访 vi^{31} fɔŋ^{42}
客人　客人 hæk^{43} ȵiɐn^{31}
请客　请客 tsheŋ^{42} hæk^{43}
招待　招待 tsiu^{53} tei^{312}
男客　男客 nam^{31} hæk^{43}
女客　女客 ny^{24} hæk^{43}
送礼　送礼 suŋ^{33} lei^{24}
礼物　礼物 lei^{24} vɐt^{1}
人情　人情 ȵiɐn^{31} tseŋ^{31}
做客　做客 tsɿ^{33} hæk^{43}
待客　待客 tei^{312} hæk^{43}
陪客动宾　陪客 pi^{31} hæk^{43}
送客　送客 suŋ^{33} hæk^{43}
不送了主人说的客气话　冇送了 mɐu^{24} suŋ^{33} liu^{24}
谢谢　多谢 to^{53} tsɛ^{312}
不客气　冇客气 mɐu^{24} hæk^{43} khi^{33}
摆酒席　摆桌 pai^{42} tsɔk^{43}
一桌酒席　一桌菜 ɐt^{5} tsɔk^{43} tshei^{33}
请帖　请帖 tsheŋ^{42} thiæp^{43}
下请帖　发帖 fat^{43} thiæp^{43}
入席　开桌 khei^{53} tsɔk^{43}
上菜　上菜 siɛŋ^{24} tshei^{33}
斟酒　滗酒 pɐt^{5} tsɐu^{42}
　　　筛酒 sai^{53} tsɐu^{42}
劝酒　劝酒 khyn^{33} tsɐu^{42}
干杯　碰杯 phuŋ^{33} pi^{53}
行酒令　猜拳 tshei^{53} kyn^{31}
匿名帖子　白头帖 pæk^{23} tɐu^{31} thiæp^{43}
（他们俩人）不和　冇和 mɐu^{24} o^{31}
冤家　冤家 yn^{53} ka^{53}
不平路见～　冇平 mɐu^{24} peŋ^{31}
冤枉　冤枉 yn^{53} vɔŋ^{24}
插嘴　插嘴 tshap^{43} tsuei^{42}

做作　做作 tsu^{33} tsɔk^{43}
摆架子　摆架子 pai^{42} ka^{33} tsɿ^{42}
装傻　装癫 tsɔŋ^{53} tin^{53}
出洋相　出洋面 tshuɐt^{5} iɛŋ^{31} miɛn^{312}
丢人　出丑 tshuɐt^{5} tshɐu^{42}
　　丢面 tiu^{53} miɛn^{312}
巴结　巴结 pa^{53} kiɛt^{43}
拉近乎　拉关系 lat^{23} kuan^{53} hi^{33}
看得起　看得起 khɔn^{33} tɐk^{5} khi^{42}
看不起　看冇起 khɔn^{33} mɐu^{24} khi^{42}
合伙儿　合伙 hap^{1} fa^{42}
答应　答应 tap^{43} eŋ^{33}
不答应　冇答应 mɐu^{24} tap^{43} eŋ^{33}
撵出去　赶出去 kɔn^{42} tshuɐt^{5} khy^{33}

（十九）商业、交通

1. 经商行业

字号　舖号 phu^{33} əu^{312}
招牌　招牌 tsiu^{53} pai^{31}
广告　广告 kuɔŋ^{42} kəu^{33}
开铺子　开舖 khei^{53} phu^{33}
铺面 商店的门面　舖面 phu^{33} miɛn^{312}
摆摊子　摆摊 pai^{42} than^{53}
跑单帮　单干 tan^{53} kɔn^{53}
做生意　做生意 tsɿ^{33} seŋ^{53} i^{33}
旅店　客栈 hæk^{43} tsan^{312}
饭馆　饭馆 van^{312} kɔn^{42}
下馆子　下馆 a^{24} kɔn^{42}
堂倌儿　跑堂 phau^{42} tɔŋ^{31}
布店　布舖 pu^{33} phu^{33}
　　布店 pu^{33} tiɛm^{33}
百货店　百货舖 pæk^{43} hua^{33} phu^{33}
　　百货店 pæk^{43} hua^{33} tiɛm^{33}
杂货店　杂货舖 tsap^{23} hua^{33} phu^{33}
油盐店　盐油舖 iɛm^{312} iɐu^{31} phu^{33}
粮店　粮店 liɛŋ^{31} tiɛm^{33}
瓷器店　瓷器店 tsɿ^{31} khi^{33} tiɛm^{33}
文具店　文具店 vɐn^{31} ky^{312} tiɛm^{33}
茶馆儿　茶馆 tsa^{31} kɔn^{42}
理发店　剃头舖 thei^{33} tɐu^{31} phu^{33}
理发　剃头 thei^{33} tɐu^{31}
刮脸　刮面 kuat^{43} miɛn^{312}
刮胡子　刮胡须 kuat^{43} vu^{31} sy^{53}
肉铺　肉行 ŋiuk^{1} hɔŋ^{31}
杀猪　杀猪 sat^{43} tsy^{53}
油坊　油榨房 iɐu^{31} tsa^{33} vɔŋ^{31}

当铺　当舖 $tɔŋ^{53}phu^{33}$
租房子　租屋 $tsu^{53}uk^{5}$
典房子　当屋 $tɔŋ^{53}uk^{5}$
煤铺　煤舖 $mi^{31}phu^{33}$
煤球　煤球 $mi^{31}kiɐu^{31}$
蜂窝煤　蜂窝煤 $huŋ^{53}vu^{53}mi^{31}$

2. 经营、交易

开业　开张 $khei^{53}tsiɛŋ^{53}$
　　　开业 $khei^{53}niæp^{23}$
停业　停业 $teŋ^{31}niæp^{23}$
盘点　盘点 $pun^{31}tiɐm^{42}$
柜台　柜台 $kuei^{312}tei^{31}$
开价　开价 $khei^{53}ka^{33}$
还价　还价 $van^{31}ka^{33}$
　　　讲价 $kɐŋ^{42}ka^{33}$
（价钱）便宜　便宜 $piɛn^{312}ŋi^{31}$
（价钱）贵　贵 $kuei^{33}$
（价钱）公道　公道 $kuŋ^{53}tɔu^{312}$
包圆儿剩下的全部买了　全包 $tsun^{31}pau^{53}$
买卖好　生意好 $seŋ^{53}i^{33}hɔu^{42}$
买卖清淡　生意清淡 $seŋ^{53}i^{33}tsheŋ^{53}tam^{24}$
工钱　工钱 $kuŋ^{53}tsin^{31}$
本钱　本钱 $pɐn^{42}tsin^{31}$
保本　保本 $pɔu^{42}pɐn^{42}$
赚钱　挣钱 $tseŋ^{53}tsin^{31}$
亏本　亏本 $khuei^{53}pɐn^{42}$
路费　路费 $lu^{312}fei^{33}$
利息　利息 $li^{312}sek^{5}$
运气好　运气好 $yn^{312}khi^{33}hɔu^{42}$
欠～他三元钱　欠 $khiɛm^{33}$
差～五角十元，即九元五角　少 siu^{42}
押金　押金 $at^{43}kiɐm^{53}$

3. 账目、度量衡

账房　账房 $tsiɛŋ^{33}vɔŋ^{31}$
开销　开支 $khei^{53}tsi^{53}$
收账记收入的账　进账 $tsɐn^{33}tsiɛŋ^{33}$
出账记付出的账　出账 $tshuɐt^{5}tsiɛŋ^{33}$
欠账　欠账 $khiɛm^{33}tsiɛŋ^{33}$
要账　讨账 $thɔu^{42}tsiɛŋ^{33}$
烂账要不来的账　死账 $sɿ^{42}tsiɛŋ^{33}$
水牌临时记账用的木牌或铁牌　水牌 $suei^{42}pai^{31}$
发票　发票 $fat^{43}phiu^{33}$
收据　收据 $sɐu^{53}ky^{312}$
存款存下的钱　存款 $tsɔn^{31}khɔn^{53}$
整钱如十元、百元的钱　大钱 $tai^{312}tsin^{31}$
零钱　零钱 $leŋ^{31}tsin^{31}$
钞票纸币　纸票 $tsi^{42}phiu^{33}$
铜板儿　铜□ $tuŋ^{31}lei^{33}$
银元　银子 $ŋɐn^{31}tsɿ^{42}$

一分钱　一分 ɐt^{5} fɐn^{53}
一角钱　一角 ɐt^{5} kɐk^{5}
一块钱　一块 ɐt^{5} khuai^{33}
十块钱　十块 sɐp^{1} khuai^{33}
一百块钱　一百块 ɐt^{5} pæk^{43} khuai^{33}
一张票子钞票　一张纸票 ɐt^{5} tsiɛŋ^{53} tsi^{42} phiu^{33}
一个铜子儿　一个铜□ɐt^{5} ko^{33} tuŋ^{31} lei^{33}
一个硬币　一个硬币 ɔt^{5} ko^{33} ŋeŋ^{312} pi^{312}
算盘　算盘 sɔn^{33} pun^{31}
天平　天平 thin^{53} peŋ^{31}
戥子等子　等 tɐŋ^{42}
秤　秤 tsheŋ^{33}
磅秤　磅秤 paŋ^{33} tsheŋ^{33}
秤盘　秤盘 tsheŋ^{33} pun^{31}
秤星儿　秤星 tsheŋ^{33} seŋ^{53}
秤杆儿　秤杆 tsheŋ^{33} kɔn^{53}
秤钩子　秤钩 tsheŋ^{33} ŋɐu^{53}
秤锤　秤砣 tsheŋ^{33} to^{31}
秤毫　秤毫 tsheŋ^{33} əu^{31}
（称物时）秤尾高　旺 vɔŋ^{312}
（称物时）秤尾低　绵 min^{31}
刮板平斗斛的木片　刮板 kuat^{43} pan^{42}

4. 交通

铁路　铁路 thiɛt^{43} lu^{312}
铁轨　铁轨 thiɛt^{43} kuei^{42}
火车　火车 fa^{42} tshɛ^{53}
火车站　火车站 fa^{42} tshɛ^{53} tsam^{312}
公路　马路 ma^{24} lu^{312}
汽车　汽车 khi^{33} tshɛ^{53}
客车指汽车的　客车 hæk^{43} tshɛ^{53}
货车指汽车的　货车 hua^{33} tshɛ^{53}
公共汽车　公共汽车 kuŋ^{53} kuŋ^{312} khi^{33} tshɛ^{53}
小轿车　小轿车 siu^{42} kiu^{312} tshɛ^{53}
　　小车 siu^{42} tshɛ^{53}
摩托车　摩托车 mo^{53} thɔk^{43} tshɛ^{53}
三轮车载人的　三轮车 sam^{53} lɐn^{31} tshɛ^{53}
平板三轮车拉货的　平板三轮车 peŋ^{31} pan^{42} sam^{53} lɐn^{31} tshɛ^{53}
自行车　单车 tan^{53} tshɛ^{53}
大车骡马拉的运货的车，北方多用　大车 tai^{312} tshɛ^{53}
鸡公车多用于南方　独轮车 tuk^{1} lɐn^{31} tshɛ^{53}
船总称　船 sun^{31}
帆　帆 van^{31}
篷织竹夹箬覆舟　篷 puŋ^{31}
桅杆　船杆 sun^{31} kɔn^{53}

舵　舵 to^{24}
橹　桨 tsiɛŋ^{42}
桨　桨 tsiɛŋ^{42}
蒿　竹篙 tsuk^{5} kəu^{53}
跳板上下船用　踏板 thap^{43} pan^{42}
帆船　帆船 van^{31} sun^{31}
舢板　舢板 san^{53} pan^{42}
渔船　渔船 ŋy^{31} sun^{31}
渡船　渡船 tu^{312} sun^{31}
轮船　轮船 lɐn^{31} sun^{31}
过摆渡坐船过河　过渡 kua^{33} tu^{312}
渡口　渡口 tu^{312} khɐu^{42}

（二十）文化教育

1. 学校

学校　学校 hɐk^{1} hau^{33}
上学开始上小学　去读书 khy^{33} tuk^{1} sy^{53}
上学去学校上课　去学校 khy^{33} hɐk^{1} hau^{33}
放学上完课回家　放学 fɔŋ^{33} hɐk^{1}
逃学　逃学 təu^{31} hɐk^{1}
幼儿园年龄较大　幼儿园 iɐu^{312} ŋi^{53} yn^{31}
托儿所年龄较小　托儿所 thɔk^{43} ŋi^{53} so^{42}
义学　义学 ŋi^{312} hɐk^{1}
私塾　私塾 sɿ^{53} suk^{1}
学费　学费 hɐk^{1} fei^{33}
放假　放假 fɔŋ^{33} ka^{42}
暑假　暑假 sy^{42} ka^{42}
寒假　寒假 ɔn^{31} ka^{42}
请假　请假 tsheŋ^{42} ka^{42}

2. 教室、文具

教室　教室 kau^{33} sɐk^{1}
上课　上课 siɛŋ^{24} kho^{33}
下课　下课 a^{24} kho^{33}
讲台　讲台 kɐŋ^{42} tei^{31}
黑板　黑板 hɐk^{5} pan^{42}
粉笔　粉笔 fɐn^{42} pɐt^{5}
板擦儿　黑板擦 hɐk^{5} pan^{42} tshat^{43}
点名册　点名册 tiɛm^{42} meŋ^{31} tshæk^{43}
戒尺　戒尺 kai^{33} tshek^{5}
笔记本　笔记本 pɐt^{5} ki^{33} pɐn^{42}
课本　课本 kho^{33} pɐn^{42}
铅笔　铅笔 yn^{31} pɐt^{5}
橡皮　胶擦 kau^{53} tshat^{43}
铅笔刀指旋着削的那种　削笔刀 siæk^{43} pɐt^{5} təu^{53}
圆规　圆规 yn^{31} kuei^{53}
三角板　三角板 sam^{53} kɐk^{5}

193

pan^{42}
镇纸　压纸 ap^{43} tsi^{42}
作文本　作文本 tsɔk^{43} vɐn^{31} pɐn^{42}
大字本　大字本 tai^{312} tsɿ^{312} pɐn^{42}
红模子　红格本 uŋ^{31} kæk^{43} pɐn^{42}
钢笔　钢笔 kɔŋ^{53} pɐt^{5}
毛笔　毛笔 məu^{31} pɐt^{5}
笔帽保护毛笔头的　笔套 pɐt^{5} thəu^{33}
笔筒　笔筒 pɐt^{5} tuŋ^{31}
砚台　砚台 iɛn^{33} tei^{31}
　　　墨台 mɐk^{1} tei^{31}
研墨动宾　磨墨 mo^{31} mɐk^{1}
墨盒儿　墨盒 mɐk^{1} hap^{1}
墨汁毛笔用的　墨汁 mɐk^{1} tsɐp^{5}
掭笔动宾　掭笔 thiɛm^{33} pɐt^{5}
墨水儿钢笔用的　墨水 mɐk^{1} suei^{42}
书包　书包 sy^{53} pau^{53}

3. 读书识字

读书人　读书人 tuk^{1} sy^{53} ȵiɐn^{31}
识字的　认得字的 ȵin^{312} tɐk^{5} tsɿ^{312} tek^{5}
不识字的　冇认得字的 mɐu^{24} ȵin^{312} tɐk^{5} tsɿ^{312} tek^{5}
读书　读书 tuk^{1} sy^{53}
温书　温书 vɐn^{53} sy^{53}
背书　背书 puei^{33} sy^{53}
报考　报考 pəu^{33} khəu^{42}
考场　考场 khəu^{42} tsiɛŋ^{31}
入场进考场　入场 ŋiɐp^{1} tsiɛŋ^{31}
考试　考试 khəu^{42} si^{24}
考卷　考卷 khəu^{42} kyɛn^{42}
满分　满分 mɔn^{24} fɐn^{53}
零分　零分 leŋ^{31} fɐn^{53}
发榜　出榜 tshuɐt^{5} paŋ^{42}
头名　名头 meŋ^{31} tɐu^{31}
末名　乜名 mɐt^{5} meŋ^{31}
毕业　毕业 pɐt^{5} niæp^{23}
肄业　肄业 i^{33} niæp^{23}
文凭　文凭 vɐn^{31} peŋ^{31}

4. 写字

大楷　大楷 tai^{312} khai^{42}
小楷　细楷 sei^{33} khai^{42}
字帖　字帖 tsɿ^{312} thiæp^{43}
临帖　蒙帖 muŋ^{31} thiæp^{43}
涂了　填满 tin^{31} mɔn^{24}
写白字　写白字 sɛ^{42} pæk^{23} tsɿ^{312}
写門字笔顺不对　笔顺冇对 pɐt^{5} sun^{312} mɐu^{24} tuei^{33}
掉字　漏字 lɐu^{312} tsɿ^{312}
草稿　草稿 tshəu^{42} kəu^{42}
起稿子　打草稿 ta^{42} tshəu^{42}

kəu^{42}
誊清　誊清 tɐŋ^{31} tsheŋ^{53}
一点　一点 ɐt^{5} tiɛm^{42}
一横　一横 ɐt^{5} veŋ^{31}
一竖　一竖 ɐt^{5} sy^{24}
一撇　一撇 ɐt^{5} phiɛt^{43}
一捺　一捺 ɐt^{5} na^{312}
一勾　一勾 ɐt^{5} ŋɐu^{53}
一挑　一挑 ɐt^{5} thiu^{53}
一画王字是四画　一画 ɐt^{5} va^{312}
一笔 ɐt^{5} pɐt^{5}
偏旁儿　边旁 pin^{53} pɔŋ^{31}
立人儿　立人旁 lɐp^{1} ȵiɐn^{31} pɔŋ^{31}
双立人儿　双立人 sɔŋ^{53} lɐp^{1} ȵiɐn^{31}
弯弓张　弯弓张 van^{53} kuŋ^{53} tsiɛŋ^{53}
立早章　立早章 lɐp^{1} tsəu^{42} tsiɛŋ^{53}
禾旁程　禾木旁 o^{31} muk^{1} pɔŋ^{31}
四框栏儿　大口框 tai^{312} khɐu^{42} khuaŋ^{53}
宝盖儿　宝盖头 pəu^{42} kei^{33} tɐu^{31}
秃宝盖儿　秃盖头 thuk^{5} kei^{33} tɐu^{31}
竖心旁　竖心旁 sy^{24} sɐm^{53} pɔŋ^{31}
反犬旁　反犬边 fan^{42} khyn^{42} pin^{53}
单耳刀儿　单耳刀 tan^{53} ŋi^{24} təu^{53}
双耳刀儿　双耳刀 sɔŋ^{53} ŋi^{24} təu^{53}
反文旁　反文边 fan^{42} vɐn^{31} pin^{53}
斜玉儿　斜玉边 tshɛ^{31} ŋy^{312} pin^{53}
提土旁　提土边 tei^{31} thu^{42} pin^{53}
竹字头儿　竹字头 tsuk^{5} tsɿ^{312} tɐu^{31}
火字旁　火字边 fa^{42} tsɿ^{312} pin^{53}
四点　四点底 sɿ^{33} tiɛm^{42} tei^{42}
三点水儿　三点水 sam^{53} tiɛm^{42} suei^{42}
两点水儿　两点水 liɛŋ^{24} tiɛm^{42} suei^{42}
病旁儿　病字头 peŋ^{312} tsɿ^{312} tɐu^{31}
走之儿　走之底 tsɐu^{42} tsi^{53} tei^{42}
走之旁 tsɐu^{42} tsi^{53} pɔŋ^{31}
绞丝旁　绞丝边 kiu^{42} sɿ^{53} pin^{53}
提手旁　提手旁 tei^{31} sɐu^{42} pɔŋ^{31}
草字头　草字头 tshəu^{42} tsɿ^{312} tɐu^{31}

（二十一）文体活动

1. 游戏、玩具

风筝　风筝 huŋ^{53} tseŋ^{53}

捉迷藏　蒙蒙躲 muŋ^{31} muŋ^{31} to^{42}

藏老蒙儿寻找预先藏匿在某个角落的同伴　蒙蒙躲 muŋ^{31} muŋ^{31} to^{42}

踢毽儿　踢毽子 thek^{5} kiɛn^{33} tsɿ^{42}

抓子儿　抛子 phau^{53} tsɿ^{42}

弹球儿　胶弓 kau^{53} kuŋ^{53}

打水漂儿在水面上掷瓦片　□水弓 thiɛn^{53} suei^{42} kuŋ^{53}

跳房子　跳大海 thiu^{33} tai^{312} hei^{42}

翻绳　脱篮子 thɔt^{43} lam^{31} tsɿ^{42}

划拳喝酒时　猜拳 tshei^{53} kyn^{31}

出谜语　出谜 tshuɐt^{5} mi^{312}

猜谜儿　猜谜 tshei^{53} mi^{312}

不倒翁　冇倒翁 mɐu^{24} tɐu^{42} uŋ^{53}

牌九　牌九 pai^{31} kiɐu^{42}

麻将　麻将 ma^{31} tsiɛŋ^{53}

掷色子　撒子 sa^{31} tsɿ^{42}

压宝　下注 a^{24} tsy^{312}

爆竹　炮仗 phau^{33} tsiɛŋ^{24}

放鞭炮　放炮仗 fɔŋ^{33} phau^{33} tsiɛŋ^{24}

二踢脚　双响炮仗 sɔŋ^{53} hiɛŋ^{42} phau^{33} tsiɛŋ^{24}

烟火　烟花 ŋin^{53} fa^{53}

放花炮　放花炮 fɔŋ^{33} fa^{53} phau^{33}

2. 体育

象棋　象棋 siɛŋ^{24} ki^{31}

下棋　动棋 tuŋ^{24} ki^{31}

将　将 tsiɛŋ^{53}

帅　帅 suai^{33}

士　士 sɿ^{312}

象　象 siɛŋ^{24}

相　相 siɛŋ^{53}

车　车 ky^{53}

马　马 ma^{24}

炮　炮 phau^{33}

兵　兵 peŋ^{53}

卒　卒 tsyt^{5}

拱卒　拱卒 kuŋ^{42} tsyt^{5}

上士士走上去　上士 siɛŋ^{24} sɿ^{312}

落士士走下来　下士 a^{24} sɿ^{312}

飞象　飞象 fi^{53} siɛŋ^{24}

落象　飞象 fi^{53} siɛŋ^{24}

将军　将军 tsiɛŋ^{53} kyn^{53}

围棋　围棋 uei^{31} ki^{31}

黑子 黑子 hɐk⁵ tsɿ⁴²
白子 白子 pæk²³ tsɿ⁴²
和棋 和棋 o³¹ ki³¹
拔河 拔河 pat⁴³ o³¹
游泳 游水 iɐu³¹ suei⁴²
仰泳 睡游 sɔi³¹² iɐu³¹
蛙泳 蚂蜗游 ma²⁴ kuai⁴² iɐu³¹
自由泳 排游 pai³¹ iɐu³¹
潜水 泖水 mi³¹² suei⁴²
打球 打球 ta⁴² kiɐu³¹
赛球 赛球 sai³³ kiɐu³¹
乒乓球 乒乓球 phɛŋ⁵³ phaŋ⁵³ kiɐu³¹
篮球 篮球 lam³¹ kiɐu³¹
排球 排球 pai³¹ kiɐu³¹
足球 足球 tsuk⁵ kiɐu³¹
羽毛球 羽毛球 y²⁴ məu³¹ kiɐu³¹
跳远 跳远 thiu³³ yn²⁴
跳高 跳高 thiu³³ kəu⁵³

3. 武术、舞蹈

翻跟头翻一个跟头 打筋斗 ta⁴² kɐn⁵³ tɐu⁴²
打车轮子连续翻好几个跟头 翻滚 fan⁵³ kuɐn⁴²
倒立 竖胯 sy²⁴ kha³³
舞狮子 舞狮子 vu²⁴ sɿ⁵³ tsɿ⁴²
跑旱船 撑旱船 tshɐŋ⁵³ ɔn²⁴ sun³¹
高跷 高脚排 kəu⁵³ kæk⁴³ pai³¹
对刀 对刀 tuei³³ təu⁵³
耍刀 耍刀 sua⁴² təu⁵³
对枪 对枪 tuei³³ tshiɛŋ⁵³
耍枪 耍枪 sua⁴² tshiɛŋ⁵³
耍流星 耍流星 sua⁴² lɐu³¹ seŋ⁵³
扭秧歌儿 扭秧歌 niɐu²⁴ iɛŋ⁵³ ko⁵³
打腰鼓 打腰鼓 ta⁴² iu⁵³ ku⁴²
跳舞 跳舞 thiu³³ vu²⁴

4. 戏剧

木偶戏 木偶戏 muk¹ ŋɐu²⁴ hi³³
皮影戏 皮影戏 pi³¹ eŋ⁴² hi³³
大戏 大戏 tai³¹² hi³³
京剧 京戏 keŋ⁵³ hi³³
话剧 话剧 va³¹² kek¹
戏院 戏院 hi³³ yn³³
戏台 戏台 hi³³ tei³¹
演员 演员 in⁴² ŋyn³¹
变戏法魔术 耍把戏 sua⁴² pa⁴² hi³³
说书 讲书 kɐŋ⁴² sy⁵³
花脸 带花面 tei³³ fa⁵³ miɛn³¹²
小丑 小丑 siu⁴² tshɐu⁴²
老生 老生 ləu²⁴ seŋ⁵³
小生 小生 siu⁴² seŋ⁵³
武生 武生 vu²⁴ seŋ⁵³
刀马旦 刀马旦 təu⁵³ ma²⁴

tan^{312}
老旦　老旦 ləu^{24} tan^{312}
青衣　青衣 tsheŋ^{53} i^{53}
花旦　花旦 fa^{53} tan^{312}
小旦　小旦 siu^{42} tan^{312}
跑龙套的　跑龙套 phau^{42} luŋ^{31} thəu^{33}

（二十二）动作

1. 一般动作

站　立 lɐp^{1}
蹲　跍 ku^{24}
跌倒了　打跌 ta^{42} tiɛt^{43}
爬起来　爬起来 pa^{31} khi^{42} lei^{31}
摇头　摇头 iu^{31} tɐu^{31}
点头　勾头 ŋɐu^{53} tɐu^{31}
抬头　仰头 ŋiɛŋ^{24} tɐu^{31}
低头　低头 tei^{53} tɐu^{31}
回头　拗头 ŋau^{33} tɐu^{31}
脸转过去　转面过去 tsun^{42} miɛn^{312} kua^{33} khy^{33}
睁眼　开眼 khei^{53} ŋan^{24}
瞪眼　鼓眼 ku^{42} ŋan^{24}
闭眼　眯眼 mi^{53} ŋan^{24}
挤眼儿　打眼拐 ta^{42} ŋan^{24} kuai^{42}
眨眼　眨眼 tsap^{43} ŋan^{24}
遇见　碰见 phuŋ^{33} kiɛn^{33}
看　看 khɔn^{33}
眼睛乱转　眼睛转噜噜 ŋan^{24} tseŋ^{53} tsun^{42} lu^{33} lu^{33}
流眼泪　眼泪流 ŋan^{24} lɔi^{312} lɐu^{31}
张嘴　开嘴 khei^{53} tsuei^{42}
闭嘴　关嘴 kuan^{53} tsuei^{42}
努嘴　嘟嘴 tu^{53} tsuei^{42}
噘嘴　翘嘴 khiu^{33} tsuei^{42}
举手　举手 ky^{42} sɐu^{42}
握手　握手 vɔk^{43} sɐu^{42}
摆手　摆手 pai^{42} sɐu^{42}
撒手　放手 fɔŋ^{33} sɐu^{42}
伸手　伸手 sɐn^{53} sɐu^{42}
动手只许动口，不许～　动手 tuŋ^{24} sɐu^{42}
拍手　拍手 phæk^{43} sɐu^{42}
背着手儿　交手在背 kau^{53} sɐu^{42} tsei^{312} puei^{33}
叉着手儿两手交叉在胸前　交手在胸 kau^{53} sɐu^{42} tsei^{312} hiuŋ^{53}
笼着手双手交叉伸到袖筒里　笼手 luŋ^{31} sɐu^{42}
拨拉　拔 pat^{43}
捂住　揞 øɔm^{42}
摩挲用手～猫背　捋 lɔt^{23}
㧐用手托着向上　托 thɔk^{43}

把屎抱持小儿双腿，哄他大便　□屎 sy^{33} si^{42}

把尿　□尿 sy^{33} niu^{312}

扶着　扶 vu^{31}

弹指头　弹手儿 tan^{312} sɐu^{42} ŋi^{31}

攥起拳头　握臂捶 vɔk^{43} pi^{33} tsuei^{31}

跺脚　□脚 tshɐŋ^{33} kæk^{43}

踮脚　撑脚 tsheŋ^{53} kæk^{43}

跷二郎腿　跷脚 khiu^{33} kæk^{43}

蜷腿　□脚 ŋɔk^{5} kæk^{43}

抖腿　扣脚 khɐu^{33} kæk^{43}

踢腿　踢脚 thek^{5} kæk^{43}

弯腰　弯腰 van^{53} iu^{53}

伸腰　伸腰 sɐn^{53} iu^{53}

撑腰支持　撑腰 tsheŋ^{53} iu^{53}

撅屁股　翘屁股 khiu^{33} phi^{33} ku^{42}

捶背　捶背 tsuei^{31} puei^{33}

擤（鼻涕）　擤 sɐŋ^{33}

吸溜鼻涕　嗍鼻涕 sɔk^{43} pɐt^{1} thei^{33}

打喷嚏　打喷嚏 ta^{42} phɐn^{33} thei^{31}

闻用鼻子～　□ŋiu^{33}

嫌弃　嫌 im^{31}

哭　哭 khuk^{5}

扔把没用东西～了　抛 phau^{53}

说　讲 keŋ^{42}

跑　跑 phau^{42}
　走 tsɐu^{42}

走　行 heŋ^{31}

放～在桌上　放 fɔŋ^{33}

搀酒里～水　搀 tsham^{53}

收拾东西　收拾 sɐu^{53} sɐp^{1}

选择　选 sun^{42}

提起东西　搊 tsɐu^{24}

捡起来　拾起来 sɐp^{1} khi^{42} lei^{31}

擦掉　擦 tshat^{43}

丢失　落了 lɔk^{23} liu^{24}

落因忘而把东西遗放在某处　打落 ta^{42} lɔk^{23}

找着了　找得了 tsau^{42} tɐk^{5} liu^{24}

（把东西）藏（起来）　□iu^{53}

（人）藏（起来）　□iu^{53}

码起来　叠起来 tiæp^{23} khi^{42} lei^{31}

2. 心理活动

知道　认得 ŋin^{312} tɐk^{5}

懂了　认得 ŋin^{312} tɐk^{5}

会了　认得 ŋin^{312} tɐk^{5}

认得　认得 ŋin^{312} tɐk^{5}

不认得　冇认得 mɐu^{24} ŋin^{312} tɐk^{5}

识字　认字 ŋin^{312} tsɿ^{312}

想想　谂谂 nɐm^{42} nɐm^{42}

想想　想想 sieŋ^{42} sieŋ^{42}

估量　估计 ku^{42} kei^{33}

想主意　想主意 siɛŋ^{42} tsy^{42} i^{33}

猜想　猜想 tshei^{53} siɛŋ^{42}

料定　料定 liu^{312} teŋ^{312}

主张　主张 tsy^{42} tsiɛŋ^{53}

相信　相信 siɛŋ^{53} sɐn^{33}

怀疑　怀疑 uai^{31} ŋi^{31}

沉思　谂谂 nɐm^{42} nɐm^{42}

犹疑　谂谂 nɐm^{42} nɐm^{42}

留神　注意 tsy^{312} i^{33}

害怕　怕 pha^{33}

吓着了　嚇慌了 hɐk^{5} fɔŋ^{53} liu^{24}

着急　着急 tsɔk^{43} kiɐp^{5}

挂念　想 siɛŋ^{42}

放心　放心 fɔŋ^{33} sɐm^{53}

盼望　巴望 pa^{53} mɔŋ^{312}

巴不得　巴不得 pa^{53} mɐu^{24} tɐk^{5}

记着不要忘　记得 ki^{33} tɐk^{5}

忘记了　打忘了 ta^{42} mɔŋ^{312} liu^{24}

想起来了　记得了 ki^{33} tɐk^{5} liu^{24}

眼红嫉妒　眼红 ŋan^{24} uŋ^{31}

讨厌　可厌 kho^{42} iɛm^{33}

恨　恨 hɐn^{33}

羡慕　羡慕 siɛn^{33} mu^{312}

偏心　偏心 phin^{53} sɐm^{53}

忌妒　忌妒 ki^{312} tu^{312}

怄气　怄气 ŋɐu^{33} khi^{33}

抱怨　怨命 yn^{33} meŋ^{312}

憋气　憋气 piɛt^{43} khi^{33}

生气　发气 fat^{43} khi^{33}

（对物）爱惜　爱惜　ei^{33} sek^{5}

（对人）疼爱　痛爱 thuŋ^{33} ei^{33}

喜欢　欢喜 fun^{53} hi^{42}

感谢　多谢 to^{53} tsɛ^{312}

娇惯　娇惯 kiu^{53} kɔn^{33}

宠爱　宠爱 tshuŋ^{42} ei^{33}

迁就　迁就 tshim^{53} tsɐu^{312}

3. 语言动作

说话　讲话 kɐŋ^{42} va^{312}

聊天　讲嘴 kɐŋ^{42} tsuei^{42}

搭茬儿　插嘴 tshap^{43} tsuei^{42}

不做声　有做声 mɐu^{24} tsɿ^{33} seŋ^{53}

骗我～你玩的，不是真的　□hæk^{1}

告诉　讲 kɐŋ^{42}

抬杠　顶嘴 teŋ^{42} tsuei^{42}

顶嘴　顶嘴 teŋ^{42} tsuei^{42}

吵架　闹架 nau^{312} ka^{33}

打架　打架 ta^{42} ka^{33}

骂破口大骂　骂 ma^{312}

挨骂　着骂 tsiæk^{23} ma^{312}

嘱咐　交代 kau^{53} tei^{312}

挨说挨批评　着讲 tsiæk^{23} kɐŋ^{42}

叨唠　罗嗦 lo^{31} so^{53}

埋怨　哝 nuŋ^{53}

喊～他来　喊 ham^{42}

就算是 准做 tsun^{42}tsi^{33}

（二十三）位置

上面 上头 sieŋ^{24}tɐu^{31}
下面 底头 tei^{42}tɐu^{31}
地下当心！别掉～了 地底 ti^{312}tei^{42}
地上～脏极了 地底 ti^{312}tei^{42}
天上 天上 thin^{53}sieŋ^{24}
山上 山上 san^{53}sieŋ^{24}
路上 路上 lu^{312}sieŋ^{24}
街上 街上 kai^{53}sieŋ^{24}
墙上 墙上 tsieŋ^{31}sieŋ^{24}
门上 门上 mɐn^{31}sieŋ^{24}
桌上 台上 tei^{31}sieŋ^{24}
椅子上 凳上 tɐŋ^{33}sieŋ^{24}
边儿上 边边 pin^{53}pin^{53}
里面 里头 li^{24}tɐu^{31}
外面 外头 ŋuei^{312}tɐu^{31}
手里 手里 sɐu^{42}li^{24}
心里 心里 sɐm^{53}li^{24}
野外 野外 ia^{24}ŋuei^{312}
大门外 大门外头 tai^{312}mɐn^{31}ŋuei^{312}tɐu^{31}
门儿外 门外 mɐn^{31}ŋuei^{312}
墙外 墙外 tsieŋ^{31}ŋuei^{312}
窗户外头 窗外 tshɔŋ^{53}ŋuei^{312}
车上～坐着人 车上 tshɛ^{53}sieŋ^{24}
车外～下着雪 车外 tshɛ^{53}ŋuei^{312}
车前 车前 tshɛ^{53}tsin^{31}
车后 车后 tshɛ^{53}ɐu^{312}
前边 面前 miɛn^{312}tsin^{31}
后边 背底 puei^{33}tei^{42}
山前 山面前 san^{53}miɛn^{312}tsin^{31}
山后 山背底 san^{53}puei^{33}tei^{42}
房后 屋后 uk^{5}ɐu^{312}
背后 背底 puei^{33}tei^{42}
以前 以前 i^{42}tsin^{31}
以后 以后 i^{42}ɐu^{312}
以上 以上 i^{42}sieŋ^{24}
以下 以下 i^{42}a^{24}
东 东 tuŋ^{53}
西 西 sei^{53}
南 南 nam^{31}
北 北 pɐk^{5}
东南 东南 tuŋ^{53}nam^{31}
东北 东北 tuŋ^{53}pɐk^{5}
西南 西南 sei^{53}nam^{31}
西北 西北 sei^{53}pɐk^{5}
路边儿 路边 lu^{312}pin^{53}
当间（儿） 中间 tsuŋ^{53}kan^{53}
床底下 床底 sɔŋ^{31}tei^{42}
楼底下 楼底 lɐu^{31}tei^{42}

脚底下　脚底 $kæk^{43}tei^{42}$
碗底儿　碗底 $vɔn^{42}tei^{42}$
锅底儿　锅底 $ko^{53}tei^{42}$
缸底儿　□底 $tɔŋ^{312}tei^{42}$
旁边　旁边 $pɔŋ^{31}pin^{53}$
附近　附近 $fu^{33}kiɐn^{24}$
跟前儿　面前 $miɛn^{312}tsin^{31}$
什么地方　什乜地方 $si^{33}mɐt^{5}ti^{312}fɔŋ^{53}$
左边　左边 $tso^{33}pin^{53}$
右边　右边 $iɐu^{312}pin^{53}$
望里走　向里行 $hiɛŋ^{33}li^{24}heŋ^{31}$
望外走　向外行 $hiɛŋ^{33}ŋuei^{312}heŋ^{31}$
望东走　向东行 $hiɛŋ^{33}tuŋ^{53}heŋ^{31}$
望西走　向西行 $hiɛŋ^{33}sei^{53}heŋ^{31}$
望回走　打回头 $ta^{42}vi^{31}tɐu^{31}$
望前走　向前行 $hiɛŋ^{33}tsin^{31}heŋ^{31}$
…以东　…以东 $i^{42}tuŋ^{53}$
…以西　…以西 $i^{42}sei^{53}$
…以南　…以南 $i^{42}nam^{31}$
…以北　…以北 $i^{42}pɐk^{5}$
…以内　…以内 $i^{42}nuei^{312}$
…以外　…以外 $i^{42}ŋuei^{312}$
…以来　…以来 $i^{42}lei^{31}$
…之后　…以后 $i^{42}ɐu^{312}$
…之前　…以前 $i^{42}tsin^{31}$
…之外　…以外 $i^{42}ŋuei^{312}$
…之内　…以内 $i^{42}nuei^{312}$
…之间　…之间 $tsi^{53}kan^{53}$
…之上　…以上 $i^{42}siɛŋ^{24}$
…之下　…以下 $i^{42}a^{24}$

（二十四）代词等

我　我 $ŋo^{24}$
你　你 ni^{24}
他　他 tha^{53}
我们　我俩 $ŋo^{24}liɛŋ^{31}$
咱们　我俩 $ŋo^{24}liɛŋ^{31}$
你们　你俩 $ni^{24}liɛŋ^{31}$
他们　他俩 $tha^{53}liɛŋ^{31}$
您　你 ni^{24}
怹　他 tha^{53}
我的　我啯 $ŋo^{24}ko^{33}$
人家　人家啯 $ŋiɐn^{31}ka^{53}ko^{33}$
大家　大家啯 $tai^{312}ka^{53}ko^{33}$
谁？　呢个？ $ni^{33}ko^{33}$
这个　伊个 $i^{33}ko^{33}$
那个　呿个 $khy^{33}ko^{33}$
哪个？　呢个？ $ni^{33}ko^{33}$
这些　伊□ $i^{33}nɛ^{53}$
那些　呿□ $khy^{33}nɛ^{53}$

哪些？　呢？□ni^{33} nɛ^{53}
这里　伊□i^{33} nɛ^{53}
那里　呿□khy^{33} nɛ^{53}
哪里？　呢？□ni^{33} nɛ^{53}
这么（高）　项 ɐŋ^{33}
这么（做）　项 ɐŋ^{33}
那么（高）　项样 ɐŋ^{33} iɛŋ^{312}
那么（做）　项样 ɐŋ^{33} iɛŋ^{312}
怎么（做）？　怎样？tseŋ^{53} iɛŋ^{312}
怎么办？　怎样办？tseŋ^{53} iɛŋ^{312} pan^{33}
为什么？　为什乜？uei^{31} si^{33} mɐt^{5}
什么？　什乜？si^{33} mɐt^{5}
凡事　是事 si^{312} sɿ^{312}
多少（钱）？　几多？ki^{53} to^{53}
多（久、高、大、厚、重）？　几？ki^{53}
我们俩　我俩 ŋo^{24} liɛŋ^{31}
咱们俩　我俩 ŋo^{24} liɛŋ^{31}
你们俩　你俩 ni^{24} liɛŋ^{31}
他们俩　他俩 tha^{53} liɛŋ^{31}
夫妻俩　两公婆 liɛŋ^{24} kuŋ^{53} po^{31}
娘儿俩母亲和子女　两娘儿 liɛŋ^{24} niɛŋ^{31} ŋi^{53}
爷儿俩父亲和子女　两爷儿 liɛŋ^{24} iɛ^{33} ŋi^{53}
爷孙俩　两爹孙 liɛŋ^{24} tɛ^{53} sɐn^{53}
姑嫂俩　两姑嫂 liɛŋ^{24} ku^{53} səu^{42}
婆媳俩　两婆媳 liɛŋ^{24} po^{31} sek^{5}
兄弟俩　两兄弟 liɛŋ^{24} heŋ^{53} tei^{24}
哥儿俩　两兄弟 liɛŋ^{24} heŋ^{53} tei^{24}
姐妹俩　两姐妹 liɛŋ^{24} tsiɛ^{53} muei^{312}
姐儿俩　两姐妹 liɛŋ^{24} tsiɛ^{53} muei^{312}
兄妹俩　两兄妹 liɛŋ^{24} heŋ^{53} muei^{312}
姐弟俩　两姐弟 liɛŋ^{24} tsiɛ^{53} tei^{24}
舅甥俩　两舅甥 liɛŋ^{24} kiɐu^{24} seŋ^{53}
姑侄俩　两姑侄 liɛŋ^{24} ku^{53} tsɐt^{1}
叔侄俩　两叔侄 liɛŋ^{24} suk^{5} tsɐt^{1}
师徒俩　师徒两人 sɿ^{53} tu^{31} liɛŋ^{24} ŋiɐn^{31}
人们　呿帮人 khy^{33} pɔŋ^{53} ŋiɐn^{31}

（二十五）形容词

好这个比那个～些　好 hau^{42}

不错颇好之意　冇错 mɐu^{24} tshu^{33}

吉利　利市 li^{312} si^{24}

差不多　差冇多 tsha^{53} mɐu^{24} to^{53}

不怎么样　冇怎样 mɐu^{24} tseŋ^{53} iɛŋ^{312}

不顶事　冇顶事 mɐu^{24} teŋ^{42} sɿ^{312}

坏不好　坏 uai^{312}

次人头儿很～，东西很～　差 tsha^{53}

凑合　凑合 tshɐu^{33} hap^{1}

美　俏 tshiu^{33}

丑　丑 tshɐu^{42}

难看　难看 nan^{31} khɔn^{33}

要紧　要紧 iu^{53} kin^{42}

热闹　热闹 ŋiɛt^{23} nau^{312}

坚固　牢固 ləu^{31} ku^{33}

硬　硬 ŋeŋ^{312}

软　软 ŋyɛn^{24}

干净　清气 tsheŋ^{53} khi^{33}

脏不干净　邋遢 lat^{23} that^{1}

　　涴 o^{24}

咸　咸 am^{31}

淡不咸　淡 tam^{24}

香　香 hiɛŋ^{53}

臭　臭 tshɐu^{33}

酸　酸 sun^{53}

甜　甜 tim^{31}

苦　苦 khu^{42}

辣　辣 lat^{23}

稀粥太～了　清 tsheŋ^{53}

稠粥太～了　□kiet^{1}

稀不～疏　稀 hi^{53}

密不稠～　密 mɐt^{1}

肥指动物：鸡很～　肥 vi^{31}

胖指人　肥 vi^{31}

瘦不肥，不胖　瘦 sɐu^{33}

瘦指肉　瘦 sɐu^{33}

舒服　舒服 sy^{53} huk^{5}

难受　难受 nan^{31} sɐu^{312}

腼腆　怕丑 pha^{33} tshɐu^{42}

乖小孩儿真～　乖 kuai^{53}

皮　皮 pi^{31}

（这小伙子）真行　真能干 tsɐn^{53} nɐŋ^{31} kɐn^{53}

（那个家伙）不行　冇中用 mɐu^{24} tsuŋ^{53} iuŋ^{312}

冇得 mɐu^{24} tɐk^{5}

缺德　冇修阴功 mɐu^{24} sɐu^{53} iɐm^{53} kuŋ^{53}

机灵　灵 leŋ^{31}

灵巧她有一双～的手　灵 leŋ^{31}

糊涂　糊涂 vu^{31} tu^{31}
死心眼儿　死心眼 sɿ^{42} sɐm^{53} ŋan^{24}
脓包无用的人　脓包 nuŋ^{31} pau^{53}
孬种　脓包 nuŋ^{31} pau^{53}
吝啬鬼　粒□鬼 nɐp^{5} ni^{53} kuei^{42}
小气　粒□ nɐp^{5} ni^{53}
大方　大方 tai^{312} fɔŋ^{53}
整鸡蛋吃～的　圞个 lun^{53} ko^{33}
浑～身是汗　通 thuŋ^{53}
凸　凸 thɐt^{5}
凹　凹 vu^{53}
凉快　凉 liɛŋ^{31}
背静　静 tseŋ^{312}
活络活动的，不稳固　活络 ɔt^{23} lɔk^{23}
地道～四川风味　正宗 tseŋ^{53} tsuŋ^{53}
整齐　整齐 tseŋ^{42} tsei^{31}
称心　合心水 hap^{1} sɐm^{53} suei^{42}
满意　满意 mɔn^{24} i^{33}
晚来～了　迟 tsi^{31}
晏 ŋan^{33}
多　多 to^{53}
少　小 siu^{42}
大　大 tai^{312}
小　细 sei^{33}
长　长 tsiɛŋ^{31}
短　短 tɔn^{42}

宽　宽 khun^{53}
窄　窄 tsæk^{43}
厚　厚 ɐu^{312}
薄　薄 pɔk^{23}
深　深 sɐm^{53}
浅　浅 tshiɛn^{42}
高　高 kəu^{53}
低　低 tei^{53}
矮　矮 ai^{42}
正　正 tseŋ^{53}
歪　歪 uai^{53}
斜　斜 tshɛ^{31}
红　红 uŋ^{31}
朱红　朱红 tsy^{53} uŋ^{31}
粉红　粉红 fɐn^{42} uŋ^{31}
深红　深红 sɐm^{53} uŋ^{31}
浅红　浅红 tshiɛn^{42} uŋ^{31}
蓝　蓝 lam^{31}
浅蓝　浅蓝 tshiɛn^{42} lam^{31}
深蓝　深蓝 sɐm^{53} lam^{31}
天蓝　天蓝 thin^{53} lam^{31}
绿　绿 luk^{1}
草绿　草绿 tshəu^{42} luk^{1}
水绿　水绿 suei^{42} luk^{1}
浅绿　浅绿 tshiɛn^{42} luk^{1}
白　白 pæk^{23}
灰白　灰白 fi^{53} pæk^{23}
漂白　漂白 phiu^{53} pæk^{23}
灰　灰 fi^{53}
深灰　深灰 sɐm^{53} fi^{53}

浅灰　浅灰 tshiɛn^{42} fi^{53}

银灰　银灰 ŋɐn^{31} fi^{53}

黄　黄 vɔŋ^{31}

杏黄　杏黄 heŋ^{33} vɔŋ^{31}

深黄　深黄 sɐm^{53} vɔŋ^{31}

浅黄　浅黄 tshiɛn^{42} vɔŋ^{31}

青　青 tsheŋ^{53}

豆青　豆青 tɐu^{312} tsheŋ^{53}

藏青　藏青 tsɔŋ^{31} tsheŋ^{53}

鸭蛋青　鸭蛋青 ap^{43} tan^{312} tsheŋ^{53}

紫　紫 tsɿ^{42}

玫瑰紫　玫瑰紫 mei^{31} kuei^{33} tsɿ^{42}

藕荷（色）　藕色 ŋɐu^{24} sɐk^{5}

古铜（色）　古铜色 ku^{42} tuŋ^{31} sɐk^{5}

黑　黑 hɐk^{5}

（二十六）副词、介词等

刚我～来，没赶上　才 tsei^{31}

□hap^{43}

刚好～十块钱　正好 tseŋ^{53} hɘu^{42}

刚不大不小，～合适　正正 tseŋ^{53} tseŋ^{53}

刚巧～我在那儿　正好 tseŋ^{53} hɘu^{42}

净～吃米，不吃面　净 tseŋ^{312}

有点儿天～冷　有□ iɐu^{24} nɛ^{53}

很　多 to^{53}

还　定 teŋ^{312}

□ɐŋ^{312}

怕也许：～要下雨　怕 pha^{33}

也许明天～要下雨　怕 pha^{33}

差点儿～摔了　差□□tsha^{53} nɛ^{53} nɛ^{53}

非…不非到九点不开会　有到…有 tsɐu^{24} tɘu^{33} tsɐu^{24}

马上～就来　马上 ma^{24} siɛŋ^{24}

趁早儿～走吧　趁早 tshɐn^{33} tsɘu^{42}

早晚随时：～来都行　呢时 ni^{33} si^{31}

眼看～就到期了　眼看 ŋan^{24} khɔn^{33}

幸亏～你来了，要不然我们就走错了　全靠 tsun^{31} khɘu^{33}

当面有话～说　当面 tɔŋ^{53} miɛn^{312}

背地不要～说　背后 puei^{33} ɐu^{312}

一块儿咱们～去　一齐 ɐt^{5} tsei^{31}

一个人自己：他～去　一个人 ɐt^{5} ko^{33} ŋiɐn^{31}

顺便儿请他～给我买本书　顺便 sun^{312} piɛn^{312}

故意～捣乱　特地 tɐk^{1} ti^{312}

到了儿他～走了没有，你要问清楚　到底 təu^{33} tei^{42}

压根儿他～不知道　根本 kɐn^{53} pɐn^{42}

实在这人～好　实在 sɐt^{1} tsei^{312}

平四十接近四十：这人已经～了　接近四十 tsiæp^{43} kiɐn^{24} sɿ^{33} sɐp^{1}

一共～才十个人　一齐 ɐt^{5} tsei^{31}
　　一起 ɐt^{5} khi^{42}

不要慢慢儿走，～跑　冇要 mɐu^{24} iu^{53}

白不要钱：～吃　空 khuŋ^{53}

白空：～跑一趟　白 pæk^{23}
　　空 khuŋ^{53}

偏你不叫我去，我～去　硬 ŋeŋ^{312} 就要 tsɐu^{312} iu^{53}

胡～搞，～说　乱 lɔn^{312}

先你～走，我随后就来　先 sin^{53}

先他～不知道，后来才听人说的　原本 ŋyn^{31} pɐn^{42}
　　原先 ŋyn^{31} sin^{53}

另外～还有一个人　另外 leŋ^{312} ŋuei^{312}

被～狗咬了一口　捱 ŋai^{31}
　　着 tsiæk^{23}
　　□hɐŋ^{53}

把～门关上　把 pa^{42}

对你～他好，他就～你好　对 tuei^{33}

对着他～我直笑　对着 tuei^{33} tsɔk^{43}

到～哪儿去？　到 təu^{33}

到～哪天为止？　到 təu^{33}

到扔～水里　到 təu^{33}

头在…之前：～吃饭，先洗手　先 sin^{53}

在～哪儿住家？　在 tsei^{312}

从～哪儿走？　从 tsuŋ^{31}

自从～他走后，我一直不放心　自从 tsɿ^{312} tsuŋ^{31}

照～这样做就好　照 tsiu^{33}

照～我看不算错　照 tsiu^{33}

使你～毛笔写　用 iuŋ^{312}

顺着～这条大路一直走　顺着 sun^{312} tsɔk^{43}

顺着沿着：～河边走　顺着 sun^{312} tsɔk^{43}

朝～后头看看　向 hiɛŋ^{33}

替你～我写封信　帮 pɔŋ^{53}

给～大家办事　为 uei^{31}
　　帮 pɔŋ^{53}
　　分 fɔn^{53}

给我虚用，加重语气：你～吃干净这碗饭！　跟我 kɐn^{53} ŋo^{24}

和这个～那个一样　同 tuŋ^{31}

向～他打听一下　同 tuŋ^{31}

问～他借一本书　同 tuŋ^{31}

管…叫有些地方管白薯叫山药　喊…喊做 ham^{42} ham^{42} tsu^{33}

拿…当有些地方拿麦秸当柴烧　掫…做 tsɐu^{24} tsu^{33}

从小他～就能吃苦　从□tsuŋ^{31} nɛ^{33}

望外老王钱多，不～拿　向外 hiɛŋ^{33} ŋuei^{312}

赶你得天黑以前～到　去 khy^{33}

（二十七）量词

一把（椅子）　一张 ɐt^{5} tsiɛŋ^{53}

一枚（奖章）　一个 ɐt^{5} ko^{33}　一粒 ɐt^{5} nɐp^{5}

一本（书）　一本 ɐt^{5} pɐn^{42}

一笔（款）　一笔 ɐt^{5} pɐt^{5}

一匹（马）　一隻 ɐt^{5} tsek^{5}

一头（牛）　一隻 ɐt^{5} tsek^{5}

一封（信）　一封 ɐt^{5} huŋ^{53}

一服（药）　一副 ɐt^{5} fu^{33}

一帖（药）　一副 ɐt^{5} fu^{33}

一味（药）　一味 ɐt^{5} mi^{312}

一道（河）　一条 ɐt^{5} tiu^{31}

一顶（帽子）　一顶 ɐt^{5} teŋ^{42}

一锭（墨）　一块 ɐt^{5} khuai^{33}

一档子（事）　一件 ɐt^{5} kiɛn^{24}

一朵（花儿）　一朵 ɐt^{5} to^{42}

一顿（饭）　一夕 ɐt^{5} tsek^{1}

一条（手巾）　一根 ɐt^{5} kɐn^{53}

一辆（车）　一架 ɐt^{5} ka^{33}

一子儿（香）　一枝 ɐt^{5} tsi^{53}

一枝（花儿）　一枝 ɐt^{5} tsi^{53}

一只（手）　一隻 ɐt^{5} tsek^{5}

一盏（灯）　一盏 ɐt^{5} tsan^{42}

一隻 ɐt^{5} tsek^{5}

一张（桌子）　一张 ɐt^{5} tsiɛŋ^{53}

一桌（酒席）　一桌 ɐt^{5} tsɔk^{43}

一场（雨）　一场 ɐt^{5} tsiɛŋ^{31}

一出（戏）　一出 ɐt^{5} tshuɐt^{5}

一床（被子）　一翻 ɐt^{5} fan^{53}

一身（棉衣）　一身 ɐt^{5} sɐn^{53}　一领 ɐt^{5} leŋ^{24}

一杆（枪）　一支 ɐt^{5} tsi^{53}

一管（笔）　一支 ɐt^{5} tsi^{53}

一根（头发）　一根 ɐt^{5} kɐn^{53}

一棵（树）　一蔸 ɐt^{5} tɐu^{53}

一颗（米）　一粒 ɐt^{5} nɐp^{5}

一粒（米）　一粒 ɐt^{5} nɐp^{5}

一块（砖）　一块 ɐt^{5} khuai^{33}

一口（猪）　一隻 ɐt^{5} tsek^{5}

一口儿（人）　一个 ɐt^{5} ko^{33}

两口子夫妻俩　两公婆 liɛŋ^{24} kuŋ^{53} po^{31}

一家（铺子）　一粒 ɐt^{5} nɐp^{5}

一架（飞机）　一架 ɐt^{5} ka^{33}

一间（屋子）　一间 ɐt^{5} kan^{53}

一所（房子）　一间 ɐt^{5} kan^{53}

一眼 ɐt^{5} ŋan^{24}

一件儿（衣裳）　一领 ɐt^{5} leŋ^{24}

一行（字）　一行 ɐt^{5} hɔŋ^{31}

一篇（文章）　一篇 ɐt^{5} phin^{53}

一页（书）　一页 ɐt^{5} iæp^{23}

一节（文章）　一节 ɐt^{5} tsiɛt^{43}

一段（文章）　一段 ɐt^{5} tɔn^{312}

一片（好心）　一片 ɐt^{5} phiɛn^{33}

一片儿（肉）　一粒 ɐt^{5} nɐp^{5}

一面（旗）　一张 ɐt^{5} tsiɛŋ^{53}

一层（纸）　一层 ɐt^{5} tsɐŋ^{31}

一股（香味儿）　一股 ɐt^{5} ku^{42}

一座（桥）　一座 ɐt^{5} tsa^{24}

一盘（棋）　一盘 ɐt^{5} pun^{31}

一门（亲事）　一门 ɐt^{5} mɐn^{31}　一件 ɐt^{5} kiɛn^{24}

一刀（纸）　一刀 ɐt^{5} təu^{53}

一沓儿（纸）　一沓 ɐt^{5} tap^{23}

一桩（事情）　一件 ɐt^{5} kiɛn^{24}

一缸（水）　一□ɐt^{5} tɔŋ^{312}

一碗（饭）　一碗 ɐt^{5} vɔn^{42}

一杯（茶）　一杯 ɐt^{5} pi^{53}

一把（米）　一□ɐt^{5} kɐm^{53}

一把儿（萝卜）　一□ɐt^{5} kɐm^{53}

一包（花生）　一包 ɐt^{5} pau^{53}

一卷儿（纸）　一卷 ɐt^{5} kyɛn^{42}

一捆（行李）　一捆 ɐt^{5} khuɐn^{42}

　一包 ɐt^{5} pau^{53}

一担（米）　一担 ɐt^{5} tam^{53}

一挑（水）　一担 ɐt^{5} tam^{53}

一排（桌子）　一排 ɐt^{5} pai^{31}

一进（院子）　一进 ɐt^{5} tsɐn^{33}

一挂（鞭炮）　一封 ɐt^{5} huŋ^{53}

一句（话）　一句 ɐt^{5} ky^{33}

一位（客人）　个 ɐt^{5} ko^{33}

一双（鞋）　一双 ɐt^{5} sɔŋ^{53}

一对（花瓶）　一对 ɐt^{5} tuei^{33}

一副（眼镜）　一副 ɐt^{5} fu^{33}

一套（书）　一套 ɐt^{5} thəu^{33}

一种（虫子）　一种 ɐt^{5} tsuŋ^{42}

一伙儿（人）　一帮 ɐt^{5} pɔŋ^{53}

一帮（人）　一帮 ɐt^{5} pɔŋ^{53}

一批（货）　一批 ɐt^{5} phei^{53}

一拨儿（人）　一拨 ɐt^{5} pɔt^{23}

一个　一个 ɐt^{5} ko^{33}

一起　一起 ɐt^{5} khi^{42}

一窝（蜂）　一窝 ɐt^{5} vu^{53}

一嘟噜（葡萄）　一串 ɐt^{5} tshɔn^{33}

一拃大拇指与中指张开的长度　一大□ɐt^{5} tai^{312} lam^{33}

一虎口大拇指与食指张开的长度　一小□ɐt^{5} siu^{42} lam^{33}

一庹两臂平伸两手伸直的长度　一派 ɐt^{5} phai^{33}

一指（长）　一隻手儿 ɐt^{5} tsek^{5} sɐu^{42} ŋi^{31}

一停儿　停一时 teŋ^{31} ɐt^{5} si^{31}

一成儿　一成 ɐt^{5} seŋ^{31}

一脸（土）　一面 ɐt^{5} miɛn^{312}　满面 mɔn^{24} miɛn^{312}

一身（土）　一身 ɐt^{5} sɐn^{53}　满身 mɔn^{24} sɐn^{53}

一肚子（气）　一肚 ɐt^{5} tu^{24}

（吃）一顿　（吃）一餐 ɐt^{5} tshan^{53}

（走）一趟　（行）一次 ɐt^{5} tshɿ^{33}

（打）一下　（打）一下 ɐt^{5} a^{24}

（看）一眼　（看）一眼 ɐt^{5} ŋan^{24}

（吃）一口　（吃）一口 ɐt^{5} khɐu^{42}

（谈）一会儿　（讲）一时 ɐt^{5} si^{31}

（下）一阵（雨）　（下）一阵 ɐt^{5} tsɐn^{312}

（闹）一场　（闹）一场 ɐt^{5} tsiɛŋ^{31}

（见）一面　一面 ɐt^{5} miɛn^{312}

一尊（佛像）　一尊 ɐt^{5} tsɐn^{53}

一扇（门）　一扇 ɐt^{5} siɛn^{33}

一幅（画儿）　一副 ɐt^{5} fu^{33}

一堵（墙）　一柄 ɐt^{5} peŋ^{42}

一瓣（花瓣）　一瓣 ɐt^{5} pan^{33}

一处（地方）　一处 ɐt^{5} tshy^{42}

一部（书）　一部 ɐt^{5} pu^{24}

一班（车）　一班 ɐt^{5} pan^{53}

（洗）一水（衣裳）　一水 ɐt^{5} suei^{42}

（烧）一炉（陶器）　一窑 ɐt^{5} iu^{31}

一打（鸡蛋）　一打 ɐt^{5} ta^{42}

一团（泥）　一团 ɐt^{5} tun^{31}

一堆（雪）　一堆 ɐt^{5} ty^{53}

一槽（牙）　一口 ɐt^{5} khɐu^{42}

一列（火车）　一架 ɐt^{5} ka^{33}

一系列（问题）　一系列 ɐt^{5} hi^{33} liɛt^{23}

一路（公共汽车）　一路 ɐt^{5} lu^{312}

一师（兵）　一师 ɐt^{5} sɿ^{53}

一旅（兵）　一旅 ɐt^{5} ly^{24}

一团（兵）　一团 ɐt^{5} tun^{31}

一营（兵）　一营 ɐt^{5} heŋ^{31}

一连（兵）　一连 ɐt^{5} lin^{31}

一排（兵）　一排 ɐt^{5} pai^{31}

一班（兵）　一班 ɐt^{5} pan^{53}

一组　一组 ɐt^{5} tsu^{42}

一撮（毛）　一撮 ɐt^{5} tshɔt^{43}

一绺（头发）　一撮 ɐt^{5} tshɔt^{43}

（写）一手（好字）　一手 ɐt^{5} sɐu^{42}

（写）一笔（好字）　一笔 ɐt^{5} pɐt^{5}

（当）一票（当）　一票 ɐt^{5} phiu^{33}

（开）一届（会议）　一届 ɐt^{5} kai^{33}

（做）一任（官）　一任 ɐt^{5} ŋiɐm^{312}

（下）一盘（棋）　一盘 ɐt^{5} pun^{31}

（请）一桌（客）　一台 ɐt^{5} tei^{31}

（打）一圈（麻将）　一圈 ɐt^{5} khyn^{53}

（打）一将（麻将）　一轮 ɐt^{5} lɐn^{31}

（唱）一台（戏）　一台 ɐt^{5} tei^{31}

一丝儿（肉）　一丝 ɐt^{5} sɿ^{53}

一点儿（面粉）　一□ ɐt^{5} nɛ^{53}

一滴（雨）　一滴 ɐt^{5} tek^{5}

一盒儿（火柴）　一盒 ɐt^{5} hap^{1}

一匣子（手饰）　一盒 ɐt^{5} hap^{1}

一箱子（衣裳）　一箱 ɐt^{5} siɛŋ^{53}

一架子（小说）　一架 ɐt^{5} ka^{33}

一橱（书）　一柜 ɐt^{5} kuei^{312}

一抽屉（文件）　一抽屉 ɐt^{5} tshɐu^{53} thei^{33}

一筐子（菠菜）　一篮 ɐt^{5} lam^{31}

一篮子（梨）　一篮 ɐt^{5} lam^{31}

一篓子（炭）　一篓 ɐt^{5} lɐu^{42}

一炉子（灰）　一炉 ɐt^{5} lu^{31}

一包（书）　一包 ɐt^{5} pau^{53}

一口袋（干粮）　一袋 ɐt^{5} tei^{312}

一池子（水）　一池 ɐt^{5} tsi^{31}

一缸（金鱼）　一□ ɐt^{5} tɔŋ^{312}

一瓶子（醋）　一瓶 ɐt^{5} peŋ^{31}

一罐子（荔枝）　一罐 ɐt^{5} kɔn^{33}

一坛子（酒）　一坛 ɐt^{5} tan^{31}

一桶（汽油）　一桶 ɐt^{5} thuŋ^{42}

一吊子（开水）　一壶 ɐt^{5} vu^{31}

一盆（洗澡水）　一盆 ɐt^{5} pɐn^{31}

一壶（茶）　一壶 ɐt^{5} vu^{31}

一锅（饭）　一锅 ɐt^{5} ko^{53}

一笼（包子）　一笼 ɐt^{5} luŋ^{31}

一盘（水果）　一盘 ɐt^{5} pun^{31}

一碟儿（小菜）　一碟 ɐt^{5} tiæp^{23}

一碗（饭）　一碗 ɐt^{5} vɔn^{42}

一杯（茶） 一杯 $ɐt^{5}$ pi^{53}
一盅（烧酒） 一盅 $ɐt^{5}$ $tsuŋ^{53}$
一瓢（汤） 一瓢 $ɐt^{5}$ piu^{31}
一勺子（汤） 一瓢羹 $ɐt^{5}$ piu^{31} $keŋ^{53}$
一勺儿（酱油） 一瓢羹 $ɐt^{5}$ piu^{31} $keŋ^{53}$
个把两个 个把两个 ko^{33} pa^{42} $liɛŋ^{24}$ ko^{33}
百把来个 百把个 $pæk^{43}$ pa^{42} ko^{33}
千把人 千把人 $tshin^{53}$ pa^{42} $ŋiɐn^{31}$
万把块钱 万把块钱 van^{312} pa^{42} $khuai^{33}$ $tsin^{31}$
里把路 里把路 li^{24} pa^{42} lu^{312}
里把二里路 里把两里路 li^{24} pa^{42} $liɛŋ^{24}$ li^{24} lu^{312}
亩把二亩 亩把两亩 $məu^{24}$ pa^{42} $liɛŋ^{24}$ $məu^{24}$

（二十八）附加成分

1. 后加成分

-极了 -多了 to^{53} liu^{24}
-得很得太，得极，之极 -得很 $tɐk^{5}$ $hɐn^{42}$
-要命要死 -要死 iu^{53} $sɿ^{42}$
-不行 -有得 $mɐu^{24}$ $tɐk^{5}$
-死了死人，坏了 -死了 $sɿ^{42}$ liu^{24}
-不了不得了 -有得了 $mɐu^{24}$ $tɐk^{5}$ liu^{24}
最…不过 最…有过 $tsoy^{33}$ $mɐu^{24}$ kua^{33}
吃头儿这个菜没～ 吃头 hek^{5} $tɐu^{31}$
喝头儿那个酒没～ 吃头 hek^{5} $tɐu^{31}$
看头儿这出戏有个～ 看头 $khɔn^{33}$ $tɐu^{31}$
干头儿 搞头 kau^{42} $tɐu^{31}$
奔头儿 搞头 kau^{42} $tɐu^{31}$
苦头儿 苦头 khu^{42} $tɐu^{31}$
甜头儿 甜头 tim^{31} $tɐu^{31}$

2. 前加成分

胖阴平- 胖- $phaŋ^{33}$
飘- 飘- $phiu^{53}$
死- 死- $sɿ^{42}$
崭- 崭- $tsam^{42}$

3. 虚字

了 了 liu^{24}
着 着 $tsɔk^{43}$
对 $tuei^{33}$
得 得 $tɐk^{5}$

的 啯 ko^{33}

（二十九）数字等

1. 数学

一号指日期，下同 一号 ɐt^{5} əu^{312}
二号 二号 ŋi^{312} əu^{312}
三号 三号 sam^{53} əu^{312}
四号 四号 sɿ^{33} əu^{312}
五号 五号 ŋ ŋ̍^{24} əu^{312}
六号 六号 luk^{1} əu^{312}
七号 七号 tshɐt^{5} əu^{312}
八号 八号 pat^{43} əu^{312}
九号 九号 kiɐu^{42} əu^{312}
十号 十号 sɐp^{1} əu^{312}
初一 初一 tsho^{53} ɐt^{5}
初二 初二 tsho^{53} ŋi^{312}
初三 初三 tsho^{53} sam^{53}
初四 初四 tsho^{53} sɿ^{33}
初五 初五 tsho^{53} ŋ ŋ̍^{24}
初六 初六 tsho^{53} luk^{1}
初七 初七 tsho^{53} tshɐt^{5}
初八 初八 tsho^{53} pat^{43}
初九 初九 tsho^{53} kiɐu^{42}
初十 初十 tsho^{53} sɐp^{1}
老大 老大 ləu^{24} tai^{312}
老二 老二 ləu^{24} ŋi^{312}
老三 老三 ləu^{24} sam^{53}
老四 老四 ləu^{24} sɿ^{33}
老五 老五 ləu^{24} ŋ ŋ̍^{24}
老六 老六 ləu^{24} luk^{1}
老七 老七 ləu^{24} tshɐt^{5}
老八 老八 ləu^{24} pat^{43}
老九 老九 ləu^{24} kiɐu^{42}
老十 老十 ləu^{24} sɐp^{1}
老幺 老尾 ləu^{24} mi^{24}
大哥 大哥 tai^{312} ko^{53}
二哥 二哥 ŋi^{312} ko^{53}
老末儿 老庭 ləu^{24} man^{53}
一个 一个 ɐt^{5} ko^{33}
两个 两个 liɛŋ^{24} ko^{33}
三个 三个 sam^{53} ko^{33}
四个 四个 sɿ^{33} ko^{33}
五个 五个 ŋ ŋ̍^{24} ko^{33}
六个 六个 luk^{1} ko^{33}
七个 七个 tshɐt^{5} ko^{33}
八个 八个 pat^{43} ko^{33}
九个 九个 kiɐu^{42} ko^{33}
十个 十个 sɐp^{1} ko^{33}
第一 第一 ti^{312} ɐt^{5}
第二 第二 ti^{312} ŋi^{312}
第三 第三 ti^{312} sam^{53}
第四 第四 ti^{312} sɿ^{33}
第五 第五 ti^{312} ŋ ŋ̍^{24}
第六 第六 ti^{312} luk^{1}
第七 第七 ti^{312} tshɐt^{5}

第八　第八 ti^{312} pat^{43}
第九　第九 ti^{312} kiɐu^{42}
第十　第十 ti^{312} sɐp^{1}
第一个　第一个 ti^{312} ɐt^{5} ko^{33}
第二个　第二个 ti^{312} ŋi^{312} ko^{33}
第三个　第三个 ti^{312} sam^{53} ko^{33}
第四个　第四个 ti^{312} sɿ^{33} ko^{33}
第五个　第五个 ti^{312} ŋ ŋ̍^{24} ko^{33}
第六个　第六个 ti^{312} luk^{1} ko^{33}
第七个　第七个 ti^{312} tshɐt^{5} ko^{33}
第八个　第八个 ti^{312} pat^{43} ko^{33}
第九个　第九个 ti^{312} kiɐu^{42} ko^{33}
第十个　第十个 ti^{312} sɐp^{1} ko^{33}
一　一 ɐt^{5}
二　二 ŋi^{312}
三　三 sam^{53}
四　四 sɿ^{33}
五　五 ŋ ŋ̍^{24}
六　六 luk^{1}
七　七 tshɐt^{5}
八　八 pat^{43}
九　九 kiɐu^{42}
十　十 sɐp^{1}
十一　十一 sɐp^{1} ɐt^{5}
二十　二十 ŋi^{312} sɐp^{1}
二十一　二十一 ŋi^{312} sɐp^{1} ɐt^{5}
三十　三十 sam^{53} sɐp^{1}
三十一　三十一 sam^{53} sɐp^{1} ɐt^{5}
四十　四十 sɿ^{33} sɐp^{1}
四十一　四十一 sɿ^{33} sɐp^{1} ɐt^{5}
五十　五十 ŋ ŋ̍^{24} sɐp^{1}
五十一　五十一 ŋ ŋ̍^{24} sɐp^{1} ɐt^{5}
六十　六十 luk^{1} sɐp^{1}
六十一　六十一 luk^{1} sɐp^{1} ɐt^{5}
七十　七十 tshɐt^{5} sɐp^{1}
七十一　七十一 tshɐt^{5} sɐp^{1} ɐt^{5}
八十　八十 pat^{43} sɐp^{1}
八十一　八十一 pat^{43} sɐp^{1} ɐt^{5}
九十　九十 kiɐu^{42} sɐp^{1}
九十一　九十一 kiɐu^{42} sɐp^{1} ɐt^{5}
一百　一百 ɐt^{5} pæk^{43}
一千　一千 ɐt^{5} tshin^{53}
一百一十一百一　一百一十 ɐt^{5} pæk^{43} ɐt^{5} sɐp^{1}
　　百一 pæk^{43} ɐt^{5}
一百一十个　一百一十个 ɐt^{5} pæk^{43} ɐt^{5} sɐp^{1} ko^{33}
　　百一个 pæk^{43} ɐt^{5} ko^{33}
一百一十一一百十一　一百一十一 ɐt^{5} pæk^{43} ɐt^{5} sɐp^{1} ɐt^{5}
一百一十二一百十二　一百一十二 ɐt^{5} pæk^{43} ɐt^{5} sɐp^{1} ŋi^{312}
一百二十一百二　一百二十 ɐt^{5} pæk^{43} ŋi^{312} sɐp^{1}
　　百二 pæk^{43} ŋi^{312}
一百三十一百三　一百三十 ɐt^{5} pæk^{43} sam^{53} sɐp^{1}
　　百三 pæk^{43} sam^{53}

一百五十一百五　一百五十 ɐt^{5} pæk^{43} ŋ ŋ̍^{24} sɐp^{1}

　　百五 pæk^{43} ŋ ŋ̍^{24}

一百五十个　一百五十个 ɐt^{5} pæk^{43} ŋ ŋ̍^{24} sɐp^{1} ko^{33}

　　百五个 pæk^{43} ŋ ŋ̍^{24} ko^{33}

二百五十二百五　两百五十 liɛŋ^{24} pæk^{43} ŋ ŋ̍^{24} sɐp^{1}

　　两百五 liɛŋ^{24} pæk^{43} ŋ ŋ̍^{24}

二百五傻子　二百五 ŋi^{312} pæk^{43} ŋ ŋ̍^{24}

　　戆儿 ŋaŋ^{312} ŋ̥i^{53}

二百五十个　两百五十个 liɛŋ^{24} pæk^{43} ŋ ŋ̍^{24} sɐp^{1} ko^{33}

三百一十三百一　三百一十 sam^{53} pæk^{43} ɐt^{5} sɐp^{1}

　　三百一 sam^{53} pæk^{43} ɐt^{5}

三百三十三百三　三百三十 sam^{53} pæk^{43} sam^{53} sɐp^{1}

　　三百三 sam^{53} pæk^{43} sam^{53}

三百六十三百六　三百六十 sam^{53} pæk^{43} luk^{1} sɐp^{1}

　　三百六 sam^{53} pæk^{43} luk^{1}

三百八十三百八　三百八十 sam^{53} pæk^{43} pat^{43} sɐp^{1}

　　三百八 sam^{53} pæk^{43} pat^{43}

一千一百一千一　一千一 ɐt^{5} tshin^{53} ɐt^{5}

　　千一 tshin^{53} ɐt^{5}

一千一百个　一千一百个 ɐt^{5} tshin^{53} ɐt^{5} pæk^{43} ko^{33}

一千九百一千九　一千九 ɐt^{5} tshin^{53} kiɐu^{42}

　　千九 tshin^{53} kiɐu^{42}

一千九百个　一千九百个 ɐt^{5} tshin^{53} kiɐu^{42} pæk^{43} ko^{33}

　　千九个 tshin^{53} kiɐu^{42} ko^{33}

三千　三千 sam^{53} tshin^{53}

五千　五千 ŋ ŋ̍^{24} tshin^{53}

八千　八千 pat^{43} tshin^{53}

一万　一万 ɐt^{5} van^{312}

一万二千一万二　一万两 ɐt^{5} van^{312} liɛŋ^{24} tshin^{53}

　　万二 van^{312} ŋi^{312}

一万二千个　一万两千个 ɐt^{5} van^{312} liɛŋ^{24} tshin^{53} ko^{33}

　　万二个 van^{312} ŋi^{312} ko^{33}

三万五千三万五　三万五 sam^{53} van^{312} ŋ ŋ̍^{24}

三万五千个　三万五千个 sam^{53} van^{312} ŋ ŋ̍^{24} tshin^{53} ko^{33}

零　零 lɛŋ^{31}

二斤两斤　两斤 liɛŋ^{24} kɐn^{53}

二两　二两 ŋi^{312} liɛŋ^{24}

二钱两钱　两钱 liɛŋ^{24} tsin^{31}

二分两分　两分 liɛŋ^{24} fɐn^{53}

二厘两厘　两厘 liɛŋ^{24} li^{31}

两丈二丈　两丈 liɛŋ^{24} tsiɛŋ^{312}

二尺两尺　两尺 liɛŋ^{24} tshek^{5}

二寸两寸　两寸 liɛŋ^{24} tshɐn^{33}

二分两分　两分 lieŋ^{24} fɐn^{53}
二里两里　两里 lieŋ^{24} li^{24}
两担二担　两担 lieŋ^{24} tam^{53}
二斗两斗　两斗 lieŋ^{24} tɐu^{42}
二升两升　两升 lieŋ^{24} seŋ^{53}
二合两合　两合 lieŋ^{24} hap^{1}
两项二项　两项 lieŋ^{24} ɐŋ^{312}
二亩两亩　两亩 lieŋ^{24} məu^{24}
几个？　几个？ki^{53} ko^{33}
好多个？　几多个？ki^{53} to^{53} ko^{33}
好几个　蛮多个 man^{31} to^{53} ko^{33}
好些个　蛮多个 man^{31} to^{53} ko^{33}
一些些　一□□ɐt^{5} nɛ^{53} nɛ^{53}
好一些　好一□həu^{42} ɐt^{5} nɛ^{53}
大一些　大一□tai^{312} ɐt^{5} nɛ^{53}
一点儿　一□ɐt^{5} nɛ^{53}
一点点　一□□ɐt^{5} nɛ^{53} nɛ^{53}
大点儿　多□□to^{53} nɛ^{53} nɛ^{53}
十多个比十个多　十多个 sɐp^{1} to^{53} ko^{33}
一百多个　一百多个 ɐt^{5} pæk^{43} to^{53} ko^{33}
十来个不到个　十来个 sɐp^{1} lei^{31} ko^{33}
千数个　千把个 tshin^{53} pa^{42} ko^{33}
百把个　百把个 pæk^{43} pa^{42} ko^{33}
半个　半个 pɔn^{33} ko^{33}
一半　一半 ɐt^{5} pɔn^{33}
两半儿　两半 lieŋ^{24} pɔn^{33}
多半儿　大半 tai^{312} pɔn^{33}
一大半儿　大半 tai^{312} pɔn^{33}
一个半　一个半 ɐt^{5} ko^{33} pɔn^{33}
…上下　…上下 sieŋ^{24} a^{24}
…左右　…左右 tso^{33} iɐu^{312}

2. 成语

一来二去　一来二去 ɐt^{5} lei^{31} ŋi^{312} khy^{33}
一清二白　一清二白 ɐt^{5} tsheŋ^{53} ŋi^{312} pæk^{23}
一清二楚　一清二楚 ɐt^{5} tsheŋ^{53} ŋi^{312} tsho^{42}
一干二净　一干二净 ɐt^{5} kɔn^{53} ŋi^{312} tseŋ^{312}
一差三错　一差二错 ɐt^{5} tsha^{53} ŋi^{312} tshu^{33}
一刀两断　一刀两断 ɐt^{5} təu^{53} lieŋ^{24} tɔn^{312}
一举两得　一举两得 ɐt^{5} ky^{42} lieŋ^{24} tɐk^{5}
三番五次　三番五次 sam^{53} fan^{53} ŋ ŋ̍^{24} tshɿ^{33}
三番两次　三番两次 sam^{53} fan^{53} lieŋ^{24} tshɿ^{33}
三年二年　三年两年 sam^{53} nin^{31} lieŋ^{24} nin^{31}
三年两年　三头两年 sam^{53}

tɐu31 liɛŋ24 nin31
三年五载　三年五年 sam53 nin31 ŋ ŋ̍24 nin31
三天两头　三日两日 sam53 ŋɛt1 liɛŋ24 ŋɐt1
三天两夜　三日两晚 sam53 ŋɐt1 liɛŋ24 van24
三长两短　三长两短 sam53 tsiɛŋ31 liɛŋ24 tɔn42
三言两语　三言两语 sam53 in31 liɛŋ24 y24
三心二意　三心两意 sam53 sɐm53 liɛŋ24 i33
三心两意　三心两意 sam53 sɐm53 liɛŋ24 i33
三三两两　三三两两 sam53 sam53 liɛŋ24 liɛŋ24
四平八稳　四平八稳 sɿ33 peŋ31 pat43 vɐn42
四通八达　四通八达 sɿ33 thuŋ53 pat43 tat43
四面八方　四通八方 sɿ33 thuŋ53 pat43 fɔŋ53
五零四散　五零四散 ŋ ŋ̍24 leŋ31 sɿ33 san42
五湖四海　五湖四海 ŋ ŋ̍24 vu31 sɿ33 hei42
五花八门　五花八门 ŋ ŋ̍24 fa53 pat43 mɐn31
七上八下　七上八下 tshɐt5 siɛŋ24 pat43 a24
七颠八倒　七颠八倒 tshɐt5 tin53 pat43 təu42
颠七倒八　颠七倒八 tin53 tshɐt5 təu42 pat43
乱七八糟　乱七八糟 lɔn312 tshɐt5 pat43 tsəu53
七长八短　七长八短 tshɐt5 tsiɛŋ31 pat43 tɔn42
七拼八凑　东拼西凑 tuŋ53 pheŋ33 sei53 tshɐu33
七手八脚　七手八脚 tshɐt5 sɐu42 pat43 kæk43
七嘴八舌　七嘴八嘴 tshɐt5 tsuei42 pat43 tsuei42
千辛万苦　千辛万苦 tshin53 sɐn53 van312 khu42
千真万确　千真万确 tshin53 tsɐn53 van312 khɔk43
千军万马　千军万马 tshin53 kyn53 van312 ma24
千变万化　千变万化 tshin53 piɛn33 van312 fa33
千家万户　千家万户 tshin53 ka53 van312 vu24
千门万户　千门万户 tshin53 mɐn31 van312 vu24
千言万语　千言万语 tshin53 in31 van312 y24

3. 干支

甲 甲 kap^{43}

乙 乙 yɛt^{23}

丙 丙 peŋ^{42}

丁 丁 teŋ^{53}

戊 戊 vu^{33}

己 己 ki^{42}

庚 庚 keŋ^{53}

辛 辛 sɐn^{53}

壬 壬 iɐm^{31}

癸 癸 kuei^{42}

子 子 tsɿ^{42}

丑 丑 tshɐu^{42}

寅 寅 in^{31}

卯 卯 məu^{53}

辰 辰 sɐn^{31}

巳 巳 sɿ^{312}

午 午 ŋŋ̍^{24}

未 未 uei^{312}

申 申 sɐn^{53}

酉 酉 iɐu^{24}

戌 戌 suɐt^{5}

亥 亥 ei^{312}

第四章 语 法

一 语法特点

（一）名词的词缀

比起普通话来，德胜百姓话的词缀较少。在德胜百姓话中比较常用的或较有特色的词缀有：

1. 前缀

德胜百姓话中常用的前缀有“老、小、第、初、阿、𠤎”等。

（1）老。

“老”作为前缀，附在名词性语素前，构成名词。德胜百姓话中的“老”字作为前缀主要有以下三类：

①放在某些亲属称谓或朋友的前面，表示一种亲切的意味。如：老公｜老婆｜老爹｜老妈｜老姨｜老表｜老弟｜老妹｜老庚｜老同｜老发｜老乡。

②在姓氏或者人名中意思好又容易记的字前面加上“老”字，用来称呼人，往往有某种亲切意味，或者有调侃意味。多用于男性与熟人。如：老张｜老韦｜老刘｜老陈｜老勇｜老军｜老婢丫头。

③放在部分动物、植物的前面。如：老鸦｜老鼠｜老鸭｜老蔸｜老姜。

（2）小、□［nɛ^{53}］小。

“小”是受普通话影响而来的一个使用较多的前缀，带有亲切之感。老派多用“□［nɛ^{53}］小”作为前缀。如：小黄｜小陈｜小玲｜小丽。

又如：□［nɛ^{53}］侬小孩｜□［nɛ^{53}］个小个｜□［nɛ^{53}］碗小碗。

（3）第。

“第”专用在数词前面，表示次序。如：第一｜第二｜第五｜第十。

（4）初。

“初”用在一到十之间的数字前面，表示农历每个月的前十天。如：初一｜初三｜初五｜初七｜初十。

（5）阿。

“阿”主要用在某些亲属或熟人称呼的前面，常常带有敬重和亲昵的色彩。如：阿婆老年女性｜阿公老年男性｜阿哥｜阿嫂｜阿弟｜阿妹｜阿燕。

（6）尾。

“尾［man^{53}］”本意是排行最小的或末尾的。如：尾弟最小的弟弟｜尾妹最小的妹妹｜尾仔最小的儿子｜尾女最小的女儿｜尾叔排行最小的叔叔。

2. 后缀

德胜百姓话的后缀较多，主要有“公、儿、佬、婆、头、子、牯、鬼、家”等。

（1）公。

“公”单用是指“爷爷”，而当它用作后缀的时候，主要有三种情况。

①表示成年男性或具有某种身份的男性。如：家公丈夫的父亲｜外公岳父｜老公丈夫｜寡公单身老年男子。

②表示某种事物中个头较大的。如：虾公个头大的虾｜鱼公特

大的鱼。

③可以表示家畜中的雄性。如：狗公公狗｜羊公公羊｜鸭公公鸭。

（2）儿。

“儿［ŋi⁵³］”本义是指“儿子”或“男孩”，如：儿儿子｜儿女子女｜大儿大儿子｜孙儿孙子｜侄儿侄子｜｜后生儿小伙子。

后来也通指“孩子”，如：抱养儿养子｜憨儿憨仔｜野儿私生子｜败家儿败家子。

当“儿［ŋi⁵³］”作为词缀附着在名词后时，则用来表示“小”的意思，同时大多兼有喜爱之义。如：猪儿小猪｜牛儿小牛｜鸭儿小鸭｜鸡儿小鸡｜狗儿小狗｜猫儿小猫｜老鼠儿小老鼠｜手儿小手指｜锅儿小锅｜碗儿小碗｜台儿小桌子｜凳儿小凳子。

与普通话相比，德胜百姓话的“儿”字用法有下面两点不相同：

①普通话许多带“儿”的词，德胜百姓话都不用“儿”。下面的比较，同一组词中，左侧是普通话的表述，右边是德胜百姓话的对应表述（以下同）：

鱼儿—鱼	虾仁儿—虾仁	门坎儿—门坎
顶针儿—顶针	眼珠儿—眼珠	眼皮儿—眼皮
心口儿—心口	偏方儿—偏方	扣眼儿—扣眼
女儿—女	面条儿—面条	有点儿—有点
小菜儿—小菜	墨水儿—墨水	扣儿—扣
打嗝儿—打嗝	缲边儿—缲边	死心眼儿—死心眼
合伙儿—合伙		

②普通话中不少带“儿”字的词在德胜百姓话中用别的词语表示，如：

鸟儿—鹩	唾沫星儿—潹	小米儿—粟米
竹竿儿—竹篙	八哥儿—牛鹩	盖碗儿—茶杯
头发旋儿—转罗	罗锅儿—驮背	兜儿—衫袋
围嘴儿—潹垫	手绢儿—纱巾	弹球儿—胶弓
老末儿—老屘	压根儿—根本	老头儿—高老子

一只眼儿—独眼龙　双旋儿—两个转　打盹儿—拜瞌睡

卧鸡子儿—荷包蛋　带犊儿—随母下堂　裤衩儿—短裤

（3）佬。

“佬”不单独使用，只能作为后缀，构词能力较强，可以构成称谓名词或表示某一类人的名词。

①构成称谓名词，不带感情色彩。如：公佬老头儿｜奶佬老太婆｜岳父佬岳父｜岳母佬岳母。

②构成表人名词，常有两种情况：

A. 表示从事某种职业的人，略带贬抑戏谑色彩。如：杀猪佬屠户｜剃头佬理发师｜补锅佬补锅的人｜阉猪佬阉猪的人｜江湖佬走江湖的人｜告化佬乞丐。

B. 表示某个地方的人，略含轻蔑色彩。如：乡巴佬乡下人｜外国佬外国人｜美国佬美国人｜北方佬北方人｜湖南佬湖南人。

（4）婆。

“婆”单用时指“妻子”或“姑妈”的意思，如“公婆夫妻｜婆姑妈”。“婆”在德胜百姓话中常常用作后缀，主要有以下几种情况：

①表示家里的女性长辈。如：家婆婆婆｜外婆岳母。

②表示具有某种身份或某种特征的女性。其中表示某种特征的女性略带轻蔑意味。如：月婆坐月子的女人｜大肚婆孕妇｜癫婆疯疯癫癫的女人｜肥婆肥胖的女人｜三八婆行为不合规矩的女人。

③表示从事某种职业的女性。如：接生婆接生的女人｜媒婆媒人｜老举婆婊子｜妗婆巫婆。

（5）头。

“头［tɐu^{31}］”单用指“头部”。“头”还常常用作后缀，有以下四种形式：

①附着在名词性语素后，构成具体名词或抽象名词。如：日头太阳｜石头｜锄头锄｜芋头芋｜老蒜头大蒜｜口唇头舌头｜额头额｜膊头肩膀｜手拇头大拇指｜脚儿头脚趾头｜嘴头零食。

②附着在表示方位的语素后，构成方位名词。如：上头上面｜

底头下面｜里头里面｜外头外面。

③附着在形容词语素后，构成抽象名词，数量不多。如：苦头苦头儿｜甜头甜头儿。

④附着在动词语素后，构成抽象名词，数量不多。如：吃头吃头儿｜看头看头儿｜搞头奔头儿。

（6）子。

德胜百姓话的“子”，单独使用是“儿子”的意思，如：儿子｜子孙｜孝子。

虚化为名词后缀，主要有两种。

①附在名词性语素后，构成表物或表人的名词。所附成分可以是单音节的，也可以是双音节的。

A. 表物的名词。例如：腰子肾｜茄子｜瓜子｜银子｜沙子｜金子｜银子｜筷子狮子｜燕子｜镯子｜面子｜点子。

B. 表人的名词。例如：高老子老头儿｜奶老子老太婆。

②附在动词性语素后，构成表物或表人的名词。例如：聋子聋子｜瞎子瞎子｜哑子哑巴｜骗子｜拐子骗子｜二流子｜败家子｜毽子。

与普通话相比，德胜百姓话的“子”字用法有下面两点不相同：

第一，普通话许多带“子”字的词，德胜百姓话都不用“子”，而是多用单音节词对应。下面的比较，同一组词中，左侧是普通话的表述，右边是德胜百姓话的对应表述：

被子—被	帽子—帽	袜子—袜	裤子—裤	裙子—裙
凳子—凳	椅子—椅	碟子—碟	盘子—盘	鼻子—鼻
肚子—肚	鸭子—鸭	爪子—爪	肠子—脏	棋子—棋
钉子—钉	豆子—豆	竹子—竹	兔子—兔	鞋子—鞋
刀子—刀	扇子—扇	桃子—桃	锯子—锯	痱子—痱
镜子—镜	碟子—碟	梳子—梳	粽子—粽	钉子—钉

此外，还有不少普通话中带“子”的词在德胜百姓话中用别的词语表示，如：

房子—屋　绳子—索　桌子—台　秃子—裸颅
胡子—胡须　谷子—粟　院子—门楼　猴子—马骝
痞子—记　筛子—筛　瓶子—罐　雪珠子—米雪
壶子—水壶　辫子—头辫　叫化子—告化　箕鼻子—鼻梁

第二，一些普通话中不用“子”字的词，德胜百姓话却用“子”。例如：

肾—腰子　银元—银子　小偷—拐子　星星—星子
翻绳—脱篮子　疟疾—摆子　水果—果子　哑巴—哑子
老头儿—高老子　老太婆—奶老子

（7）牯。

“牯”在德胜百姓话中作为名词性词缀，指代雄性动物。如：牛牯公牛｜马牯公马｜羊牯公羊｜猪牯公猪｜猫牯公猫。

（8）鬼。

“鬼”主要用作名词，可以作为名词后缀。它加在名词、形容词性语素和一些短语后构成表人名词，多数含贬义。如：小气鬼吝啬鬼｜老鬼老年男子（带贬义）｜懒鬼｜死鬼｜短命鬼｜赖哭鬼爱哭的人｜色鬼｜酒鬼。

（9）家。

“家”在德胜百姓话中用作后缀，表示称谓，可以表示类属，也可以表示单数或者多数。如：作家｜画家｜庄家｜亲家｜后生家小伙子｜姊妹家要好的女性朋友｜兄弟家要好的男性朋友。

（二）重叠

1. 名词的重叠形式

德胜百姓话名词的重叠式主要是“AA”式的。

（1）单音节动词性语素为多。重叠后构成名词，语法功能和名词一样，有点类似于普通话中儿化的名词的意味，如：夹夹夹子｜包包包子｜本本本子｜套套套子。

①你头毛上嘅夹夹好靓哦！你头发上的夹子真漂亮！

②小华买了一个好好看嘅包包哦。小华买了一个好看的包包。

③我有记得带本本。我忘了带本子。

⑤你嗰书嗰套套好好看。你的书套真好看。

(2) 名词的重叠。主要是时间名词重叠，表示“每一”的意思。例如：早早每一天早上｜晚晚每晚｜月月每一月｜年年每一年｜时时每时每刻｜分分每一分。

①他早早去跑步。他每一天早上都去跑步。

②我月月帮他剃头。我每个月都帮他理发。

③小李年年去种树。小李每年都去种树。

④王先生时时想着班里的学生。王老师每时每刻都想着班里的学生。

2. 动词的重叠形式

(1) “AA”式。在德胜百姓话中，有一部分动词可以重叠，重叠方式主要是AA式，表示轻微、短暂的意思。如：谂谂想想｜喃喃自言自语｜看看｜行行｜尝尝｜讲讲。

(2) “ABB”式，表示加深程度和描状。如：哭□［ŋɔŋ³³］□［ŋɔŋ³³］大哭｜响吱吱｜笑吟吟｜转□［lu³³］□［lu³³］很忙乱。

(3) “A来A去”式，表示动作的持续。例如：讲来讲去｜谂来去谂想来想去｜吃来吃去｜行来行去｜抄来抄去｜打来打去。

(4) “AABB”式，表示动作的情状。例如：拉拉扯扯｜打打闹闹｜讲讲笑笑｜蹦蹦跳跳｜指指点点｜躲躲藏藏｜摇摇摆摆。

(5) “A有A”式，表示对动作的质疑。如：跑有跑｜写有写｜看有看｜行有行｜得有得。

3. 形容词重叠形式

(1) “ABB”式重叠词。

“ABB”式重叠词在宜州德胜百姓话中经常出现，主要用于口语。“ABB”式中的“A”一般是形容词或动词，后面的“BB”重叠后则表示程度加深。如：黑麻麻｜黑墨墨｜红彤彤｜青幽幽｜满当当｜乱哄哄很乱，很嘈杂｜光溜溜｜臭脺脺很臭｜涴□［lɐi³³］□［lɐi³³］很脏。

(2) “ABB”后加缀式。

其结构是后面的附加成分，起到加深程度、加强形象化的作用，在其后往往加上“嘓”，“嘓”在德胜百姓话中相当于普通话中的结构助词“的”或“地”。例如：松垮垮嘓｜黑麻麻嘓｜青幽幽嘓｜红彤彤嘓｜臭膵膵嘓｜紧绑绑嘓｜矮墩墩嘓｜长赖赖嘓｜密麻麻嘓｜光溜溜嘓。

在德胜百姓话中，这种结构形式在句子中常常用作定语。如：

①七八个大力扛一副黑麻麻嘓寿料。七八个男子抬着一副黑黑的棺材。

②红彤彤嘓猪血标满地底。红红的猪血洒满地上。

③一个阿婆担着臭膵膵嘓大粪行过来。一个阿婆挑着很臭的大粪走过来。

“ABB”式的结构在句子中还可用作谓语。如：

①伊根裤，裤头松垮垮嘓。这条裤子，裤头太宽松了。

②屋外头黑麻麻嘓。屋子外面很黑。

③伊些菜苗青幽幽嘓。这些青菜苗青青的。

（3）“AABB”式重叠词。

这一类重叠词是双音形容词完全重叠式，有程度加深的意思，常用于口语。如：毛毛躁躁｜正正经经｜懵懵懂懂｜闹闹热热｜欢欢喜喜｜癫癫憨憨｜高高兴兴｜安安心心｜认认真真｜慌慌张张。

“AABB”式重叠词在句子中常常用作状语，也可用作谓语。

①正正经经嘓做活路。正正经经地做事。

②伊个侬儿高高兴兴嘓去学校。这个孩子高高兴兴地去学校。

③一到三十晚，屋里头都闹闹热热嘓。一到除夕，家里很热闹。

④前头呿个人，慌慌张张嘓。前面那个人，慌慌张张的。

（4）“AA”式重叠词。

常用于口语，有强调的作用，作定语或补语时后边常加助词“嘓”。如：红红｜青青｜黄黄｜白白｜长长｜直直｜松松｜慢慢｜辣辣｜咸咸。

“AA”式重叠词在句子中常常用作定语、状语，也可用作谓语。

①长长嘓头毛。长长的头发。

②你慢慢行。你慢慢走。

③你煮嘓菜咸咸嘓。你做的菜很咸。

④伊条路直直嘓。这条路直直的。

(5)“A 有 A”式重叠词。如：香有香｜快有快｜好有好。

(6)中加缀式。

中间加进“里”，这种形式除程度加深外，还带有一定的贬义色彩。如：三里三八不正经｜古里古怪很古怪｜邋里邋遢很脏｜论里论阵很罗嗦｜神里神经神经不太正常｜里鬼马很狡猾。

(7)此外，还有极少部分用于口语的其他形式的重叠词，常常表示消极意义或带有明显厌恶的感情色彩。如：

“ABCC”式：心火躁躁心里很不舒服｜心恨火火很生气。

“A 里 AB”式：糊里糊涂｜毛里毛躁｜邋里邋遢｜古里古怪｜流里流气。

(三)代词

1. 人称代词

德胜百姓话的人称代词有单复数之分，但复数的表示不像普通话那样加词尾“们”，而是改用别的词语。

人称	单数	复数	领有	
			单数	复数
第一人称	我	我俩［lieŋ³¹］	我嘓［ko³³］	我俩［lieŋ³¹］嘓［ko³³］
第二人称	你	你俩［lieŋ³¹］	你嘓［ko³³］	你俩［lieŋ³¹］嘓［ko³³］
第三人称	他	他俩［lieŋ³¹］	他嘓［ko³³］	他俩［lieŋ³¹］嘓［ko³³］
其他	自己	大家	自己嘓［ko³³］	大家嘓［ko³³］
	人家		人家嘓［ko³³］	

从上表可以看出：

(1)第一人称代词复数没有“包括式”和“排除式”的分

别，普通话的“咱们”和“我们”在德胜百姓话中都用“我俩”来表示。

（2）德胜百姓话的领有格用词与普通话不同，普通话后加结构助词“的”，而德胜百姓话则用“嘅”来作为结构助词后加。如：我嘅我的｜人家嘅别人的｜你俩嘅你们的｜大家嘅大家的。

（3）德胜百姓话的第二人称没有尊称。

（4）德胜百姓话的人称代词在句中可以用作主语、宾语和定语。用作定语表示领属关系时，它与普通话相同，有“人称代词＋中心语”“人称代词＋嘅＋中心语”两种表达方式。如：我屋｜你妈｜我嘅衫我的衣服｜他嘅本事。

2. 指示代词

德胜百姓话的指示代词有近指和远指两种。

类别	近指	远指
指人或事物	伊个［i³³ ko³³］这个 伊□［i³³ nɛ⁵⁴］这些	呿个［khy³³ ko³³］那个 呿□［khy³³ nɛ⁵⁴］那些
指处所	伊□［i³³ nɛ⁵⁴］这里	呿□［khy³³ nɛ⁵⁴］那里
指时间	伊［i³³］个时候这个时候	呿［khy³³］个时候那个时候
指程度	项［ɐŋ³³］这么	项［ɐŋ³³］样那么
指方式	伊［i³³］样这样	呿［khy³³］样那样

从上表可以看出，德胜百姓话的指示代词主要有以下两种：

（1）指代人或事物的指示代词。

指代人或事物，近指单数用“伊个”，复数用“伊□［nɛ⁵³］”。“伊个”和“伊□［nɛ⁵³］”指代距说话人最近的人或事物，分别与普通话的“这”和“这些”相当。远指单数用“呿”，复数用“呿□［nɛ⁵³］”，指代离说话人更远的人或事物，分别与普通话的“那”和“那些”相当。例如：伊个人这个人｜伊□［nɛ⁵³］家什这些东西｜呿□［nɛ⁵³］树那些树。

（2）表示程度的指示代词。

在德胜百姓话中，表示程度的指示代词近指和远指都是一样的，均用“项［ɐŋ^{33}］”表示。例如：项久这么久｜项大这么大｜项高那么高｜项长那么长。

3. 疑问代词

德胜百姓话的疑问代词，常用的可分为八类，它们的语法功能与普通话基本相同。

（1）问人：呢个［ni^{33} ko^{33}］　谁。“哪个”与普通话一样，可以用作主语、宾语、定语。

（2）问事物：什乜［si^{33} mɐt^{5}］　什么，哪［ni^{33}］。

（3）问处所：呢些［ni^{33} nɐ^{53}］　哪里。

（4）问时间：几时［ki^{42} si^{33}］　什么时候。

（5）问数量：几多［ki^{42} to^{53}］/几［ki^{42}］　多少。

（6）问程度：几［ki^{42}］/多［to^{53}］　很/多。

（7）问方式：怎样［tseŋ^{53} iɛŋ^{312}］　怎么样。

（8）问原因：为什乜［uei^{31} si^{33} mɐt^{5}］　为什么。

（四）数量词

1. 概数的表示

（1）德胜百姓话常在数字后加“多、左右”表示概数，也可以在动词“有”前加“大概、大约、可能”来表示。表示的方法与普通话一致。如：

①我俩村有三百多人。我们村有三百多人。

②他嘅新孥二十岁左右。/他嘅新孥大概有二十岁。他的妻子大约有二十岁。

③呿袋米可能有五十斤左右。那袋米大约有五十斤。

（2）德胜百姓话中常用“把”表示概数。最常见的格式是在数词或者是量词的后面加上“把”，相当于普通话的“这个样子”或“那个样子”。

A. 整数词＋把。

与普通话的运用差不多，德胜百姓话在这个格式中，可以说“百把、千把、万把、亿把”，而不说“一把、十把”，在句子中主要用作定语、状语。例如：

伊堆柑大概有百把斤。这堆柑子大概有一百斤。

B. 量词＋把（量词）。

在德胜百姓话中，这样的格式表示少量的意思。可以表物量，可以表动量，有时还可以表时量。例如：

只把（只）　　条把（条）　　桶把（桶）　　碗把（碗）

回把（回）　　次把（次）　　转把（转）　　趟把（趟）

分把（分）　　日把（日）　　年把（年）　　月把（月）

这种结构，其实就是在前面省略了“一”，不用说出来，如果硬要加上“一”，反而显得啰唆。

“量词＋把（量词）”的语法功能，根据其量词的不同而不同，如果是“物量词＋把（物量词）”或“时量词＋把（时量词）”时，主要用作定语、状语。例如：

①我想吃碗把粥。我想吃一碗稀饭。

②他可能年把才回来。他可能一年后才回来。

如果是“动量词＋把（动量词）”，其语法功能与普通话的一样，主要用作补语。例如：

①南宁我去过回把。南宁我去过一次。

②伊次最多去月把。这次最多去一个月。

C. 量词＋把＋两＋量词。

“量词＋把＋两＋量词”这种结构中的量词，可以是物量词，也可以是时量词或者动量词，表达的意思要比“量词＋把（量词）”的量多一些，但语法功能基本相同。例如：

只把两只　　斤把两斤　　桶把两桶　　碗把两碗

回把两回　　次把两次　　转把两转　　趟把两趟

日把两日　　分把两分　　年把两年　　月把两月

例句：

①要是你去街就帮我买斤把两斤肉回来。如果你上街就帮我买一

两斤肉回来。（用作定语）

②他家我过回把两回。他家我去过一两回。（用作补语）

③我伊日把两日都不出远门。我这一两天时间都不出远门。（用作状语）

2. 量词的表示

（1）□［nɛp5］。

可以通指“个、粒、颗、枚、顶”等量词，以下用“～”代替，是德胜百姓话中用得较多的一个量词。

一～米——一粒米｜一～奖章——一枚奖章｜一～帽——一顶帽子。

（2）隻［tsek5］。

一隻马——一匹马｜一隻牛——一头牛｜一隻手——一只手｜一隻猪——一口猪。

（3）个［ko33］。

一个人｜这个｜那个。

（4）根［kɐn53］。

一根索——一根绳子｜一根裤——一条裤子｜一根裙——一条裙子｜一根头毛——一根头发｜一根手巾——一条毛巾。

（5）重叠量词。

德胜百姓话中的一些量词可以重叠，表示“全部、都”的意思。如：个个｜次次｜隻隻｜根根。

例句：

①伊件事个个认得。这件事情无人不知。

②次次都项做。次次都这么做。

（五）特殊的副词、介词和连词

1. 特殊的副词

德胜百姓话中的副词可以分为否定副词、程度副词等。

（1）否定副词。

德胜百姓话中的“冇”，相当于普通话里的否定副词“不、

没有”。它能够独立回答问题，也可以与其他词组合起来，用于动词或动宾结构之后，构成选择问或是非问回答问题等。

下表为选择问简单例子的比较：

选择问	否定回答	肯定回答
去冇去？去不去？	冇。/冇去。	去。
好冇好？好不好？	冇。/冇好。	好。
做冇做？做不做？	冇。/冇做。	做。
认冇认得？认得不认得？	冇。/冇认得。	认得。
吃冇吃？吃不吃？	冇。/冇吃。	吃。
愿冇愿意？愿不愿意？	冇。/冇愿。	愿。
洗冇洗？洗不洗？	冇。/冇洗。	洗。
卖冇卖？卖不卖？	冇。/冇卖。	卖。
开冇开？开不开？	冇。/冇开。	开。
是冇是？是不是？	冇。/冇是。	是。

再看下列例句：

①你去冇去跳舞？你去不去跳舞？

②伊个人认冇认得？这个人认识不认识？

③伊□[nε53]果子吃冇吃？这些果子吃不吃得？

④你嘓鸡卖冇卖？你的鸡卖不卖？

⑤大门开冇开？大门开不开？

⑥她是冇是你老妹？他是不是你妹妹？

⑦你去过北京冇？你去过北京没有？

（2）程度副词。

德胜百姓话中较有特色的程度副词主要有“蛮、好、几、多、死”等。这些程度副词表示的程度不同：“蛮”表示比较高，“好”和“几”表示很高，“多”和“死”表示最高。

A. 蛮［man³¹］。

德胜百姓话中的“蛮”，表示较高程度的副词，与普通话中的“比较”相当，常常用在形容词或表示心理活动的动词前面作状语，句末是“……嗰”的结构形式。例如：

①伊根裙我蛮中意嗰。这条裙子我比较喜欢的。

②伊□［nɛ⁵³］糖蔗蛮甜嗰。这些甘蔗比较甜的。

③咗个侬儿蛮灵嗰。那个小孩比较机灵的。

④我蛮佩服他嗰。我比较佩服他的。

B. 好［hɔ⁴⁴］。

德胜百姓话中的“好”，表示的是很高程度的副词，与普通话中的“很”相当，可以修饰形容词，也可以修饰表示心理活动的能愿动词，用作状语。例如：

①天气好热嗰嘞。天气很热的了。

②粥好清嗰。粥很稀。

③伊支笔好好写字嗰。这支笔很好写字的。

④你老妹好俏嗰。你的妹妹很漂亮的。

⑤咗个俏妹我好中意嗰。那个漂亮的妹妹我好喜欢的。

C. 几［ki⁴⁴］。

德胜百姓话中的“几”与“好”一样，表示的是很高程度的副词，与普通话中的“很”相当，可以修饰形容词，也可以修饰表示心理活动的能愿动词，用作状语。其区别在于，“好”在陈述中有感叹的成分，而“几”在陈述中的抒情味更重些，有时候说话中拉长其声调更显示它的抒情性，表示的程度显得更加高一些。例如：

①伊个人几狠心了！这个人太狠心了！

②她几会讲话！她很会说话！

③江水几深哦！河水很深的啊！

D. 多［to⁵³］。

德胜百姓话中的“多”，表示的是最高程度的副词，相当于普通话中的程度副词“极”和“很”。后常附助词“了”，在句子中用作补语。例如：

①今天冷多了。今天太冷了。

②有一个财主有钱多了。有一个财主很有钱。

③我气多了。我生气极了。

④伊个人讨嫌多了。这个人太讨厌了。

E. 死［sɿ^{42}］。

当“死”作为副词时，在德胜百姓话中与“多”一样，表示的是最高程度的副词，相当于普通话的程度副词“极”和“很”。后常附助词“了”或前加“要”，在句子中用作补语。例如：

①冷死了。冷极了。

②伊段时间忙死了。这段时间忙得很。

③头痛得要死。头疼得很。

④考试难得要死。考试难得很。

2. 介词

下面的表格，是从语法功能的角度对德胜百姓话与普通话的常用介词做一个简单的比较：

比较项	普通话	德胜百姓话
A. 引进施事	被、让、给	捱［ŋai^{31}］｜着［tsiɐk^{31}］｜□［hɐŋ^{53}］给
B. 引进受事	把	把
C. 表示起点	从	从
D. 表示终点	到	到
E. 表示依据	照	依
F. 指示动作方向	朝、向、对	朝
G. 引进凭借的工具、方法等	拿、用	揪［tsɐu^{24}］
H. 表示经由的路径	从	从

续表

比较项	普通话	德胜百姓话
I. 引进处所与时间	在	在、是
J. 引进动作或比较对象	和、跟、同	同

从上面的表格我们可以看出，德胜百姓话的介词与普通话的介词一样都是来自动词，用法大部分相同或者相似。下面，我们选择其中较为特殊的几个字“捱、着、□［həŋ53］、同”等进行分析。

（1）捱［ŋai31］。

“捱”在德胜百姓话中常常表示被动，其作用是引进动作的施事者，相当于普通话的“被”。例如：

①我嘓书捱他撕烂嘞。我的书被他撕烂了。

②他嘓手捱刀砍着了。他的手被刀砍着了。

③他捱狗咬了。他被狗咬了。

（2）着［tsiæk23］。

德胜百姓话中的“着”用来表示被动，其作用是引进动作的施事者，相当于普通话的“被”。例如：

①他着人家笑死了。他被别人笑死了。

②衫裤着雨淋湿了。衣服被雨淋湿了。

③我正正着针劖了。我刚刚被针扎了。

④公路着大车压烂了。公路被大车压烂了。

⑤他着赶出家去。他被赶出家。

（3）□［həŋ53］给。

相当于普通话的“给”，也是用来表示被动，其作用是引进动作的施事者。例如：

①我□［həŋ53］给他气死了。我给他气死了。

②呔□［nɛ54］树□［həŋ53］给他砍完了。那些树被他砍完了。

（4）同［$tuŋ^{31}$］。

在德胜百姓话中，“同”既可以作连词，又可以作介词。当它作介词时，相当于普通话中的“跟”和“对”，用于引进动作或比较对象。如：

①我同她借了一些钱。我跟她借了一些钱。

②伊蔸树同那蔸冇一样。这棵树与那棵不一样。

③我冇同他做队行。我不跟他一起走。

④他同一个朋友在讲话。他跟一个朋友在讲话。

3. 特殊的连词

（1）同［$tuŋ^{31}$］。

德胜百姓话中主要使用的连词是“同”，相当于普通话的“和、与”，主要表示并列关系。例如。

①我养了五只鸡同六只鸭。我养了五只鸡和六只鸭。

②我同他都是老师。我和他都是老师。

③夜饭我们吃鱼同鸭。晚饭我们吃鱼和鸭。

（2）还［$teŋ^{312}$/$ɐŋ^{312}$］是。

德胜百姓话中常用来表示选择意义的连词“还［$teŋ^{312}$/$ɐŋ^{312}$］是”，相当于普通话中的“或者”。如：

①我去还是你去？我去还是你去？

②伊块地种花生还是种菜？这块地种花生还是种菜？

③冇知朝日是热还是冷？不知道明天是热还是冷？

（六）动词的态与助词

1. 动词的态

德胜百姓话中动词的“态”比较多，有进行态、持续态、完成态、经历态、尝试态（将来态）、先行态等。动态的表示，主要是加动态助词，也可以通过动词重叠或加趋向动词等方式来表示。

（1）进行态。

表示动作正在进行，与普通话相同，一般是在动词前加副词“在”“正”或“正在”，后面可加助词“着”，也可不加。如：

①他正同一个朋友讲话咧。他正在同一个朋友说着话呢。

②他正在我屋饮酒。他正在我的家里喝酒。

③他正唱歌呢。她正唱着歌呢。

④他正在吃饭。他正在吃饭。

⑤他正在吃着饭。他正在吃着饭。

（2）持续态。

表示动作存在、持续的状态，在普通话中常用“动词＋着”表示，而德胜百姓话的持续态没有明显标志。

①门开着，快进来。门开着，快进来。

②阿弟在门口立。弟弟在门口站着。

（3）完成态。

完成态表示动作的完成或实现，与普通话一样，德胜百姓话中常在动词后加动态助词“了”表示。

①我老妈今年种了十亩花生。我妈妈今年种了十亩花生。

②阿妹帮我洗了衫裤。妹妹帮我洗了衣服。

③落雨了。下雨了。

④他领养了一个儿。他领养了一个儿子。

（4）经历态。

经历态表示某一动作或行为曾经发生过。德胜百姓话与普通话一样，常在动词后加动态助词“过”表示。

①伊本书我看过。这本书我看过。

②伊件衫我见她穿过。这件衣服我看见她穿过。

③北京他去过三回。北京他去过三次。

④你着打过冇？你被打过没有？

（5）将来态。

将来态表示动作将要发生。德胜百姓话中常用“要”或“想”来表示。

①外公佬要做寿酒。岳父将要做寿酒。

②你要是做得到我就带你去。你如果做得到我就带你去。

③我想去街买衫裤。我想上街买衣服。

(6) 先行态。

先行态表示某一动作先于另一动作发生。德胜百姓话中常用“先”来表示。

①你行先。你先走。

②你洗先。你先洗。

③你吃先。你先吃。

(7) 可能态。

可能态表示有某种可能性。德胜百姓话中常用趋向动词“去”来表示。如:

①伊隻猪儿竟有三十斤去。这头小猪竟然有三十斤。

②伊条路项长，走到人都困完去。这条路那么长，走到人都累完了。

2. 助词

前面谈动词的动态时已附带谈及动态助词，这里我们着重谈结构助词。德胜百姓话的结构助词有“嗰”和“得”两个，其中“得”与普通话的用法基本一样，此处不再举例。“嗰”的用法、意义与普通话的“的”和“地”相同。如:

(1) 放在名词、代词的后面表示领属关系，放在形容词后面表示状态。用在定语与中心词之间，与普通话的结构助词“的”作用相同。例如:

①吃饭嗰时候。吃饭的时候。

②圞圞嗰面，大大嗰眼子。圆圆的脸，大大的眼睛。

③伊是他嗰书。这是他的书。

④大大嗰西瓜。大大的西瓜。

(2) 附着在一些词或短语的后面，组成与普通话的“的”字短语相类似的“嗰”字短语，其语法功能相当于一个名字，在句子中用作主语和宾语。例如:

①伊个侬儿是我嗰。这个孩子是我的。

②呿本书是他嗰。那本书是他的。

③伊对鞋是我嗰。这双鞋子是我的。

④圞嗰是篮球。圆的是篮球。

(3) 附着在句末的“嗰”,既作结构助词,也作语气词,相当于普通话里既作结构助词又作语气词的“的”,还稍微有“啊”的成分在其中,在句子中充当宾语或是语气成分。例如:

①伊□[nɛ[53]]鸡同鸭是我自已养嗰。这些鸡和鸭是我自己养的。

②伊是我想去做嗰。这是我想去做的。

③伊支歌儿好听嗰。这支歌很好听的。

(4)“嗰”用在句中,构成一个“嗰”字短语的结构,相当于普通话的“地”,用作状语的标志。例如:

①落雨,慢慢嗰行。下雨,慢慢地走。

②他喃喃嗰讲。他自言自语地说。

③他急急嗰跑来。他急急地跑来。

④一帮依儿咿咿呀呀嗰读书。一群孩了丅咿咿呀呀地念书。

(七)语气词和叹词

1. 语气词

德胜百姓话常用的特有语气词有“嗰、咧、了”,下面对不同的语气词与其功能做简单介绍。

(1) 嗰[ko[33]]。

在句末,有加强肯定语气的作用,相当于普通话句末的“的”。如:

①伊个苹果好甜嗰。这个苹果好甜的。

②他很快就会来嗰。他很快就会来的。

(2) 咧[lɛ[312]]。

在德胜百姓话中,咧[lɛ[312]]常常用在表示疑问的句子末尾,它有一种稍微轻松的疑问色彩。如:

①你去呢□[nɛ[53]]咧?你去哪儿?

②伊台电视几多钱咧?这台电视多少钱?

(3) 了[liu[24]]。

在陈述句的末尾起到煞尾的作用,同时表示目标已经实现。如:

①我行了。我走了。

②大年初一到了。大年初一到了。

③他去渡洗了。我去洗澡了。

2. 叹词

融安百姓话有很丰富的叹词，如“哦、唉、哎、嗨、咦”等等。它们分别表示不同的语义、语气，起到不同的功能与作用，在具体的语境，其读音有时候会有一些变化，此处为了简洁，不一一表示音变。下面为常见的叹词及句子。

（1）哦。

作为叹词，有表示醒悟之意。例如：

①哦，是伊样嘅！啊，是这样的啊！

②哦，我知了！啊，我知道了！

（2）唉。

作为叹词，在句中加重了表示无奈的感叹。例如：

①唉，他有点难嘅！唉，他有一点难的！

②唉，伊条作业我冇会做嘅！唉，这题作业我不会做的！

（3）哎。

呼唤对方，是为了引起注意。例如：

①哎，你去呢□？哎，你去哪里？

②哎，老王在屋吗？哎，老王在家里吗？

（4）嗨。

表示知道某件事情或某个事物之后的感叹。例如：

①嗨，原来是伊样嘅！嗨，原来是这样的！

②嗨，癫仔去做伊事！嗨，癫子才去做这事！

（5）咦。

表示知道某件事情后的惊讶、轻易的询问。例如：

①咦，你冇行？咦，你没有走？

②咦，这蔸树长高了！咦，这棵树长高了！

（八）特殊语序

1. 表序词语在动词后作为补语

（1）表序词语“先、后尾”等的位置。

A. 一些表示先后顺序的词，如“先、后尾”之类，在普通话中常放在动词前用作状语，而在德胜百姓话中常常放在动词谓语之后用作补语。例如：

①你俩行先，我行后尾。你们先走，我后走。

②你吃先，我吃后尾。你先吃，我后吃。

有时表序词语也可以像普通话那样放在述语前用作状语，但远不如放在述语后用得普遍。如：

①“我吃先，你吃后尾”也可以说成“你先吃，我后尾再吃”。

②“我来先，你来后尾”也可以说成“我先来，你后尾来”。

B. “先”字的第二种情况是放在句子的末尾，没有表示先后顺序的问题，只是起着一种舒缓语气的作用。例如：

①问他个事先。问他一件事。

②看一下先。看一会儿。

（2）“多、少、早、晚”的位置。

A. 在普通话中，形容词“多”和“少”常常放在动词谓语之前充当状语，而德胜百姓话中的“多”和“少”常常是放在动词谓语的后面充当补语，当然也有像普通话一样的结构，估计是受到普通话影响的结果，而不是原有的结构。请看下面的例子：

①吃多□［$nɛ^{53}$］。多吃点儿。

②担多□［$nɛ^{53}$］。多挑一点儿。

③种多几蔸。多种几棵。

④看多几本。多看几本。

⑤吃少几杯酒。少喝几杯酒。

⑥讲少几句。少说几句。

B. 形容词“早”和“晚”在普通话中常常作为状语出现在动词谓语的前面，而在德胜百姓话中它们也与“多”和“少”一样，常常是放在动词谓语的后面作补语，其中的“早”有时候用“快”来表示，“晚”在百姓话中又常用“暗”来表示，而不用现代汉语味道很浓的“晚”。例如：

①朝日来早□［nε^53］！明天早点来！

②朝日来快□［nε^53］！明天快点来！

③朝日可以来暗□［nε^53］。明天可以晚点来。

④写快□［nε^53］！快点写！

（3）形容词“够、饱”的位置。

德胜百姓话的“够”和“饱”常用在“述＋宾（数量）”结构后用作补语，常常后边要加语气词“去”。例如：

①放假了，可以玩够去。放假了，可以玩个够。

②今夜可以吃够去。今晚可以喝个够了。

③终于得睡一觉饱去。终于能好好地睡一觉。

④我都笑饱了。我都笑饱了。

2. 双宾语的语序

普通话的双宾语句结构，一般是指人的近宾在前，指物的远宾在后。而在德胜百姓话的双宾语句结构中，情况有点复杂，其中有些结构相同，有些结构不同，总共有三种结构形式。

（1）“动词＋直接宾语＋间接宾语”式。

这类句式的动词一般含有“取得”义，即具有“拥有、获取、欠缺”等义，同普通话的结构形式完全一样。例如：

①赢了他两盘棋。赢了他两盘棋。

②欠你五块钱。欠你五块钱。

③喊他姨爷。叫他姨父。

④问你件事。问你一件事。

（2）“动词＋间接宾语＋直接宾语”式。

这类句式的动词一般具有给予的意义。其双宾语的排序恰好和普通话的排序相反，指物的远宾在前，指人的近宾则在后。例如：

①我［hɐŋ^53］给一本书他。我给他一本书。

②他借一百块钱我。他借给我一百块钱。

③我妈［heŋ^{53}］给一架单车我。我妈妈给我买了一架自行车。

④□［heŋ^{53}］给杯茶我吃。给杯茶我喝。

（3）“动词＋间接宾语＋□［heŋ^{53}］给＋直接宾语”式。

这类句式主要是含有“借给、赊给、送给、分给、还给”等动词来引进的双宾语，在德胜百姓话中，它们往往拆分开来，成为单音节动词及介词，分别引进双宾语。例如：

①还一本书□［heŋ^{53}］给你。还给你一本书。

②教一个方法□［heŋ^{53}］给你。教给你一个方法。

③送一篮果□［heŋ^{53}］给他。送给他一篮水果。

（九）特殊句式

1. 被动句

德胜百姓话的被动句式与普通话的被动句式基本相同，基本句式为“主语＋介词（副词）＋（宾语）＋动词＋（补语）”。德胜百姓话的被动句中常用的介词主要有“捱”和“着”。如：

①树枝捱压断了。树枝被压断了。

②他捱新孥骂了！他被老婆骂了。

③他吃饭着噎了。他吃饭被噎着了。

④牛着人偷了。牛被人偷了。

⑤他着人打了。他被人打了。

还有一个□［heŋ^{53}］给，相当于普通话的“给”，也是用来表示被动，其作用是引进动作的施事者。例如：

①我□［heŋ^{53}］给他气死了。我给他气死了。

②呿□［nɛ^{54}］树□［heŋ^{53}］给他砍完了。那些树被他砍完了。

2. 处置句

（1）德胜百姓话中处置句的表达方式与普通话基本一样，用介词“把”将被处置的对象提到动词前，表示对这一对象的处置。例如：

①他把呿□nɛ^{53}衫裤洗了。他把那些衣服洗了。

②把伊些家什丢去。把这些东西丢走。

③把呿个茶壶掫过来。把那箇茶壶拿过来。

（2）如果是表否定的处置句，德胜百姓话则把否定词“冇”放在“把”字的前面，引进处置对象。例如：

①等一阵我归屋，你冇把门关紧啊。等一下我就回家，你不要把门关紧了啊。

②冇把脚踩地上。不要把脚踩在地上。

（3）在德胜百姓话中的处置句，有时可不用“把”字，直接用“谓语动词＋处置对象＋补语”的形式，多是以主谓句的形式出现，或是连动句、兼语句等。例如：

①昨夜狗咬鸡死了。昨天晚上狗把鸡咬死了。

②去开门啊。去把门打开来啊。

③快□［nɛ⁵³］喊他出来。快点把他叫出来。

（4）掫［tsɐu²⁴］。

德胜百姓话中的“掫［tsɐu²⁴］”，相当于普通话的“拿”或者“用”，用于引进凭借的工具、方法等，表达处置的意思。例如：

①你掫毛笔来写字。你拿毛笔来写字。

②你掫呿把刀来斩鸡。你拿那把刀来杀鸡。

③掫呿本书□［hɐŋ⁵³］给我。把那一本书拿给我。

3. 比较句

德胜百姓话的比较句可以分为三大类：平比句、差比句、渐比句等。下面分别对这三类做简洁说明。

（1）平比句。

德胜百姓话平比句的基本格式是：A＋同＋B＋（冇）一样＋（形容词）。后面的形容词有时候可以省略去，省略后在句末要加“嘓”。如果是否定句，则在“一样”前面加上否定副词“冇”。例如：

①伊床被同呿床被一样厚。这床被子和那床被子一样厚。

②伊床被同呿床被冇一样厚。这床裙子和那床被子不一样厚。

③伊蔸树同呿蔸树一样高。这棵树和那棵树一样高。

④伊蔸树同呿蔸树冇一样高。这棵树和那棵树不一样高。

此一类别还有一种格式：（这）（代词）＋数量＋（名词）＋一样＋（形容词）。这种格式有时候名词与形容词可以省略去，在省略了形容词之后，一般在句尾加上“嘅”字。如果是否定句，则在“一样”前面加否定词“冇”字。例如：

①他俩两个人一样灵。他们两个人一样聪明。

②伊两块田一样宽。这两块田一样阔。

③两只猪冇一样重。两头猪不一样重。

④伊两根裤冇一样长。这两条裤子不一样长。

（2）差比句。

A. A＋比＋B＋形容词＋（数量）。此种句式的比较结果可以省略去不说，有时候在后面加上“这样”表示概数。如果是否定的，则在形容词的前面加上否定词“冇”，也可以放在比字之前。例如：

①我比他高。我比他高。

②我冇比他高。我不比他高。

③今日比昨日冷。今天比昨天冷。

④今日冇比昨日冷。今天不比昨天冷。

B. A＋形容词＋过＋B＋（数量）。这一种格式不用介词“比”，而是用“过”，后面的比较结果可以出现，也可以不出现，常以不出现为多。如果是否定句，则在形容词前加上否定词“冇”。例如：

①他嘅年纪大过我。他的年纪比我大。

②他嘅年纪冇大过我。他的年纪不比我大。

③牛肉贵过猪肉。牛肉比猪肉贵。

④猪肉冇贵过牛肉。猪肉不比牛肉贵。

C. A＋形容词＋B＋数量。这种格式省略去了介词“比”和“过”，而后面的比较结果不能省略，如果是否定形式，就在形容词前面加否定词“冇”。例如：

①他大我三岁。他比我大三岁。

②我高他五厘米。我比他高五厘米。

③他冇大我三岁。他不比我大三岁。

④我冇高他五厘米。他不比我高五厘米。

（3）渐比句。

渐比，顾名思义就是比较的程度逐渐加深。主要的比较格式有两种，下面简单说明。

A. 数量＋比＋数量＋形容词。此种格式与普通话的格式一样。这里的前后两个数量是重复的数量。例如：

①伊个天一日比一日热。这天气一天比一天热。

②鸡儿一日比一日大。鸡崽一天比一天大。

③老爹一年比一年老咧。爸爸一年比一年老了。

B. 数量＋形容词＋过＋数量。这种格式，年纪比较大的人说得多一些，年轻人受普通话的影响说得少了。例如：

①伊个侬儿一日高过一日。这个小孩一天比一天高。

②伊天气一日热过一日。这天气一天比一天热。

③伊□［nɛ^{53}］些妹儿一个俏过一个。这些妹子一个比一个漂亮。

4. 疑问句

德胜百姓话的疑问句分为是非问句、特指问句、选择问句、正反问句四种，下面分别说明。

（1）是非问句。

A. 纯用语调提问。就是在陈述句句末语调改用升调，但其升调的幅度不是很大，只是稍微提升一点。例如：

①老妈找我？妈妈找我？

②老师来屋？老师来家？

③到夜他来？晚上他来？

④朝日冇去学校？明天不去学校？

B. 在句末加表疑问的语气词提问。就是根据语义的不同，在句末用“吧”或“吗”等语气词表示提问。例如：

①你冇去吗？他不去吗？

②你去街吗？你明天来吗？

③他好了吧？他好了吧？

（2）特指问句。

德胜百姓话中的特指疑问句，主要有两种类型。一种是用疑问代词表示特指对象的特指疑问句；另一种是可以省略掉疑问代词，即不用疑问代词的特指疑问句。

A. 用疑问代词表示特指对象的特指疑问句。常用的疑问代词有“谁、哪个、怎样、为什乜、哪□［nɛ^{53}］些，里、几多”等。在此类句子的句尾，又有两种情况：一种是可以加疑问语气词“咧”等，另一种是不加疑问语气词。例如：

①哪个喊我咧？谁叫我？

②你在做什乜咧？你在做什么？

③大白菜几多钱一斤咧？大白菜多少钱一斤？

④你怎样认得他？你怎么认识他？

⑤你扛嘓是什乜？他扛的是什么？

⑥你住在呿□［nɛ^{53}］？你住在哪里？

B. 可以省略去疑问代词的特指疑问句。在特定的语言环境下，疑问代词可以省略去，一般要在句子的末尾加上语气词“呢”或“咧”，构成语义上的特指疑问句。例如：

①我嘓笔咧？我的笔在哪儿呢？

②你妈呢？你妈妈去哪儿呢？

③买的菜呢？买的菜放哪儿呢？

④什乜时候咧？什么时间呢？

（3）选择问句。

德胜百姓话的选择问句与普通话的差不多，主要用连词“还是”来表示。如：

①买五斤还是买十斤？买五斤还是买十斤？

②是看书还是写作业？是看书还是写作业？

③你去南宁还是去桂林？你是去南宁还是去桂林？

④朝日吃粉还是吃粥？明天是吃粉还是吃粥？

（4）正反问句。

德胜百姓话的正反问句与普通话相当，由谓语的肯定形式和否定形式并列构成，一般使用否定词“冇”。如：

①你去唱歌冇去？你去唱歌不去？

②你吃冇吃？你吃不吃？

③你嗰考试成绩好冇好？你的考试成绩好不好？

④你嗰头痛冇痛？你的头疼不疼？

⑤我嗰面红冇红？我的脸红不红？

⑥伊个人你认冇认得？这个人你认得不认得？

二　语法例句

（一）《汉语方言调查简表》语法例句

注：每个例句列出两种说法，分别用“A”和“B”标示区分。A 为普通话用语，B 为德胜百姓话的说法。

A. 你姓王，我也姓王，咱们两个都姓王。
B. 你姓王，我也姓王，我俩俩人都姓王。

A. 老张呢？他正在同一个朋友说着话呢。
B. 老张咧？他正在同一个朋友讲话咧。

A. 他还没有说完吗？还没有。
B. 他定不曾讲了嘛？冇曾。

A. 你到哪儿去？我上街去。
B. 你去呢□[nε53]？我去街。

A. 在那儿，不在这儿。
B. 在咗□[nε53]，冇在伊□[nε53]。

A. 这个大，那个小，这两个哪一个好一点儿呢？
B. 伊个大，呿个小，伊两个呢一个多好点咧？

A. 这个比那个好。这个好过那个。
B. 伊个比呿个好。伊个好过呿个。

A. 这些房子不如那些房子好。
B. 伊□[nε53]屋冇比呿□[nε53]屋好。

A. 不是那么做，是要这么做的。
B. 冇是项样做，是要伊样做嘓。

A. 用不着那么多，只要这么多。
B. 冇用去项多，只/就要项多。

A. 他今年多大岁数？
B. 他今年有几多岁/他今年几多岁？

A. 大概有三十来岁罢。
B. 大概有三十来岁罢。

A. 这个东西有多重呢？
B. 伊个家什有几重咧/伊个家什有几多重？

A. 有五十斤重呢。
B. 有五十斤吧。

A. 拿得动吗？
B. 揿得起冇？

A. 我拿得动，他拿不动。
B. 我掫得起，他掫不起。

A. 你说得很好。
B. 你讲得很好。

A. 我嘴笨，我说不过他/我说他不过。
B. 我嘴笨，我讲冇过他。

A. 说了一遍，又说了一遍。
B. 讲过一遍/轮，又讲一遍/轮。

A. 请你再说一遍！
B. 请你再讲一次！

A. 不早了，快去罢！
B. 冇早了，快点去！

A. 你先去罢，我们等一会儿再去。
B. 你去先罢，我俩等一时再去。

A. 坐着吃比站着吃好些。
B. 坐着吃比立着吃好。

A. 这个吃得，那个吃不得。
B. 伊个吃得，呿个吃冇得。

A. 他吃了饭了，你吃了饭没有呢？
B. 他吃过饭了，你吃了冇曾？

A. 他去过上海，我没有去过。
B. 他去过上海，我冇去过。

A. 给我一本书！
B. 给我一本书！

A. 这是他的书，那一本是他哥哥的。
B. 这是他的书，呿本是他哥嘅。

A. 把那一本拿给我。
B. 揿那本给我。

A. 看书的看书，看报的看报，写字的写字。
B. 看书嘅看书，看报嘅看报，写字嘅写字。

A. 好好儿地走！不要跑！
B. 行好来！冇要跑！

A. 来闻闻这朵花香不香！
B. 来嗅嗅伊朵花香冇香！

A. 香得很，是不是？
B. 香得很，是冇是？

A. 不管你去不去，反正我是要去的。
B. 不管你去冇去，反正我是要去嘅。

A. 一边走，一边说。
B. 一边行，一边讲。

A. 越走越远，越说越多。
B. 越行越远，越讲越多。

（二）《方言调查词汇表》语法例句

A. 我应该来不应该？
B. 我应冇应该来？

A. 他愿意说不愿意？
B. 他愿意讲冇愿意？

A. 你打算去不打算？
B. 你打算去冇去？

A. 你能来不能？
B. 你能冇能来？

A. 他敢去不敢？
B. 他敢去冇敢？/他敢冇敢去？

A. 还有饭没有？
B. 还有饭冇？

A. 你到过北京没有？
B. 你到过北京冇？

A. （这事情）他知道不知道？他不知道。
B. （这事情）他认得冇？他冇认得。

A. 他晓得不晓得？他不晓得。
B. 他认得冇？他冇认得。

A.（这个字）你认得不认得？我不认得。
B.（这个字）你认得不认得？我冇认得。

A. 你还记得他认得冇？他不认得。不记得。
B. 你还记得冇？他冇认得。

A. 这个大，那个小，这两个东西哪个好一点儿呢？
B. 伊个大，呿个小，伊两个东西呢个多好呢？

A. 这个比/庀/秉那个好。
B. 伊个比呿个好。

A. 今天比/庀/秉昨天好多了。明天比今天还要好。
B. 今日比昨天好多了。去朝日比今日定要好。

A. 那个没有/不如/不及/不跟这个好。这些房子没有/不如/不及/不跟那些房子好。

B. 那个冇/冇比这个好。伊□[nε53]屋冇比呿□[nε53]屋好。

A. 这个有那个大，没有这个跟/和/同那个一般大。这个跟（和、同）那个不一样/两样/不同。

B. 伊个有呿个大，冇伊个同呿个一样大。伊个同呿个不一样。

A. 这个人比那个人高，可是没有那个人胖。
B. 伊个人比呿个人高，可是（但、就是）冇呿个人肥。

A. 这群孩子像猴儿似的/一样/一般，到处乱爬。
B. 伊群侬儿像马骝一样，到处乱爬。

A. 你贵姓？我姓王。你姓王，我也姓王，咱们两个人都姓王。

B. 你贵姓？我姓王。你姓王，我也姓王，我俩两人都姓王。

A. （有人敲门）谁呀？我是老王。

B. （有人敲门）呢个？我是老王。

A. 老张呢？老张还在家里呢。

B. 老张呢？老张项在屋呢。

A. 他在干什么呢？他在吃着饭呢。

B. 他在干什乜呢？他在吃饭呢。

A. 他还没有吃完吗？还没有呢。大约再有一会儿就吃完了。

B. 他定冇吃了吗？定冇呢/冇曾咧。大概过一时就吃了了。

A. 他说就走，怎么这半天了还没走呢？

B. 他说就走，怎样这半天了还冇行呢？

A. 他正在那儿跟一个朋友说着话呢。

B. 他正在呿□[nε^{53}]同一个朋友讲话呢。

A. 你上哪儿去？我上街去。你多会儿去？我说话/马上就去。

B. 你去呢□[nε^{53}]？我去街。你什乜时候去？我麻即去/我马上去。

A. 你去干什么去？我去买菜去。你先去罢，我们等一会儿再去。

B. 你去做什乜？我去买菜。你先去罢/你先行罢，我俩一时再去。

A. 好好儿地走！不要跑！小心跌下去爬也爬不上来！

B. 行好来！冇要跑！小心跌下去爬也爬不上来！

A. 你告诉他/你对他说/你对他讲不在那儿，也不在这儿。到底是在哪儿呢？

B. 你对他讲冇在咕□[nε⁵³]，也冇在伊□[nε⁵³]。到底在呢□[nε⁵³]？

A. 怎么办呢/咋办呢/咋整呢/咋个整呢？不是那么办，是要这么办的。

B. 怎样办？冇是项样办，是要项样办的。

A. 要多少/好多才够呢？太多了，要不了那么多，只要这么多就够了。

B. 要多少/好多才够呢？太多了，冇要项样多，只要项多就够了/只要项多就得了。

A. 不管怎么忙，也要好好儿学习。

B. 不管怎样忙，也要好好学习。

A. 他今年多大岁数？也不过三十来岁罢。

B. 他今年几多岁？大概三十来岁罢。

A. 这个东西有多重呢？怕有五十多斤重罢。

B. 伊个东西有几重呢？怕/大概/可能有五十多斤重罢。

A. 给我一本书/给本书我/把本书我！我没有书嘿。

B. 给我一本书/我冇书嘛。

A. 饭好了，快来吃来罢/快来吃罢/快吃来罢。

B. 饭熟了，来吃罢。

A. 锅里还有饭没有？你去看一看去。我去看了，没有了/没了/没得了。

B. 锅里有饭冇？你去看看。我去看了，有了。

A. 吃了饭要慢慢儿地走。不要/别/白跑！没关系/百不嗒儿/没什么/没啥子/不碍事/不碍。

B. 吃了饭要慢慢行。冇用跑！冇关系/冇要紧。

A. 来闻闻这朵花儿香不香！香得很，是不是？

B. 来嗅嗅伊朵花香不香！香得很，是冇是？

A. 你是抽烟呢，还是喝茶？

B. 你是吃烟呢，定是吃茶？

A. 烟也好/也罢，茶也好/也罢，我都不喜欢。

B. 烟也好，茶也好，我都冇爱/喜欢。

A. 医生叫你多睡一睡。抽烟或者喝茶都不行。

B. 医生喊你多睡。抽烟或者喝茶都冇得。

A. 不早了，快去罢！这会儿还早着呢。等一会儿再去好罢。

B. 冇早了，快点去！一阵定早呢。一时再去得冇？

A. 吃了饭再去好不好？吃了饭再去就来不及了/不赶趟儿了

B. 吃饭冇再去得冇？吃了饭再去就来冇及了。

A. 不管/不论你去不去，反正/横竖/横直我是要去的。

B. 冇管你去冇去，反正我是要去的。

A. 你爱去不去。你爱去就去，不爱去就不去。（问有无“爱信不信，爱听不听”一类说法。）

B. 你爱去冇去。你爱去就去，冇爱去就冇去。

A. 我非去不可！我非得去！我非去不去！

B. 我非去冇可！我非得去！我非去冇去！

A. 咱们一边儿走一边儿说/一头走一头说/只管走只管说。

B. 我俩一边行一边讲。

A. 说了一遍，又说了一遍。请你再说一遍。越走越快，越说越多。

B. 讲了一遍，又讲了一遍。请你再讲一遍。越行越快，越讲越多。

A. 这东西好是好，可是太贵。这东西贵是贵，可是结实。

B. 伊东西好是好，就是太贵。伊东西贵是贵，但是结实。

A. 他在哪儿吃的饭？他（是）在我家里吃的饭。

B. 他在呢□[nɛ^{53}]吃饭？他在我屋吃。

A. 真的吗？真的，他是在我家家里吃的饭。

B. 真嘅吗？真嘅，他是在我屋吃嘅。

A. 昨天通知六点起床，我五点半就起来了，你怎么七点才起来？

B. 昨天通知六点起床，我五点半就起了，你怎样七点才起？

A. 三四个人盖一床被/一床被盖三四个人。
B. 三四个人盖一床被/一床被盖三四个人。

A. 一个大饼夹一个油条/一个油条夹一个大饼。
B. 一个大饼夹一个油条/一个油条夹一个大饼。

A. 两个人坐一张凳子/一张凳子坐两个人。
B. 两个人坐一张凳/一张凳坐两个人。

A. 一辆车装三千斤麦子/三千斤麦子装一辆车。
B. 一辆车装三千斤麦/三千斤麦装在一架车上。

A. 一辆车装不了三千斤麦子。（车子小，麦子多）/三千斤麦子装不了一辆车。（车子大，麦子少）
B. 一架车装冇了三千斤麦。/三千斤麦装冇得一辆车。

A. 十个人吃一锅饭/一锅饭吃十个人。
B. 十个人吃一锅饭/一锅饭吃得十个人。

A. 十个人吃不了这一锅饭。（饭太多）/这锅饭吃不了十个人。（饭不够）
B. 十个人吃冇了伊一锅饭。/伊锅饭冇够十个人吃。

A. 小屋子堆东西，大屋子住人。这屋子住不下十个人。
B. 小屋堆东西，大屋住人。伊屋子住冇得十人。

A. 东房没有住过人。这毛驴儿拉过车，没骑过人。
B. 东屋冇住过人。伊只毛驴拉过车，冇骑过人。

A. 这匹小马儿没有骑过人，你小心点儿骑。我坐过船，没骑过马。

B. 伊只马儿冇骑过人，你小心点骑。我坐过船，冇骑过马。

A. 他吃了饭了，你吃了饭没有呢？我喝了茶了还渴。

B. 他吃饭过，你吃饭冇？我喝了茶了定喉干。

A. 我吃了晚饭，溜达了一会儿，后来回来就睡下了，作了/梦见个梦。

B. 我吃夜饭，出去行一时，后来归来就睡了，作了梦。

A. 我照了相了/我照相了/我照了一张相。

B. 我照相了/我照相了/我照了一张相。

A. 有了人，什么事都好办。

B. 只要有人，什乜事都好办。

A. 不要把茶碗砸了！吃了这碗饭！把这碗饭吃了！

B. 冇要把茶碗砸了！吃了伊碗饭！把伊碗饭吃了！

A. 下雨了。雨不下了。天要晴了。

B. 下雨了。雨停了。天要晴了。

A. 请了一桌客人/逃了两次/打了一下/去了一趟

B. 请了一桌客人/跑了两次/打了一下/去了一次

A. 迟了就不好了，咱们快点走吧！

B. 晏了就冇好了，我俩快点行！

A. 好得不得了/坏得不得了/了不得

B. 好得冇得了/坏得冇得了/了冇得

A. 三天里头做了/做不了？你办不了，我办得了/能办到。
B. 三天里头你做了/做冇了？你办冇了，我做得了。

A. 你骗/哄/冤不了我。
B. 你骗冇得我。

A. 了这桩儿事再走。
B. 了伊件事再行。

A. 他们正在说着话呢。
B. 他俩正在讲话。

A. 桌上放着一碗水。
B. 桌上放一碗水。

A. 门口站着一群人。
B. 门口立一帮人。

A. 坐着吃好，还是站着吃好？想着说，不要抢着说。说着说着，笑起来了。大着胆子说罢！

B. 坐着吃好，定是立着吃好？想着讲，冇要抢着讲。讲着讲着，笑起来了。大胆讲罢！

A. 这个东西重着呢/沉着呢。他对人可好着呢。这小伙子有劲着呢。

B. 伊个家什重呢。他对人好呢。伊依儿有劲呢。

A. 站着！路上小心着！等我想一想着！
B. 立着！路上小心！等我想一想！

A. 雪一着地就化了。
B. 雪一落地就化了。

A. 睡着了/猜着了
B. 睡着了/猜对了

A. 猜（得）着猜不着？着火了，点着了。
B. 猜得对猜冇对，着烧了，点燃了。

A. 着/招凉了。甭着/招急，慢慢儿地来。
B. 着凉了。冇用着急，慢慢来。

A. 我正在这儿找着呢，还没找着呢。
B. 我正在伊□[nε53]找呢，还冇找对。

A. 这些果子吃得吃不得？这是熟的，吃得。那是生的，吃不得。

B. 伊些果子吃冇吃得？伊是熟的，吃得。呿是生嗰，吃冇得。

A.（你们）来（得）了来不了？我没事，来得了。他太忙，来不了。

B.（你们）来得冇来得？我冇事，来得嗰。他太忙，来冇得。

A. 这个东西很重，拿得动拿不动？我拿得动，他拿不动。真不轻，重得连我都拿不动了。

B. 伊个东西很重，拿得冇得？我拿得，他拿冇得。重多了，连我都拿冇得。

A. 他手巧，画得很好看。我手笨，画得不好看。

B. 他手巧，画得好看。我手笨，画得冇好。

A. 他忙得很，忙得连饭都忘了吃了。看他急得，急得脸都红了。

B. 他忙得很，忙得连饭都忘了吃了。看他急得，急得面都红了。

第五章 语 料

一 童谣

ly^{31} kuŋ^{53} kiu^{33} siɛm^{42} tiɛn^{312} ta^{42}
雷公叫，闪电打，
pæk^{43} iɛ^{31} ta^{42} pæk^{43} niɛŋ^{31}
伯爷打伯娘，
pæk^{43} niɛŋ^{31} tsɐu^{42} siɛŋ^{24} leŋ^{24}
伯娘走跑上岭，
pæk^{43} iɛ^{31} tsua^{53} keŋ^{42} pɔt^{23}
伯爷抓颈脖。

tshɐu^{53} lɐu^{31} sɐp^{1} pat^{43} thin^{53}
秋漏下雨十八天，
thin^{53} thin^{53} sɐp^{1} pat^{43} tsiɛŋ^{31}
天天十八场，
tsiɛŋ^{31} tsiɛŋ^{31} sɐp^{1} pat^{43} tɔŋ^{312}
场场十八缸，
tɔŋ^{312} tɔŋ^{312} mɔn^{24} tɔŋ^{53} tɔŋ^{53}
缸缸满当当。

tsheŋ^{42} ni^{24} pa^{33} tsheŋ^{42} ni^{24} ma^{53}
请 你 爸 请 你 妈，
ni^{24} pa^{33} ni^{24} ma^{53} lei^{31} təu^{33} ni^{33}
你 爸 你 妈 来 到 呢哪？
lei^{31} təu^{33} san^{53} kai^{53} miu^{312} mɐn^{31} khɐu^{42}
来 到 山 街 庙 门 口，
sat^{43} kei^{53} iɐu^{312} sat^{43} ap^{43}
杀 鸡 又 杀 鸭。

二 山歌

注：以下选自《刘三姐歌乡百姓山歌选录》。

siɛŋ^{24} pai^{31} ləu^{31} təu^{33} a^{24} pai^{31}
上 排 玩 到 下 排，
a^{24} pai^{31} lat^{23} təu^{33} tshɐn^{53} tsuŋ^{53}
下 排 拉 到 村 中，
vɐn^{31} tsi^{53} uk^{5} li^{24} iɐu^{24} fa^{53} kuŋ^{53}
闻 知 屋 里 有 花 工，
siɛŋ^{42} lei^{31} siɛŋ^{53} uŋ^{31} kiɐm^{53} van^{24}
想 来 相 逢 今 晚。

khyn^{33} tɐk^{5} ɐŋ^{33} kiɐu^{42} mɐu^{24} tshiɛŋ^{33}
劝 得 项这么 久 冇 唱，
tseŋ^{53} tsɐu^{312} mɐu^{24} tshiɛŋ^{33} lɛ^{31} ŋiɐn^{31}
争 就 冇 唱 咧 人，
iɐu^{24} tsɐu^{42} mɐu^{24} hek^{5} tsi^{33} sun^{53}
有 酒 冇 吃 做 酸，
iɐu^{24} sam^{53} mɐu^{24} tshun^{53} lɐu^{31} kiɐu^{312}
有 衫 冇 穿 留 旧。

mɔk^{23} kɐŋ^{42} i^{53} iɛŋ^{312} ko^{33} va^{312}
莫 讲 伊 样 啯 话，
sɔt^{43} seŋ^{53} ni^{24} theŋ^{53} kau^{53} ŋo^{31}
说 声 你 听 姣 娥，
muei^{312} ni^{24} tsuŋ^{31} siu^{42} vuei^{312} tshiɛŋ^{33} ko^{53}
妹 你 从 小 会 唱 歌，
kiɐm^{53} van^{24} van^{31} ko^{53} tseŋ^{53} si^{312}
今 晚 还 哥 正 是。

mɐu^{24} tshiɛŋ^{33} mɐu^{24} tsei^{31} mɐu^{24} tshiɛŋ^{33}
冇 唱 冇 齐 冇 唱，
khy^{33} tsɐu^{312} həu^{42} həu^{42} fɐn^{53} li^{31}
呿 就 好 好 分 离，
tsun^{42} tsi^{33} li^{312} təu^{53} kɔt^{43} sɐu^{42} ŋi^{31}
准 做 利 刀 割 手 儿，
tsɔk^{43} lek^{1} tsɿ^{312} ki^{42} tei^{42} tsy^{312}
着 力 自 己 抵 住。

ŋiɐu^{31} mɐu^{24} hek^{5} tshəu^{42} khin^{53} kɐk^{5}
牛 冇 吃 草 揿 角，
ma^{24} mɐu^{24} hek^{5} tshəu^{42} khin^{53} tɐu^{31}
马 冇 吃 草 揿 头，
muei^{312} ni^{24} mɐu^{24} tshiɛŋ^{33} ko^{53} tsɐu^{312} lɐu^{53}
妹 你 冇 唱 哥 就 搂，
tshɔt^{43} ki^{53} kei^{33} tɐu^{31} kuei^{53} khy^{33}
撮 箕 盖 头 归 去。

kiɐm^{53} kei^{53} sy^{312} a^{24} hiɛt^{43} khuɐn^{33}
金 鸡 树 下 歇 睏，

uŋ^{312} vɔŋ^{31} san^{53} tɐu^{31} hiɛt^{43} iɐm^{53}
凤 凰 山 头 歇 阴，
siu^{42} ko^{33} mi^{31} ɲiɐn^{31} ia^{24} khuŋ^{53} nɐm^{42}
少 个 媒 人 也 空 谂，
mɐu^{24} tsi^{53} tseŋ^{53} kɐŋ^{42} liu^{24} muei^{312}
有 知 争 讲 了 妹。

muei^{312} si^{312} fi^{53} thin^{53} keŋ^{53} kuei^{33}
妹 是 飞 天 庚 贵杜鹃，
tei^{42} lei^{31} lɔn^{312} tɐk^{5} lɔn^{312} fi^{53}
底 来 乱 得 乱 飞，
tuŋ^{53} lei^{31} sei^{53} mɔŋ^{312} lɐp^{1} ɐt^{5} si^{31}
东 来 西 望 立 一 时，
siɛŋ^{42} lo^{24} fa^{53} tsi^{53} tsu^{33} tuei^{33}
想 找 花 枝 做 对。

266

mai^{24} tsi^{53} tsɐn^{53} tshiɛŋ^{53} sɐt^{1} tan^{312}
买 支 真 枪 实 弹，
iɐu^{24} i^{33} san^{53} ai^{33} khy^{33} pa^{42}
有 意 山 隘 去 把，
iæk^{23} van^{31} liæp^{23} tɐk^{5} luei^{24} tshuɐt^{5} kha^{53}
若 还 猎 得 垒小野兽 出 卡刺丛，草丛，
ta^{42} tha^{53} phuk^{1} pha^{31} ɲiɛŋ^{24} kɔŋ^{33}
打 它 仆 趴 仰 杠。

ki^{53} si^{31} tɐk^{5} ko^{53} kuŋ^{312} uk^{5}
几 时 得 哥 共 屋，
khy^{33} tsɐu^{312} hɔu^{42} liu^{24} fa^{53} uŋ^{31}
咗 就 好 了 花 红，

ni^{24} tuk^{1} sy^{53} muei^{312} tsu^{33} kuŋ^{53}
你 读 书 妹 做 工，
tsɔk^{43} lek^{1} mɐu^{24} nuŋ^{33} pɔn^{33} ky^{33}
着 力 有 哝埋怨 半 句。

luŋ^{31} kɔŋ^{33} thin^{53} pin^{53} hek^{5} suei^{42}
龙 杠彩虹 天 边 吃 水，
liɛŋ^{24} tɐu^{31} hek^{5} a^{24} kɐŋ^{53} vu^{31}
两 头 吃 下 江 湖，
ŋiɐn^{31} ka^{53} ki^{53} hɔu^{42} ko^{53} mɐu^{24} tu^{31}
人 家 几 好 哥 有 图，
muei^{312} ni^{24} ki^{53} khu^{42} tu^{53} ŋyn^{312}
妹 你 几 苦 都 愿。

hɔu^{42} tin^{31} tiu^{53} tsi^{33} ŋiɐu^{31} lu^{312}
好 田 丢 做 牛 路，
hɔu^{42} sɛ^{53} tiu^{53} tsi^{33} ŋiɐu^{31} pɐŋ^{31}
好 畲 丢 做 牛 坪，
muei^{312} pho^{53} ɐt^{5} sei^{33} mɐu^{24} seŋ^{31} ŋiɐn^{31}
妹 颇不惜代价 一 世 有 成 人，
ko^{53} pho^{53} mɐu^{24} seŋ^{31} sei^{33} kai^{33}
哥 颇 有 成 世 界。

ŋiɐn^{31} ka^{53} pɐn^{31} tsiɛŋ^{31} mɔn^{24} tu^{24}
人 家 贫 肠 满 肚，
ko^{53} si^{312} tsek^{1} tsiɛŋ^{31} ɐt^{5} kɐn^{53}
哥 是 直 肠 一 根，
pho^{33} tu^{24} iu^{53} iɐu^{31} lei^{31} tiɛm^{42} tɐŋ^{53}
破 肚 要 油 来 点 灯，

muei^{312} ni^{24} van^{31} kɐŋ^{42} tseŋ^{54} iɛŋ^{312}
妹 你 还 讲 怎 样？

uŋ^{312} tin^{31} tsɐu^{312} tɐk^{5} liɛŋ^{31} sek^{1}
壅 田 就 得 粮 食，
uŋ^{312} tsɛ^{33} tsɐu^{312} tɐk^{5} pæk^{23} tɔŋ^{31}
壅 蔗 就 得 白 糖，
si^{312} sɿ^{312} tsuŋ^{42} iu^{53} muei^{312} tsei^{312} hɔŋ^{31}
是 事 总 要 妹 在 行，
ta^{42} təu^{53} vu^{24} kɔŋ^{53} təu^{33} mi^{24}
打 刀 户 钢 到 尾。

muei^{312} si^{312} kap^{43} təu^{31} khu^{42} li^{24}
妹 是 甲苦涩 桃 苦 李，
lɔk^{23} ti^{312} mɐu^{24} iɐu^{24} ŋiɐn^{31} kiɛn^{42}
落 地 冇 有 人 捡，
mɐn^{31} khɐu^{42} tai^{312} tin^{31} mɐt^{1} iɐu^{24} iɛŋ^{53}
门 口 大 田 没 有 秧，
iæk^{23} tei^{24} uei^{31} siɛŋ^{42} tsɐu^{312} tshap^{43}
若 弟 为 想 就 插。

va^{312} y^{24} khuŋ^{53} həu^{42} khy^{33} liu^{24}
话 语 空 好 去 了，
siɛŋ^{42} khi^{42} lɔk^{23} nai^{42} mei^{31} si^{31}
想 起 落 奶灰心丧气 迷 时非常、十分，
ŋiɐn^{31} hek^{5} sei^{53} kua^{53} ko^{53} tshei^{42} pi^{31}
人 吃 西 瓜 哥 踩 皮，
sam^{53} suei^{33} nuŋ^{24} ŋi^{31} tu^{53} siu^{33}
三 岁 侬 儿 都 笑。

siɛŋ^{42} muei^{312} siɛŋ^{42} tɐk^{5} tshuɐt^{5} peŋ^{312}
想 妹 想 得 出 病，
hek^{5} iæk^{23} mɐn^{312} kuei^{42} mɐu^{24} leŋ^{31}
吃 药 问 鬼 有 灵，
sɐu^{42} tsuŋ^{53} pau^{53} mei^{24} khy^{33} mɐn^{312} kiɐm^{24}
手 中 包 米 去 问 妗巫婆，
vɐn^{31} tsei^{312} ŋo^{24} tseŋ^{31} sɐn^{53} siɛŋ^{24}
魂 在 我 情 身 上。

三 婚俗歌

铺 床

phu^{53} sɔŋ^{31} phu^{53} sɔŋ^{31}
铺 床 铺 床，
ŋɐt^{1} tɐu^{31} tsho^{53} tshuɐt^{5}
日 头 初 出，
ŋyɛt^{23} liɛŋ^{312} tsho^{53} kɔŋ^{53}
月 亮 初 光，
tshɐt^{5} nam^{31} sam^{53} ny^{24}
七 男 三 女，
luŋ^{31} uŋ^{312} seŋ^{31} sɔŋ^{53}
龙 凤 成 双，
sɐp^{1} tsɿ^{312} tun^{31} yn^{31}
十 字 团 圆，
fu^{33} kuei^{33} sɔŋ^{53} tsun^{31}
富 贵 双 全，
pæk^{23} tɐu^{31} təu^{33} ləu^{24}
白 头 到 老。

女：

iɐu^{31} tshei^{33} fa^{53} sɐm^{53} li^{24} tsheŋ^{53}
油 菜 花 心 里 青，
iuŋ^{312} sɐm^{53} pɔn^{24} ko^{53} tuk^{1} sy^{53} ȵiɐn^{31}
用 心 伴 哥 读 书 人；
tsei^{33} kua^{33} liɛŋ^{24} nin^{31} tɐk^{5} tsuŋ^{53} ky^{42}
再 过 两 年 得 中 举，
tei^{312} tei^{312} ȵi^{31} sɐn^{53} tsuŋ^{53} tsɔŋ^{312} yn^{31}
代 代 儿 孙 中 状 元。

男：

ɐt^{5} kɐn^{53} tai^{312} muk^{1} iæp^{23} phi^{53} si^{31}
一 根 大 木 叶 披 时，
pæk^{23} tɐŋ^{31} khin^{53} lei^{31} siu^{33} iɐm^{31} iɐm^{31}
白 藤 牵 来 笑 吟 吟；
pæk^{23} tɐŋ^{31} kiɛt^{43} tɐk^{5} tshin^{53} nin^{31} tsɿ^{42}
白 藤 结 得 千 年 子，
ŋo^{24} tei^{24} kiɛt^{43} seŋ^{31} van^{312} nin^{31} tshei^{53}
我 弟 结 成 万 年 妻。

茶酒

si^{33} mɐt^{5} im^{31} sɿ^{33} tshun^{53} im^{31}
什 乜 盐，四 川 盐，
tuŋ^{31} iɛ^{31} tuŋ^{31} niɛŋ^{31} tsy^{312} pɔn^{33} sei^{33}
同 爷 同 娘 住 半 世，
tuŋ^{31} fu^{53} hap^{1} kei^{33} van^{312} tshin^{53} nin^{31}
同 夫 合 计 万 千 年。

si^{33} mɐt^{5} tɔŋ^{31} pɐn^{42} ti^{312} tɔŋ^{31}
什 乜 糖，本 地 糖，

mɐu^{24} sɐn^{33} ni^{24} khy^{33} hy^{53} siɛŋ^{24} khɔn^{33}
有 信 你 去 圩 上 看，
uai^{31} yn^{24} hy^{53} siɛŋ^{24} pai^{42} seŋ^{31} hɔŋ^{31}
怀 远 圩 上 摆 成 行。

si^{33} mɐt^{5} tsa^{31} kuei^{33} tsɐu^{53} tsa^{31}
什 乜 茶，贵 州 茶，
tsa^{31} iæp^{23} tsi^{53} siɛŋ^{24} tseŋ^{53} fat^{43} ŋia^{31}
茶 叶 枝 上 正 发 芽，
kiɐm^{53} nin^{31} hek^{5} liu^{24} meŋ^{31} nin^{31} tsɐu^{312} seŋ^{31} ka^{53}
今 年 吃 了 明 年 就 成 家。

si^{33} mɐt^{5} tsɐu^{42} no^{312} mei^{24} tsɐu^{42}
什 乜 酒，糯 米 酒，
no^{312} mei^{24} tsɐu^{42} uŋ^{31} sɿ^{33} ki^{33} fa^{53}
糯 米 酒 逢 四 季 花，
kiɐm^{53} nin^{31} hek^{5} liu^{24} meŋ^{31} nin^{31} nuŋ^{24} ŋi^{31} pəu^{24} təu^{33} sɐu^{42}
今 年 吃 了 明 年 侬 儿 抱 到 手。

敬 酒

男：
kuei^{33} tshɐn^{53} sɐp^{1} puŋ^{31} tat^{43} muei^{312}
贵 村 十 朋 达 妹，
nam^{31} ny^{24} tsheŋ^{53} nin^{31} kiɛt^{43} pai^{33} ko^{33} heŋ^{53} muei^{312}
男 女 青 年 结 拜 嘓 兄 妹，
iɐu^{24} nɛ^{53} tɐk^{5} tsuei^{24} fa^{53} tsi^{53}
有 些 得 罪 花 枝称呼对方之词，
tshin^{53} tiu^{31} lu^{312} yn^{24} lei^{31} təu^{33} nɛ^{53}
千 条 路 远 来 到 尼此，

tam^{24} tsɐu^{42} ɐt^{5} pi^{53} lei^{31} keŋ^{33}
淡 酒 一 杯 来 敬。

女：
kuei^{33} tshɐn^{53} puŋ^{31} iɐu^{24} tuŋ^{42} lei^{24}
贵 村 朋 友 懂 礼，
ni^{33} nɛ^{53} tɐk^{5} tsuei^{24} fa^{53} tsi^{53}
呢哪里 得 罪 花 枝，
uŋ^{31} lan^{31} mei^{24} tsɐu^{42} tsɐu^{42} mɔn^{24} pi^{53}
红 兰 美 酒 酒 满 杯，
ɐu^{312} seŋ^{53} hek^{5} nɛ^{53} tseŋ^{53} hap^{1}
后 生 吃 尼些 正 合。

男：
tam^{24} tsɐu^{42} ɐt^{5} pi^{53} tɔŋ^{53} hek^{5}
淡 酒 一 杯 当 吃，
iɐu^{24} nɛ^{53} tɐk^{5} tsuei^{24} fa^{53} vɔŋ^{31}
有 些 得 罪 花 黄称呼对方之词，
tshu^{53} tsa^{31} tam^{24} van^{312} mɐu^{24} mɔn^{24} vɔn^{42}
粗 茶 淡 饭 有 满 碗
tɐk^{5} tsuei^{24} fa^{53} vɔŋ^{31} mɔk^{23} kuai^{33}
得 罪 花 黄 莫 怪。

女：
vi^{31} keŋ^{33} ɐt^{5} pi^{53} puŋ^{31} iɐu^{24}
回 敬 一 杯 朋 友，
ni^{33} nɛ^{53} tɐk^{5} tsuei^{24} fa^{53} vɔŋ^{31}
呢哪 些 得 罪 花 黄，
tei^{31} siɛŋ^{24} pai^{42} mɔn^{24} sɐp^{1} ŋi^{312} vɔn^{42}
台 上 摆 满 十 二 碗，

tɐk^{5} tsuei^{24} fa^{53} vɔŋ^{31} ni^{33} iɛŋ^{312}

得 罪 花 黄 呢 样?

换 信 物

男:

iæk^{23} muei^{312} kɐŋ^{42} təu^{33} i^{53} va^{312}

若 妹 讲 到 伊这 话,

mɔk^{23} iuŋ^{312} khuŋ^{53} khɐu^{42} vu^{31} peŋ^{31}

莫 用 空 口 无 凭,

fɐn^{53} tiɛm^{42} sɐn^{33} vɐt^{1} teŋ^{312} tsɐn^{53} tseŋ^{31}

分 点 信 物 定 真 情,

ŋiɐn^{31} tsɐu^{312} sɔn^{33} ŋiɐn^{31} khuai^{33} niɛm^{312}

人 就 算 人 会 念。

女:

iæk^{23} ko^{53} kɐŋ^{42} təu^{33} i^{53} va^{312}

若 哥 讲 到 伊 话,

khy^{33} tsɐu^{312} si^{312} ɐŋ^{33} fa^{53} kɐn^{53}

去 就 是 项 花 根,

muei^{312} sɐu^{42} iɐu^{24} ko^{33} tuŋ^{31} teŋ^{42} tsɐm^{53}

妹 手 有 个 铜 顶 针,

ko^{53} iu^{53} tsɐu^{312} fɐn^{53} tsɿ^{33} liɛŋ^{31}

哥 要 就 分 做 俩。

送 鞋 子

男:

muei^{312} tsɿ^{33} sɔŋ^{53} hai^{31} suŋ^{33} tei^{24}

妹 做 双 鞋 送 弟,

pæk^{23} pu^{33} pau^{53} kua^{33} kiɐu^{42} tsɐŋ^{31}

白 布 包 过 九 层,

thek^{5} kua^{33} ŋai^{31} tɐu^{31} tu^{53} mɐu^{24} pɐŋ^{53}
踢 过 崖 头 都 冇 崩破，
sɔn^{33} tɐk^{5} iɐu^{24} sɐm^{53} ɐt^{5} ko^{33}
算 得 有 心 一 个。

女：
muei^{312} tsɿ^{33} sɔŋ^{53} hai^{31} suŋ^{33} tei^{24}
妹 做 双 鞋 送 弟，
fɔŋ^{33} nɛ^{53} tsuk^{5} khɐk^{5} tsɿ^{33} sɐm^{53}
放 些 竹 壳 做 心，
tsei^{312} ŋiɐn^{31} miɛn^{312} tsin^{31} ko^{53} mɐu^{24} kɐŋ^{42}
在 人 面 前 哥 冇 讲，
mɔk^{23} fɐn^{53} ŋiɐn^{31} kɐŋ^{42} puei^{33} va^{312}
莫 分给 人 讲 背 话。

哭 嫁

伴娘唱：
kau^{53} ia^{31} kau^{53}
姣 呀 姣，
van^{24} van^{24} tam^{53} suei^{42} tu^{53} siɛŋ^{53} uŋ^{31}
晚 晚 担 水 都 相 逢，
kiɐm^{53} van^{24} tam^{53} suei^{42} ta^{42} lɔk^{23} pɔn^{24}
今 晚 担 水 打 落 伴，
tam^{53} kɔm^{53} khi^{42} kyn^{312} tshei^{33} khi^{42} miu^{31}
担 杆 起 菌 菜 起 苗。

kau^{53} ia^{31} kau^{53}
姣 呀 姣，
van^{24} van^{24} tam^{53} suei^{42} tu^{53} siɛŋ^{53} uŋ^{31}
晚 晚 担 水 都 相 逢，

van^{31} iu^{53} kiɐm^{53} van^{24} mɐu^{24} iu^{53} liu^{24}
还邀今晚冇邀了，
tam^{53} kɔm^{53} khi^{42} kyn^{312} suei^{42} khi^{42} piu^{31}（vɐu^{31} peŋ^{31}）
担杆起菌水起薸（浮萍）。

tsuk^{5} kɐn^{53} tsheŋ^{53} tsuk^{5} iæp^{23} lɔk^{23} liu^{24} tsuk^{5} kɐn^{53} kheŋ^{53}
竹根青，竹叶落了竹根轻，
ɐŋ^{33} tai^{312} mɐu^{24} tsɐŋ^{53} li^{31} niɛŋ^{31} kua^{33}
项大冇曾离娘过，
kiɐm^{53} van^{24} li^{31} niɛŋ^{31} sɐm^{53} li^{24} keŋ^{53}
今晚离娘心里惊。

tsuk^{5} kɐn^{53} vɔŋ^{31} tsuk^{5} iæp^{23} lɔk^{23} liu^{24} tsuk^{5} kɐn^{53} vɔŋ^{31}
竹根黄，竹叶落了竹根黄，
ɐŋ^{33} tai^{312} mɐu^{24} tsɐŋ^{53} li^{31} niɛŋ^{31} kua^{33}
项大冇曾离娘过，
kiɐm^{53} van^{24} li^{31} niɛŋ^{31} sɐm^{53} li^{24} fɔŋ^{53}
今晚离娘心里慌。

khu^{42} tsuk^{5} tɐu^{53} muei^{312} niɛŋ^{31} ka^{33} muei^{312} yn^{24} lɐu^{53} lɐu^{53}
苦竹蔸，妹娘嫁妹远溜溜。
sam^{53} ŋyɛt^{23} siɛŋ^{42} kuei^{53} suei^{42} iɐu^{312} tai^{312}
三月想归水又大，
sɿ^{33} ŋyɛt^{23} siɛŋ^{42} kuei^{53} tshəu^{42} mɐt^{1} tɐu^{31}
四月想归草没头，
ŋ̍^{24} ŋyɛt^{23} siɛŋ^{42} kuei^{53} vɔŋ^{31} məu^{31} tsuŋ^{33}
五月想归黄茅粽，
luk^{1} ŋyɛt^{23} siɛŋ^{42} kuei^{53} tseŋ^{53} si^{312} si^{31}
六月想归正是时，

kuei^{53} təu^{33} mɐn^{31} tsin^{31} niɛŋ^{31} mɐu^{24} sek^{5}
归到门前娘冇识，
tai^{312} səu^{42} tshuɐt^{5} lei^{31} si^{312} ko^{33}suei^{31}
大嫂出来“是个谁”；
ŋi^{312} səu^{42} tshuɐt^{5} lei^{31} si^{312} kiu^{33} fa^{53}（kyɛt^{43} kai^{33}）
二嫂出来“是叫花（乞丐）”
sam^{53} səu^{42} tshuɐt^{5} lei^{31} si^{312} muei^{312} kuei^{53}
三嫂出来“是妹归”。

四 故事

戇姑爷嘅故事

tuŋ^{31} nin^{31}
童年

i^{42} tsin^{31} iɐu^{24} ɐt^{5} ko^{33} tsei^{31} tsy^{42} iɐu^{24} tsin^{31} to^{53} liu^{24} tsɐu^{312} si^{312}
以前有一个财主，有钱多了，就是
mɐu^{24} iɐu^{24} ɐu^{312} luk^{1} sɐp^{1} suei^{33} mɔn^{24} kua^{33} liu^{24} tsei^{31} thəu^{42} tɐk^{5} ɐt^{5}
冇有后，六十岁满过了才讨得一
ko^{33} nɛ^{33} sɐn^{53} nu^{24} iɛŋ^{42} liu^{24} ɐt^{5} ko^{33} ŋi^{31} fi^{53} tsiɛŋ^{31} kəu^{53} heŋ^{53}
个小新孥老婆，养了一个儿，非常高兴。
suei^{31} tsi^{53} i^{33} ko^{33} ŋi^{31} tai^{312} tiɛm^{42} liu^{24} si^{312} ɐt^{5} ko^{33} ko^{33} ko^{33} ŋin^{312}
谁知伊个儿大点了，是一个个个认
tek^{5} ko^{33} ŋaŋ^{312} ŋi^{31} uei^{31} liu^{24} kau^{33} kuai^{53} ŋaŋ^{312} ŋi^{31} ləu^{24} tsei^{31} tsy^{42}
得嘅戇儿。为了教乖戇儿，老财主
siɛŋ^{53} thɐu^{33} nəu^{24} kɐn^{53} kiɛt^{43} kua^{42} si^{312} ŋyɛt^{23} kau^{33} ŋyɛt^{23} ŋaŋ^{312} pi^{42}
伤透脑筋，结果是越教越戇。比
kɐŋ^{42} ŋaŋ^{312} ŋi^{31} ko^{33} pɐn^{42} sɿ^{312} tsɐu^{312} si^{312} kɐŋ^{42} mɐu^{24} li^{312} si^{24} ko^{33}
讲，戇儿嘅本事就是讲冇利市嘅

va^{312} kau^{42} tɐk^{5} ləu^{24} tsei^{31} tsy^{42} khuk^{5} ia^{24} mɐu^{24} si^{312} siu^{33} ia^{24} mɐu^{24}
话，搞 得 老 财 主 哭 也 冇 是 笑 也 冇
si^{312} tai^{312} nin^{31} tsho^{53} ɐt^{5} təu^{33} liu^{24} uei^{31} liu^{24} thəu^{42} li^{312} si^{24} ləu^{24}
是。大 年 初 一 到 了，为 了 讨 利 市，老
tsei^{31} tsy^{42} iu^{33} sɔi^{312} tsin^{31} tɐk^{1} ti^{312} tsei^{312} mɐn^{31} tɐu^{31} siɛŋ^{24} kua^{33}
财 主 要 睡 前 特 地 在 门 头 上 挂
liu^{24} ɐt^{5} fu^{33} ma^{24} ɔn^{53} ləu^{24} tsəu^{42} tsɐu^{312} tshoy^{53} ŋaŋ^{312} ŋi^{31} khy^{33}
了 一 副 马 鞍，老 早 就 催 戆 儿 去
khei^{53} mɐn^{31} tsɐu^{312} theŋ^{53} kiɛn^{33} kuaŋ^{55} taŋ^{55} ɐt^{5} seŋ^{53} ləu^{24} tsei^{31} tsy^{42}
开 门，就 听 见 “哐当” 一 声，老 财 主
mɔŋ^{31} kau^{33} ŋaŋ^{312} ŋi^{31} tei^{24} ia^{31} khuai^{33} ham^{42} ɔn^{53} lɔk^{23} （hai^{31} iɐm^{53}
忙 教 戆 儿：“弟 呀，快 喊 ‘安 乐’！”（谐 音
ɔn^{53} lɔk^{23}） ŋaŋ^{312} ŋi^{31} thuk^{5} tɐu^{31} thuk^{5} nəu^{24} ko^{33} keŋ^{42} ɔn^{53} lɔk^{23}
“鞍 落”） 戆 儿 秃 头 秃 脑 嗰 讲：“安 乐！
tsha^{53} tiɛm^{42} tɐp^{1} ŋo^{24} sɿ^{42} khy^{33} liu^{24} ləu^{24} tsei^{31} tsy^{42} khi^{33} tsei^{312} tu^{24}
差 点 砸 我 死 去 了。”老 财 主 气 在 肚
li^{24} keŋ^{42} mɐu^{24} tshuɐt^{5} tsuei^{42} iɐu^{24} ɐt^{5} ŋɐt^{1} ŋaŋ^{312} ŋi^{31} ko^{33} tai^{33} po^{31}
里 讲 冇 出 嘴。有 一 日，戆 儿 嗰 大 姑
（ku^{53} ma^{53} ） heŋ^{53} nɛ^{33} ŋi^{31} tsɿ^{33} mɔn^{24} ŋyɛt^{23} tsɐu^{42} ŋaŋ^{312} ŋi^{31} ko^{33}
（姑 妈） 给 小 儿 做 满 月 酒，戆 儿 嗰
ma^{53} pha^{33} sɔt^{43} va^{312} mɐu^{24} li^{312} si^{24} mɐu^{24} iɐu^{24} miɛn^{312} mɐu^{24} khɐn^{42}
妈 怕 说 话 冇 利 市 冇 有 面，冇 肯
tei^{33} tha^{53} khy^{33} ŋaŋ^{312} ŋi^{31} ŋeŋ^{312} si^{312} nau^{312} iu^{53} kɐn^{53} khy^{33} tha^{53} ma^{53}
带 他 去。戆 儿 硬 是 闹 要 跟 去。他 妈
tsi^{42} həu^{42} kau^{53} tei^{312} tha^{53} ni^{24} mɐu^{24} ŋin^{312} tɐk^{5} niæp^{43} （kap^{43}）
只 好 交 代 他：“你 冇 认 得 镊 （夹）
tshei^{33} hek^{5} van^{312} ko^{33} si^{31} ɐu^{312} ŋo^{24} iuŋ^{312} ɐt^{5} kɐn^{53} nɛ^{33} sɔk^{43} tsei^{312}
菜，吃 饭 嗰 时 候，我 用 一根 小 索 在
tei^{31} tei^{42} khin^{53} ni^{24} tek^{5} kæk^{43} ŋi^{31} lat^{23} ɐt^{5} a^{24} ni^{24} niæp^{43} （kap^{43}） ɐt^{5}
台底 牵 你 嗰 脚 儿，拉 一下 你 镊 （夹） 一

a^{24} ni^{24} ɐt^{5} khei^{53} khɐu^{42} tsɐu^{312} si^{312} kɐŋ^{42} mɐu^{24} li^{312} si^{24} ko^{33} va^{312}
下；你一开口就是讲冇利市嗰话，

kiɛn^{33} tai^{33} po^{31} mɐu^{24} iuŋ^{312} lɔn^{312} kɐŋ^{42} ni^{24} nɐŋ^{31} tsu^{33} tɐk^{5} tɔu^{33} ŋo^{24}
见大姑冇用乱讲。你能做得到我

tsɐu^{312} tei^{33} ni^{24} khy^{33} ŋaŋ^{312} ŋi^{31} mɔn^{24} khɐu^{42} tap^{43} eŋ^{33} tɔu^{33} liu^{24} tai^{33}
就带你去。”戆儿满口答应。到了大

po^{31} uk^{5} ŋaŋ^{312} ŋi^{31} khɔk^{43} sɐt^{1} si^{312} ɐt^{5} ky^{33} va^{312} tu^{53} mɐu^{24} kɐŋ^{42} hek^{5}
姑屋，戆儿确实是一句话都冇讲。吃

van^{312} ko^{33} si^{31} ɐu^{312} tha^{53} ma^{53} tsiu^{33} ŋyn^{31} lei^{31} kau^{53} tei^{312} ko^{33} tsu^{33}
饭嗰时候，他妈照原来交代嗰做。

khei^{53} si^{42} si^{31} van^{31} man^{31} sun^{312} li^{312} hek^{5} liu^{24} ɐt^{5} tsɐn^{312} tei^{31} tei^{42}
开始时还蛮顺利，吃了一阵，台底

tiu^{53} iɐu^{24} liu^{24} man^{31} to^{53} kuɐt^{5} tɐu^{31} ɐt^{5} tsi^{42} kɐu^{42} khɐn^{42} kuɐt^{5} tɐu^{31}
丢有了蛮多骨头，一只狗啃骨头

ko^{55} si^{31} ɐu^{312} si^{31} mɐu^{24} si^{31} phuŋ^{33} tuei^{33} nɛ^{33} sɔk^{43} ŋaŋ^{312} ŋi^{31} i^{42} uei^{31}
嗰时候，时冇时碰对小索，戆儿以为

si^{312} tha^{53} ma^{53} ɔm^{33} tei^{42} ham^{42} tha^{53} niæp^{43} tshei^{33} khuai^{33} tiɛm^{42}
是他妈暗底喊他镊菜快点，

tsɐu^{312} mɐt^{1} mɐt^{1} ko^{33} niæp^{43} tshei^{33} i^{33} si^{31} iɐu^{312} lei^{31} ɐt^{5} tsi^{42} kɐu^{42}
就密密嗰镊菜。伊时又来一只狗，

liɛŋ^{24} tsi^{42} kɐu^{42} tshiɛŋ^{42} kuɐt^{5} tɐu^{31} nɛ^{33} sɔk^{43} ŋyɛt^{23} tuŋ^{24} ŋyɛt^{23} mɐt^{1}
两只狗抢骨头，小索越动越密，

ŋaŋ^{312} ŋi^{31} mɐu^{24} kɔn^{42} tseŋ^{53} iɛŋ^{312} ka^{53} khuai^{33} suk^{5} tu^{312} ia^{24} kɔn^{42}
戆儿冇管怎样加快速度也赶

mɐu^{24} siɛŋ^{24} tsɐu^{312} lai^{312} khuk^{5} khi^{42} lei^{31} kiɐu^{31} tha^{53} ma^{53} ma^{53} kiɐu^{31}
冇上，就赖哭起来求他妈：“妈，求

ni^{24} mɐu^{24} iu^{53} lat^{23} khuai^{33} to^{53} ŋo^{24} sɐt^{1} tsei^{312} si^{312} niæp^{43} mɐu^{24} tɐk^{5}
你冇要拉快多，我实在是镊冇得

ɐŋ^{33} khuai^{33} ɐt^{5} tei^{31} ko^{33} ŋiɐn^{31} tu^{53} mɐu^{24} ŋin^{312} tɐk^{5} si^{312} si^{33} mɐt^{5}
项这么快。”一台嗰人都冇认得是什乜

sɿ^{312} tseŋ^{31} ŋaŋ^{312} ŋi^{31} tha^{53} ma^{53} tsɿ^{312} ki^{42} tshɐu^{42} tɐk^{5} mɐu^{24} iɐu^{24}
事情，戆儿他妈自己丑得冇有
miɛn^{312} kiɛn^{33} ŋiɐn^{31} hek^{5} liu^{24} van^{312} tsɐu^{312} khin^{53} ŋaŋ^{312} ŋi^{31} kuei^{53}
面见人，吃完饭就牵戆儿归
uk^{5} iu^{33} heŋ^{31} tsin^{31} ŋaŋ^{312} ŋi^{31} tseŋ^{53} tseŋ^{53} keŋ^{53} keŋ^{53} ko^{33} kɐn^{53} tha^{53}
屋。要行前，戆儿正正经经嘅跟他
tɐi^{33} po^{31} kɐŋ^{42} tai^{33} po^{31} i^{33} a^{24} ŋo^{24} ɐt^{5} ky^{33} va^{312} tu^{53} mɐu^{24} lɔn^{312} kɐŋ^{42}
大姑讲："大姑，伊下我一句话都冇乱讲，
i^{42} ɐu^{312} ni^{24} ŋi^{31} peŋ^{312} sɿ^{42} ni^{24} mɐu^{24} iuŋ^{312} kuai^{33} ŋo^{24} ktai^{33} po^{31}
以后你儿病死你冇用怪我。"大姑
khi^{33} tɐk^{5} ŋan^{24} tseŋ^{53} tu^{53} fan^{53} pæk^{23} khy^{33} khɔn^{33} tɐu^{33} i^{33} ko^{33} iɛŋ^{312}
气得眼睛都翻白去，看到伊个样
tsɿ^{42} ŋaŋ^{312} ŋi^{31} iɐu^{312} pu^{42} tshuŋ^{53} ɐt^{5} ky^{33} ma^{53} ni^{24} khɔn^{33} tai^{33} po^{31}
子，戆儿又补充一句："妈，你看大姑
ŋan^{24} tseŋ^{53} tu^{53} fan^{53} pæk^{23} khy^{33} liu^{24} kiɐm^{53} thin^{53} tsɿ^{33} mɔn^{24} ŋyɛt^{23}
眼睛都翻白去了，今天做满月
khɐn^{42} teŋ^{312} hiuŋ^{53} to^{53} kɐt^{43} siu^{42}
肯定凶多吉少。"

hɐk^{1} kuai^{53}
学乖

ŋaŋ^{312} ŋi^{31} man^{312} man^{312} tsiɛŋ^{42} tai^{312} liu^{24} lɔu^{24} tsei^{31} tsy^{42} pɔŋ^{53}
戆儿慢慢长大了，老财主帮
tha^{53} ko^{33} tuk^{1} luŋ^{31} ŋi^{31} teŋ^{312} liu^{24} ɐt^{5} mɐn^{31} tshɐn^{53} sɿ^{312} mɐu^{24} tseŋ^{31}
他嘅独龙儿订了一门亲事，冇曾
kua^{33} mɐn^{31} ko^{33} sɐn^{53} nu^{24} tsɐu^{312} si^{312} tuei^{33} miɛn^{312} tshɐn^{53} tsiɛŋ^{53}
过门嘅新孥就是对面村张
ŋyn^{31} ŋuei^{312} ko^{33} tshin^{53} kiɐm^{53}
员外嘅千金。

tsiɛŋ^{53} ŋyn^{31} ŋuei^{312} khɔn^{33} tsuŋ^{53} ko^{33} si^{312} ləu^{24} tsei^{31} tsy^{42} tek^{5}

张员外看中嘓是老财主嘓

tsin^{31} tsei^{312} tha^{53} ko^{33} ŋan^{24} li^{24} tsi^{42} iu^{53} sɛ^{33} tɐk^{5} fa^{53} tsin^{31} ŋaŋ^{312} ŋi^{31}

钱，在他嘓眼里，只要舍得花钱，戆儿

ia^{24} kho^{42} i^{42} kau^{33} seŋ^{31} kuai^{53} ku^{53} iɛ^{31} tsɐu^{312} tuŋ^{31} tshɐn^{53} ka^{53} siɛŋ^{53}

也可以教成乖姑爷。就同亲家商

liɛŋ^{31} tsheŋ^{42} liu^{24} ɐt^{5} ko^{33} sin^{53} seŋ^{53} tei^{33} ŋaŋ^{312} ŋi^{31} tshuɐt^{5} khy^{33}

量，请了一个先生带戆儿出去

kiɛn^{33} sei^{33} miɛn^{312} khy^{33} hɐk^{1} kuai^{53} sin^{53} seŋ^{53} lei^{31} liu^{24} i^{42} ɐu^{312} sin^{53}

见世面，去学乖。先生来了以后，先

si^{24} khəu^{42} ŋaŋ^{312} ŋi^{31} ɐt^{5} a^{24} khɔn^{33} khɔn^{33} si^{312} mɐu^{24} si^{312} lan^{312} nei^{31}

试考戆儿一下，看看是冇是烂泥

vu^{31} mɐu^{24} siɛŋ^{24} tsiɛŋ^{31} sun^{312} sɐu^{42} neŋ^{53} lei^{31} ɐt^{5} sɔŋ^{53} hai^{31} tso^{33}

扶冇上墙。顺手拎来一双鞋，左

iɐu^{312} siɛŋ^{53} fan^{42} fɔŋ^{33} tsei^{312} ŋaŋ^{312} ŋi^{31} miɛn^{312} tsin^{31} ham^{42} ŋaŋ^{312} ŋi^{31}

右相反放在戆儿面前，喊戆儿

tshun^{53} khi^{42} lei^{31} ŋaŋ^{312} ŋi^{31} hɐn^{42} khuai^{33} ko^{33} neŋ^{53} tso^{33} iɐu^{312} hai^{31}

穿起来，戆儿很快嘓拎左右鞋

tuei^{33} thiu^{33} həu^{42} tsei^{33} tshun^{53}

对斢好再穿。

sin^{53} seŋ^{53} kəu^{53} heŋ^{53} ko^{33} kɐŋ^{42} iɐu^{24} leŋ^{31} seŋ^{33} kho^{42} tiu^{312} kau^{33}

先生高兴嘓讲：“有灵性，可调教。”

y^{31} si^{312} tei^{33} tsɔk^{43} ŋaŋ^{312} ŋi^{31} siɛŋ^{24} lu^{312} sin^{53} seŋ^{53} tei^{33} tsɔk^{43} ŋaŋ^{312}

于是带着戆儿上路。先生带着戆

ŋi^{31} tshuɐt^{5} mɐn^{31} mɐn^{24} ki^{53} yn^{24} kiɛn^{33} tuei^{33} miɛn^{312} san^{53} ai^{53} fa^{42}

儿出门有几远，见对面山挨火

siu^{53} huŋ^{53} tai^{312} fa^{42} muŋ^{24} ɐt^{5} tsɐn^{312} tsɐu^{312} siu^{53} khy^{33} ɐt^{5} tai^{312} maŋ^{24}

烧，风大火猛，一阵就烧去一大甿

san^{53} sin^{53} seŋ^{53} ɐt^{5} miɛn^{312} tsɿ^{31} i^{42} kɐŋ^{42} ia^{24} fa^{42} liu^{31} ŋyn^{31} tsɐn^{53} uei^{53}

山。先生一面自己讲：“野火燎原真威

huŋ53 ɐt5 miɛn312 tshoy53 ŋaŋ312 ŋi31 kɔn42 lu312 mɐu24 kiɐu42 hɔŋ31 tɔu33
风。”一 面 催 戆 儿 赶 路。 有 久 行 到
ɐt5 tiu31 kai53 tɐu31 khɔn33 kiɛn33 ɐt5 ko33 sat43 tsy53 lɔu24 tseŋ53 tsei312
一 条 街 头， 看 见 一 个 杀 猪 佬 正 在
sat42 tsy53 uŋ3 tɔŋ31 tɔŋ31 ko33 tsy53 hyɛt43 piu53 mɔn24 ti312 tei42 ŋaŋ312
杀 猪，红 彤 彤 嗰 猪 血 标 满 地 底。 戆
ŋi31 hɔu42 ki31 ko33 mɐn312 i33 nɛ54 si312 si33 mɐt5 sin53 seŋ53 ty53 ti312
儿 好 奇 嗰 问：“伊 些 是 什 乜？”先 生 指 地
tei42 ko33 tsy53 hyɛt43 tsiɛŋ31 nin31 sɿ33 ki33 mɔn24 tɔŋ31 uŋ31 i33 si31
底 嗰 猪 血：“常 年 四 季 满 堂 红。”伊 时，
tseŋ53 hɔu42 iɐu24 ko33 nuŋ31 fu33 tam53 tsɔk43 ɐt5 tam53 tshɐu33 phaŋ33
正 好 有 个 农 妇，担 着 一 担 臭 烘
phaŋ33 ko33 tai312 ʃɐn33 hɔŋ31 kua33 lei31 ŋaŋ312 ŋi31 ty53 i33 ko33 nuŋ31 fu33
烘 嗰 大 粪 行 过 来， 戆 儿 指 伊 个 农 妇
mɐn312 i33 nɛ54 si312 si33 mɐt5 sin53 seŋ53 mɐu24 nɐŋ31 tsek1 sɔt43 iɛn312
问：“伊 些 是 什 乜？”先 生 冇 能 直 说， 现
phin53 liu24 ɐt5 ky33 hɔu42 tsɿ31 nuŋ31 fu33 kiɐn31 tam53 tshin53 nin31
编 了 一 句 好 词：“农 妇 勤 担 千 年
tsiɛŋ33 iɐu312 hɔŋ31 tɐk5 mɐu24 iɐu24 ki53 yn24 tɔu33 ɐt5 ko33 tshɐn53 tɐu31
酱。” 又 行 得 冇 有 几 远， 到 一 个 村 头，
tsin31 miɛn312 hɔŋ31 lei31 ɐt5 tuei33 hɐk5 mak1 mak1 ko33 sɔŋ33 tsɔŋ33
前 面 行 来 一 队 黑 墨 墨 嗰 送 葬
tuei312 hɔŋ31 tsei312 tɐu31 tsin31 ko33 si312 tshɐt5 pat43 ko33 tai312 lek1
队， 行 在 头 前 嗰 是 七 八 个 大 力，
khɔŋ31 ɐt5 fu33 hɐk5 mɐk1 mɐk1 ko33 sɐu312 liu312 ŋaŋ312 ŋi31 iɐu312 hɔu42
扛 一 副 黑 墨 墨 嗰 寿 料。 戆 儿 又 好
ki31 ko33 mɐn312 tha53 liɛŋ31 khɔŋ31 ko33 si312 si33 mɐt5 sin53 seŋ53 mɐu24
奇 嗰 问：“他 俩 扛 嗰 是 什 乜？”先 生 冇
fɔŋ53 piɛn312 keŋ42 mɐu24 li312 si24 ko33 va312 sun42 tɐk5 ɐt5 ky33 vɐn31 ŋa24
方 便 讲 有 利 市 嗰 话， 选 得 一 句 文 雅

ko^{33} va^{312} ləu^{24} tɛ^{53} tsɔk^{43} ku^{42} sɔi^{312} tsiɛŋ^{31} tuŋ^{31} mɐu^{24} kiɐu^{42} lu^{312} fei^{33}
嘅话：“老爹作古睡长筒。”冇久，路费
iuŋ^{312} liu^{24} liu^{24} sin^{53} seŋ^{53} tsi^{42} həu^{42} tei^{33} i^{33} ko^{33} ŋaŋ^{312} ŋi^{31} kuei^{53} uk^{5}
用了了，先生只好带伊个戆儿归屋
iu^{53} tsin^{31} tseŋ^{53} həu^{42} ŋy^{312} tsɔk^{43} tsiɛŋ^{53} ŋyn^{31} ŋuei^{312} tsɿ^{33} sɐu^{312} tsɐu^{42}
要钱。正好遇着张员外做寿酒。
tsiɛŋ^{53} ŋyn^{31} ŋuei^{312} theŋ^{53} kɐŋ^{42} ku^{53} iɛ^{31} kuei^{53} liu^{24} fi^{53} tsiɛŋ^{31} kəu^{53}
张员外听讲姑爷归了，非常高
heŋ^{53} uei^{31} liu^{24} siɛn^{42} si^{24} ɐt^{5} a^{24} ŋyn^{31} ŋuei^{312} ham^{42} ku^{53} iɛ^{31} tɔŋ^{53}
兴。为了显示一下，员外喊姑爷当
tai^{312} ka^{53} miɛn^{312} tsɿ^{33} ɐt^{5} sɐu^{42} o^{312} sɐu^{312} si^{53} ŋaŋ^{312} ŋi^{31} khɔn^{33} liu^{24}
大家面做一首贺寿诗。戆儿看了
ɐt^{5} a^{24} tsiɛŋ^{53} tɐŋ^{53} kiɛt^{43} tshei^{42} ko^{33} theŋ^{53} tei^{42} tuŋ^{31} lei^{31} o^{312} sɐu^{312}
一下张灯结彩嘅厅底同来贺寿
ko^{33} ŋiɐn^{31} nɐm^{42} tu^{53} mɐu^{24} nɐm^{42} tsɐu^{312} tai^{312} seŋ^{53} niɛm^{312} khi^{42} ɐt^{5}
嘅人，谂都冇谂就大声念起一
sɐu^{42} si^{53} lei^{31} ia^{24} fa^{42} liu^{31} ŋyn^{31} tsɐn^{53} uei^{53} huŋ^{53} tsiɛŋ^{31} nin^{31} sɿ^{33} ki^{33}
首诗来：“野火燎原真威风，常年四季
mɔn^{24} tɔŋ^{31} uŋ^{31} ŋyn^{31} ŋuei^{312} nɐm^{42} mɐu^{24} təu^{33} ku^{53} iɛ^{31} van^{31} vuei^{312}
满堂红。”员外谂冇到姑爷还会
tsɿ^{33} tshuɐt^{5} ɐŋ^{33} iɐu^{24} khi^{33} phai^{33} ko^{33} həu^{42} si^{53} lin^{31} seŋ^{53} ham^{42} həu^{42}
做出项有气派嘅好诗，连声喊好。

ŋaŋ^{312} ŋi^{31} tɐk^{5} təu^{33} piu^{42} iɛŋ^{31} iɐu^{312} ŋiɛŋ^{24} khi^{42} tɐu^{31} tshiɛŋ^{33}
戆儿得到表扬，又仰起头唱
khi^{42} lei^{31} ləu^{24} ma^{53} (ŋuei^{312} po^{31}) ei^{33} hek^{5} tshin^{53} nin^{31} tsiɛŋ^{33} ləu^{24}
起来：“佬妈（外婆）爱吃千年酱，佬
iɛ^{31} (ŋuei^{312} kuŋ^{53}) mɐu^{24} kiɐu^{42} sɔi^{312} tsiɛŋ^{31} tuŋ^{31} mɔn^{24} tɔŋ^{31} peŋ^{53}
爷（外公）冇久睡长筒。”满堂宾
hæk^{43} lin^{31} seŋ^{53} ham^{42} həu^{42} tsiɛŋ^{53} ŋyn^{31} ŋuei^{312} keŋ^{53} ka^{53} kəu^{53} heŋ^{53}
客连声喊好，张员外更加高兴，

lin^{31} mɔŋ^{31} ham^{42} ŋiɐn^{31} khiɐp^{5} siɛŋ^{42} tsin^{31} khiɐp^{5} sin^{53} seŋ^{53} ŋyn^{31}

连 忙 喊 人 给 赏 钱 给 先 生。员

ŋuei^{312} tuŋ^{31} sin^{53} seŋ^{53} kɐŋ^{42} ku^{53} iɛ^{31} ko^{33} si^{53} suei^{53} ŋin^{31} iɐu^{24} sɛ^{53}

外 同 先 生 讲："姑 爷 嘅 诗 虽 然 有 些

suk^{1} khi^{33} tan^{312} khɐu^{42} khi^{33} teŋ^{312} si^{312} man^{31} khi^{33} phai^{33} ko^{33} tsi^{42}

只 俗 气，但 口 气 还 是 蛮 气 派 嘅。

si^{312} tshin^{53} nin^{31} tsiɛŋ^{33} o^{31} sɔi^{312} tsiɛŋ^{31} tuŋ^{31} mɐu^{24} ŋin^{312} tɐk^{5} si^{312} si^{33}

是 '千 年 酱' 和 '睡 长 筒' 冇 认 得 是 什

mɐt^{5} ka^{53} si^{31} mɐu^{24} həu^{42} li^{24} kai^{42} teŋ^{312} tsheŋ^{42} sin^{53} seŋ^{53} kai^{42} sek^{5}

乜 东 西，冇 好 理 解，还 请 先 生 解 释。"

sin^{53} seŋ^{53} sɐu^{312} təu^{33} tei^{31} ky^{42} keŋ^{53} hi^{42} tsei^{312} sɐm^{53} tsi^{42} həu^{42} tsiu^{33}

先 生 受 到 抬 举，惊 喜 在 心，只 好 照

kɐŋ^{42} mɐu^{24} theŋ^{53} tsɐu^{312} sɔn^{33} ɐt^{5} theŋ^{53} tsha^{53} tiɛm^{42} khi^{33} sɿ^{42} tsiɛŋ^{53}

讲。冇 听 就 算，一 听 差 点 气 死 张

ŋyn^{31} ŋuei^{312} ham^{42} ŋiɐn^{31} ma^{24} siɛŋ^{24} kɔn^{42} ŋaŋ^{312} ŋi^{31} tuŋ^{31} sin^{53} seŋ^{53}

员 外，喊 人 马 上 赶 戆 儿 同 先 生

tshuɐt^{5} khy^{33}

出 去。

fɐn^{53} piɛn^{33}

婚 变

ŋaŋ^{312} ŋi^{31} tsiæk^{23} kɔn^{42} tshuɐt^{5} ka^{53} khy^{33} tsuŋ^{42} ŋin^{312} uei^{31} si^{312}

戆 儿 着 赶 出 家 去，总 认 为 是

sin^{53} seŋ^{53} kau^{33} mɐu^{24} tɐk^{5} fap^{43} tek^{5} kiɛt^{43} kua^{42} tsɐu^{312} kyɛt^{43} teŋ^{312}

先 生 教 冇 得 法 嘅 结 果，就 决 定

tsɿ^{312} ki^{42} khy^{33} tshɔŋ^{53} sei^{33} kai^{33} ɐt^{5} ŋɐt^{1} lu^{312} kua^{33} sɿ^{53} suk^{1} pɔŋ^{31}

自 己 去 闯 世 界。一 日，路 过 私 塾 旁

pin^{53} khɔn^{33} kiɛn^{33} ɐt^{5} kyn^{31} hɐk^{1} seŋ^{53} tseŋ^{53} tsei^{312} ŋi^{53} ŋi^{53} ŋa^{53} ŋa^{53}

边，看 见 一 群 学 生 正 在 咿 咿 呀 呀

puei^{33} sy^{53} ŋaŋ^{312} ŋi^{31} tsɐu^{312} tsei^{42} kua^{33} khy^{33} mɐn^{312} ni^{24} liɛŋ^{24} si^{312}
背书，戆儿就挤过去问："你们是

tsei^{312} puei^{33} sy^{53} i^{33} kyn^{31} hɐk^{1} seŋ^{53} mɐu^{24} ŋyn^{312} tsiæk^{23} ta^{42}
在背书？"伊群学生冇愿着打

kau^{42} tsɐu^{312} mɐu^{24} nei^{312} van^{31} ko^{33} vi^{31} tap^{43} tsi^{53} tsi^{53} tsɛ^{42} o^{31} pɐt^{5}
搅，就冇耐烦嗰回答："知之者何必

to^{53} mɐn^{312} ŋaŋ^{312} ŋi^{31} lei^{31} təu^{33} tsɐn^{33} siɛŋ^{24} khɔn^{33} kiɛn^{33} ta^{42} thiɛt^{43}
多问！"戆儿来到镇上，看见打铁

sɿ^{53} fu^{33} tseŋ^{53} ky^{42} khi^{42} tai^{312} tsuei^{31} ta^{42} thiɛt^{43} tha^{53} mɐn^{312} thiɛt^{43}
师傅正举起大锤打铁，他问铁

tsiɛŋ^{33} sɐu^{42} ŋei^{312} si^{312} tsuŋ^{31} ni^{33} nɛ^{53} hɐk^{1} tɐk^{5} ko^{33} thiɛt^{43} tsiɛŋ^{33} kɐŋ^{42}
匠手艺是从呢里学得嗰？铁匠讲：

sam^{53} tei^{312} tsu^{42} tsun^{31} həu^{42} sɐu^{42} ŋei^{312} kæk^{43} pek^{5} kɔŋ^{53} həu^{42} si^{312}
"三代祖传好手艺。"隔壁刚好是

ɐt^{5} ka^{53} ŋɐn^{31} phu^{53} ŋɐn^{31} tsiɛŋ^{33} sɐu^{42} tei^{31} sei^{33} heŋ^{31} kuŋ^{53} ŋei^{312} sei^{33}
一家银铺，银匠手提细型工艺细

sɐm^{53} ko^{33} khau^{53} ta^{42} ŋɐn^{31} khi^{33}
心嗰敲打银器。

ŋaŋ^{312} ŋi^{31} tshy^{42} siu^{33} ŋɐn^{31} tsiɛŋ^{33} thɐu^{53} lan^{24} pi^{42} mɐu^{24} tɐk^{5}
戆儿取笑银匠偷懒，比冇得

kæk^{43} pek^{5} thiɛt^{43} tsiɛŋ^{33} kɐu^{33} lek^{1} ŋɐn^{31} tsiɛŋ^{33} mɐu^{24} huk^{5} khi^{33} vi^{31}
隔壁铁匠够力。银匠冇服气回

keŋ^{33} ɐt^{5} ky^{33} ŋo^{24} ɐt^{5} ko^{33} pi^{42} ni^{24} sɐp^{1} ko^{33} kiɛŋ^{31} tseŋ^{53} həu^{42} i^{33} si^{31}
敬一句："我一个比你十个强。"正好伊时

ta^{42} thiɛt^{43} phu^{53} li^{24} tɐu^{31} ɐt^{5} tsi^{42} tsy^{53} ŋi^{31} phau^{42} tshuɐt^{5} lei^{31} thiɛt^{43}
打铁铺里头一只猪儿跑出来，铁

tsiɛŋ^{33} tiu^{53} a^{24} tsuei^{31} tsɿ^{42} ɐt^{5} tsuk^{5} tsɐu^{312} tsuk^{5} tɐk^{5} tsy^{53} ŋi^{31} thiɛt^{43}
匠丢下锤子一捉就捉得猪儿，铁

tsiɛŋ^{33} ko^{33} sɐn^{53} nu^{24} tai^{312} seŋ^{53} ham^{42} tsua^{53} vɐn^{42} tiɛm^{42} mɐu^{24} khiɐp^{5}
匠嗰新孥大声喊："抓稳点冇给

ta^{42} thɔt^{43} ŋaŋ^{312} ŋi^{31} ɐt^{5} lu^{312} theŋ^{53} təu^{33} ko^{33} sɐn^{53} tsɿ^{31} tsun^{31} pu^{24}
打脱。”戆儿一路听到嗰新词全部
ki^{33} tsei^{312} sɐm^{53} li^{24} tɐu^{31} ɔm^{33} ɔm^{33} kəu^{53} heŋ^{53} mɐt^{1} iɐu^{24} sin^{53} seŋ^{53}
记在心里头，暗暗高兴，没有先生
kau^{33} tuŋ^{31} iɛŋ^{312} kho^{42} i^{42} hɐk^{1} tɐk^{5} kuai^{53} i^{33} si^{31} ɐt^{5} tuei^{312} ŋia^{31} ek^{23}
教，同样可以学得乖。伊时，一队衙役
tseŋ^{53} yn^{31} kai^{53} tsuei^{53} ɐt^{5} ko^{33} pa^{31} sɐu^{42} pa^{31} sɐu^{42} tsun^{42} ŋan^{24} tsɐu^{312}
正沿街追一个扒手，扒手转眼就
mɐu^{24} kiɛn^{33} eŋ^{42} liu^{24}
冇见影了。

ŋia^{31} ek^{23} kiɛn^{33} ŋaŋ^{312} ŋi^{31} tɐu^{31} məu^{31} lɔn^{312} lu^{33} lu^{33} o^{24} lɐi^{33} lɐi^{33}
衙役见戆儿头毛乱□□涴□□，
iɛŋ^{312} tsɿ^{42} kho^{42} ŋi^{31} ɪ^{42} uei^{31} si^{312} pa^{31} sɐu^{42} tsɐu^{312} tsua^{53} tha^{53} khi^{42}
样子可疑，以为是扒手，就抓他起
lei^{31} mɐn^{312} tha^{53} si^{312} mɐu^{24} si^{312} thɐu^{53} tɐk^{5} ka^{53} si^{31} ŋaŋ^{312}
来，问他是冇是偷得家什东西？戆
ŋi^{31} ki^{33} khi^{42} siu^{42} hɐk^{1} seŋ^{53} ko^{33} va^{312} nɐm^{42} tu^{53} mɐu^{24} nɐm^{42} tsɐu^{312}
儿记起小学生嗰话，谂都冇谂就
tap^{43} kɐŋ^{42} tsi^{53} tsi^{53} tsɛ^{42} o^{31} pɐt^{5} to^{53} mɐn^{312} ŋia^{31} ek^{23} i^{42} uei^{31} i^{33} a^{24}
答讲：“知之者何必多问。”衙役以为伊下
tsuk^{5} tuei^{33} liu^{24} tsɐu^{312} iɐu^{312} tsuei^{53} mɐn^{31} ni^{33} ko^{33} ham^{42}
捉对了，就又追问：“呢哪，以下同个喊
ni^{24} thɐu^{53} ko^{33} ŋaŋ^{312} ŋi^{31} li^{24} tsek^{1} khi^{33} tsɔŋ^{33} ko^{33} tap^{43} kɐŋ^{42} tsu^{42}
你偷嗰？”戆儿理直气壮嗰答讲：“祖
tsun^{31} sam^{53} tei^{312} həu^{42} sɐu^{42} ŋei^{312} ŋia^{31} ek^{23} i^{42} uei^{31} i^{33} a^{24} tsɐn^{53} ko^{33}
传三代好手艺。”衙役以为伊下真嗰
tsua^{53} tɐk^{5} ɐt^{5} ko^{33} kɔn^{33} thɐu^{53} kɔn^{42} kin^{42} ham^{42} heŋ^{53} tei^{24} liɛŋ^{24} ɐt^{5}
抓得一个惯偷，赶紧喊兄弟们一
khi^{42} tuŋ^{24} sɐu^{42} ŋaŋ^{312} ŋi^{31} ɐt^{5} miɛn^{312} fan^{42} khɔŋ^{33} ɐt^{5} miɛn^{312} tai^{312}
起动手。戆儿一面反抗一面大

seŋ^{53} ham^{42} kɐŋ^{42} ŋo^{24} ɐt^{5} ko^{33} pi^{42} ni^{24} sɐp^{1} ko^{33} kiɛŋ^{31}
声 喊 讲："我一个比你十个强。"

ŋia^{31} ek^{23} i^{42} uei^{31} ŋaŋ^{312} ŋi^{31} tsɐn^{53} ko^{33} iɐu^{24} liɛŋ^{24} a^{24} kuŋ^{53} fu^{53}
衙役以为戆儿真嗰有两下功夫，

tsɐu^{312} ŋ̍^{24} fa^{53} tai^{312} paŋ^{42} tha^{53} paŋ^{42} tɐk^{5} kin^{42} kin^{42} tek^{5} ŋaŋ^{312} ŋi^{31} ɐt^{5}
就五花大绑他，绑得紧紧嗰。戆儿一

miɛn^{312} iuŋ^{312} lek^{1} fan^{42} khɔŋ^{33} ɐt^{5} miɛn^{312} tai^{312} seŋ^{53} ham^{42} tsua^{53} vɐn^{42}
面用力反抗，一面大声喊："抓稳

tiɛm^{42} mɐu^{24} khiɐp^{5} ta^{42} thɔt^{43} kho^{42} lin^{31} ko^{33} ŋaŋ^{312} ŋi^{31} tsɐu^{312} si^{312}
点冇给打脱。"可怜嗰戆儿，就是

ɐŋ^{33} vu^{31} li^{24} vu^{31} tu^{31} ko^{33} tsiæk^{23} kuan^{53} tsɐn^{33} ləu^{31} li^{24} khy^{33} uei^{33}
项糊里糊涂嗰着关进牢里去喂

vɐn^{31} tsɿ^{42} tsiɛŋ^{53} ŋyn^{31} ŋuei^{312} theŋ^{53} kɐŋ^{42} ŋaŋ^{312} ŋi^{31} tsiæk^{23} tsua^{53}
蚊子。张员外听讲戆儿着抓

khy^{33} tsa^{24} ləu^{31} liu^{24} kɔn^{42} kin^{42} tsiu^{53} tsɐp^{1} tsɿ^{312} ki^{42} uk^{5} li^{24} ŋiɐn^{31}
去坐牢了，赶紧招集自己屋里人

siɛŋ^{53} liɛŋ^{31} kyɛt^{43} teŋ^{312} thuei^{33} fɐn^{53} pheŋ^{33} tshɛ^{42} ɔm^{33} ɔm^{33} pɔŋ^{53} tha^{53}
商量，决定退婚，并且暗暗帮他

ny^{24} leŋ^{312} tsau^{42} tɐk^{5} ɐt^{5} ko^{33} ku^{53} iɛ^{31} tsun^{42} pi^{312} sun^{42} ko^{33} həu^{42} ŋɐt^{1}
女另找得一个姑爷，准备选个好日

tsɿ^{42} ka^{33} tshuɐt^{5} khy^{33} liu^{24} sɿ^{312} ləu^{24} tsei^{31} tsy^{42} uei^{31} liu^{24} kiɐu^{33}
子嫁出去了事。老财主为了救

ŋaŋ^{312} ŋi^{31} iuŋ^{312} khy^{33} mɐu^{24} siu^{42} yn^{53} vɔŋ^{24} tsin^{31} ta^{42} thuŋ^{53} liu^{24}
戆儿，用去冇少冤枉钱，打通了

yn^{312} thai^{33} iɛ^{31} ko^{33} kuan^{53} tsiɛt^{43} tsoy^{33} ɐu^{312} ŋaŋ^{312} ŋi^{31} tɐk^{5} fɔŋ^{33}
县太爷嗰关节，最后戆儿得放

tshuɐt^{5} lei^{31} liu^{24} theŋ^{53} kɐŋ^{42} tsiɛŋ^{53} ŋyn^{31} ŋuei^{312} iɐu^{24} i^{33} fan^{42} fei^{42}
出来了。听讲张员外有意反悔

thuei^{33} fɐn^{53} kyɛt^{43} sɐm^{53} khiɐp^{5} ŋaŋ^{312} ŋi^{31} ti^{312} ŋi^{312} tshɿ^{33} tsuŋ^{31} sɿ^{53}
退婚，决心给戆儿第二次从师

hɐk^{1} kuai^{53} pai^{33} sɿ^{53} khy^{33} ŋɐt^{1} sin^{53} seŋ^{53} khiɐp^{5} ɐt^{5} kɐn^{53} tam^{53} kɔn^{53}
学 乖。拜 师 咗 日，先 生 给 一 根 担 杆
khiɐp^{5} ŋaŋ^{312} ŋi^{31} ham^{42} tha^{53} veŋ^{31} khɔŋ^{31} tshuɐt^{5} mɐn^{31} khy^{33} ŋaŋ^{312}
给 戆 儿 喊 他 横 扛 出 门 去，戆
ŋi^{31} tshuɐt^{5} mɐn^{31} ko^{33} si^{31} ɐu^{312} leŋ^{31} khiɐu^{42} ko^{33} van^{24} liu^{24} ɐt^{5} a^{24}
儿 出 门 嘅 时 候 灵 巧 嘅 换 了 一 下
pɔk^{43} tɐu^{31} piɛn^{33} seŋ^{31} tsek^{1} ko^{33} khɔŋ^{31} tshuɐt^{5} mɐn^{31} sin^{53} seŋ^{53} kəu^{53}
膊 头，变 成 直 嘅 扛 出 门。先 生 高
heŋ^{53} ko^{33} tuŋ^{31} ləu^{24} tsei^{31} tsy^{42} kɐŋ^{42} leŋ^{312} ŋi^{31} teŋ^{312} iɐu^{24} tshuɐt^{5}
兴 嘅 同 老 财 主 讲：“令 儿 定 有 出
sek^{5} y^{31} si^{312} sɿ^{53} tu^{31} ta^{42} tiɛm^{42} hɔŋ^{31} tsɔŋ^{53} siɛŋ^{24} lu^{312} tseŋ^{53} tshuɐt^{5}
息。”于 是 师 徒 打 点 行 装 上 路。正 出
tshɐn^{53} tɐu^{31} khɔn^{33} kiɛn^{33} ɐt^{5} phau^{53} ŋiɐu^{31} si^{42} than^{53} tsei^{312} lu^{312}
村 头，看 见 一 泡 牛 屎 摊 在 路
siɛŋ^{24} siɛŋ^{24} tɐu^{31} pɐu^{312} mɔn^{24} tai^{312} tɐu^{31} vɐn^{31} heŋ^{31} kiɛn^{33} ŋiɛn^{31} ɐt^{5}
上，上 头 叮 满 大 头 蚊 蝇，见 人 一
lei^{31} huŋ^{53} ko^{33} tsun^{31} pu^{24} fi^{53} san^{42} ŋaŋ^{312} ŋi^{31} mɐn^{312} sin^{53} seŋ^{53} i^{33}
来，轰 嘅 全 部 飞 散。戆 儿 问 先 生 伊
si^{312} si^{33} mɐt^{5} sin^{53} seŋ^{53} mɐu^{24} kin^{42} mɐu^{24} man^{312} ko^{33} kɐŋ^{42} ŋiu^{33} si^{42}
是 什 乜。先 生 冇 紧 冇 慢 嘅 讲：“嗅 屎
tsuŋ^{31} ŋiu^{33} si^{42} tsuŋ^{31} kiɛn^{33} ŋo^{24} lei^{31} liu^{24} lɔn^{312} huŋ^{42} huŋ^{42} ŋaŋ^{312} ŋi^{31}
虫，嗅 屎 虫，见 我 来 了 乱 哄 哄。”戆 儿
ki^{33} tsei^{312} sɐm^{53} li^{24} tɐu^{31}
记 在 心 里 头。

mɐu^{24} ki^{53} kiɐu^{42} lei^{31} təu^{33} siu^{42} kɐu^{53} pin^{53} kɐu^{53} siɛŋ^{24} tsi^{42} iɐu^{24}
有 几 久 来 到 小 沟 边，沟 上 只 有
ɐt^{5} tiu^{31} tuk^{1} muk^{1} kiu^{31} ŋaŋ^{312} ŋi^{31} mɐn^{312} tseŋ^{53} iɛŋ^{312} kua^{33} sin^{53} seŋ^{53}
一 条 独 木 桥。戆 儿 问 怎 样 过。先 生
ɐt^{5} miɛn^{312} siu^{42} sɐm^{53} thɐn^{33} kæk^{43} ɐt^{5} miɛn^{312} mɐn^{31} tuk^{1} kiu^{31} nan^{31}
一 面 小 心 挪 脚 一 面 喃：“独 桥 难

kua^{33} tuk^{1} khuai^{33} nan^{31} hek^{5} kua^{33} kiu^{31} liu^{24} khɔn^{33} kiɛn^{33} ɐt^{5} uei^{312}
过，独筷难吃。”过桥了，看见一位

nuŋ^{31} fu^{53} tsuŋ^{31} lu^{312} ki^{53} siɛŋ^{24} tɐu^{31} iɐu^{24} suei^{42} ko^{33} tɔŋ^{31} li^{24} tɐu^{31}
农夫从路基上头有水嘓塘里头

thiu^{53} suei^{42} təu^{33} lu^{312} tei^{42} tin^{31} li^{24} tɐu^{31} lɐm^{31} miu^{31} ŋaŋ^{312} ŋi^{31} tsi^{42}
挑水到路底田里头淋苗，戆儿指

tsɔk^{43} nuŋ^{31} fu^{53} mɐn^{312} i^{33} si^{312} si^{33} mɐt^{5} sɿ^{312} tseŋ^{31} sin^{53} seŋ^{53} iu^{31} tɐu^{31}
着农夫问伊是什乜事情，先生摇头

pai^{42} nəu^{24} siɛŋ^{24} tɔŋ^{31} iɐu^{24} suei^{42} a^{24} tɔŋ^{31} kɔn^{53} thin^{53} mɐu^{24} lɔk^{23} y^{24}
摆脑：“上塘有水下塘干，天冇落雨

ia^{24} si^{312} nan^{31} iu^{33} ia^{312} tha^{53} liɛŋ^{24} lei^{31} təu^{33} ɐt^{5} ko^{33} tshɐn^{53} tɐu^{31}
也是难。”要夜，他俩来到一个村头，

khɔn^{33} kiɛn^{33} ku^{42} sy^{312} siɛŋ^{24} iɐu^{24} ɐt^{5} tuei^{33} ləu^{24} ia^{53} tsei^{312} lɔn^{312}
看见古树上有一对老鸦在乱

ham^{42} ŋaŋ^{312} ŋi^{31} mɐn^{312} i^{33} ham^{42} tsɿ^{33} si^{33} mɐt^{5} sin^{53} seŋ^{53} sun^{312} tsuei^{42}
喊，戆儿问伊喊做什乜。先生顺嘴

tap^{43} kɐŋ^{42} ləu^{24} ia^{53} ləu^{24} ia^{53} ni^{24} liɛŋ^{24} tuei^{33} miɛn^{312} kɐŋ^{42} si^{33} mɐt^{5}
答讲：“老鸦老鸦，你俩对面讲什乜？”

ɐt^{5} ŋiɐp^{1} tshɐn^{53} tɐu^{31} khɔn^{33} kiɛn^{33} ɐt^{5} kyn^{31} nuŋ^{24} ŋi^{31} pa^{31} tsei^{312} ɐt^{5}
一入村头，看见一群侬儿爬在一

kɐn^{53} tsuk^{5} siɛŋ^{24} iuŋ^{312} təu^{53} tsam^{31} ma^{24} ŋi^{24} tsɿ^{33} ŋuan^{31} ŋaŋ^{312} ŋi^{31}
根竹上用刀劖蚂蚁玩耍，戆儿

mɐn^{312} i^{33} si^{312} si^{33} mɐt^{5} sin^{53} seŋ^{53} kɐŋ^{42} lei^{31} ɐt^{5} ko^{3} tsam^{31} ɐt^{5} ko^{33}
问伊是什乜。先生讲：“来一个劖一个，

lei^{31} liɛŋ^{24} ko^{33} tsam^{31} ɐt^{5} sɔŋ^{53} ia^{312} van^{24} ŋaŋ^{312} ŋi^{31} tsun^{42} pa^{42} ɐt^{5}
来两个劖一双。”夜晚，戆儿转把一

thin^{53} hɐk^{1} tɐk^{5} ko^{33} tka^{53} si^{33} sun^{31} pu^{24} vi^{31} siɛŋ^{42} liu^{24} ɐt^{5} phiɛn^{33}
天学得嘓家什全部回想了一遍，

həu^{42} həu^{42} ko^{33} ki^{33} tsei^{312} sɐm^{53} li^{24} tɐu^{31} ti^{312} ŋi^{312} ŋɐt^{1} ləu^{24} tsəu^{42}
好好嘓记在心里头。第二日老早，

tsɐu^{312} iɐu^{24} ŋiɐn^{31} pəu^{33} kəu^{33} kɐŋ^{42} tsiɛŋ^{53} ŋyn^{31} ŋuei^{312} kiɐm^{53} ŋɐt^{1}
就 有 人 报 告 讲，张 员 外 今 日

tsɐu^{312} iu^{53} ka^{33} ny^{24} ŋaŋ^{312} ŋi^{31} theŋ^{53} kiɛn^{33} khi^{33} tɐk^{5} phau^{53} keŋ^{42} tu^{53}
就 要 嫁 女。戆 儿 听 见 气 得 泡 颈 都

tai^{312} liu^{24} sɿ^{53} tu^{31} tsi^{42} həu^{42} ta^{42} təu^{312} vi^{31} fu^{42} khy^{33} eŋ^{33} fu^{33} sɐn^{53}
大 了，师 徒 只 好 打 道 回 府 去 应 付 新

ko^{33} sɿ^{312} piɛn^{33} ŋaŋ^{312} ŋi^{31} kiɛn^{33} tsiɛŋ^{53} ŋyn^{31} ŋuei^{312} ɐŋ^{33} khɔn^{33} suai^{53}
嗰 事 变。戆 儿 见 张 员 外 项 看 衰

tsɿ^{312} ki^{42} keŋ^{33} kɔm^{42} tan^{53} fɔŋ^{53} miɛn^{312} fan^{42} fei^{42} fɐn^{53} sɿ^{312} kyɛt^{43}
自 己，竟 敢 单 方 面 反 悔 婚 事，决

teŋ^{312} tsek^{1} tsiæp^{43} təu^{33} tha^{53} uk^{5} khy^{33} tuŋ^{31} tha^{53} lɐn^{312} ɐt^{5} fan^{53}
定 直 接 到 他 屋 去 同 他 论 一 番

təu^{312} li^{24}
道 理。

i^{33} ŋɐt^{1} tsiɛŋ^{53} ŋyn^{31} ŋuei^{312} uk^{5} tsiɛŋ^{53} tɐŋ^{53} kiɛt^{43} tshei^{42} tai^{312}
伊 日，张 员 外 屋 张 灯 结 彩，大

pai^{42} tsɐu^{42} sek^{1} tshei^{53} kyn^{31} ta^{42} ma^{24} tseŋ^{53} tsei^{312} tsheŋ^{42} tsɐu^{42}
摆 酒 席，猜 拳 打 码，正 在 请 酒。

ŋaŋ^{312} ŋi^{31} ia^{24} mɐu^{24} thuŋ^{53} pəu^{33} tsɐu^{312} tsek^{1} tsiæp^{43} tshɔŋ^{53} ŋiɐp^{1}
戆 儿 也 冇 通 报 就 直 接 闯 入

tsɐn^{33} sek^{1} khy^{33} tsuŋ^{33} ŋiɐn^{31} khɔn^{33} kiɛn^{33} thɐt^{5} ŋin^{31} tshɔŋ^{53} ŋiɐp^{1}
酒 席 去。众 人 看 见 突 然 闯 入

lei^{31} ko^{33} ŋaŋ^{312} ŋi^{31} tu^{53} fɔŋ^{53} mɔŋ^{31} ko^{33} lɐp^{1} khi^{42} lei^{31} ŋaŋ^{312} ŋi^{31}
来 嗰 戆 儿，都 慌 忙 嗰 立 起 来。戆 儿

khɔn^{33} liu^{24} tai^{312} ka^{53} ɐt^{5} ŋan^{24} ŋau^{33} khi^{33} sɐp^{1} tsuk^{5} ko^{33} keŋ^{42} ŋiu^{33}
看 了 大 家 一 眼，傲 气 十 足 嗰 讲："嗅

si^{42} tsuŋ^{31} ŋiu^{33} si^{42} tsuŋ^{31} kiɛn^{33} ŋo^{24} lei^{31} liu^{24} lɔn^{312} huŋ^{42} huŋ^{42} tai^{312}
屎 虫，嗅 屎 虫，见 我 来 了 乱 哄 哄。"大

ka^{53} kiɛn^{33} ŋaŋ^{312} ŋi^{31} keŋ^{42} va^{312} mɐu^{24} hæk^{43} khi^{33} tsɐu^{312} khiɐp^{5} tha^{53}
家 见 戆 儿 讲 话 冇 客 气，就 给 他

tsa^{24} tei^{31} tsiɛŋ^{53} ŋyn^{31} ŋuei^{312} ɔm^{33} si^{24} tsi^{42} khiɐp^{5} ŋaŋ^{312} ŋi^{31} ɐt^{5} tsi^{42}
坐台。张员外暗示，只给戆儿一只
khuai^{33} iɐu^{312} mɐu^{24} pɐt^{5} tsɐu^{42} khiɐp^{5} tha^{53}
筷，又冇滗酒给他。

ŋaŋ^{312} ŋi^{31} mɐu^{24} fɔŋ^{53} mɐu^{24} mɔŋ^{31} neŋ^{53} khi^{42} ɐt^{5} tsi^{42} khuai^{33} hɐk^{1}
戆儿冇慌冇忙，拎起一只筷，学
sin^{53} seŋ^{53} iu^{31} tɐu^{31} pai^{42} nəu^{24} ko^{33} iɛŋ^{312} tsɿ^{42} tsɿ^{312} ki^{33} kɐŋ^{42} tuk^{1}
先生摇头摆脑嗰样子自己讲：“独
kiu^{31} nan^{31} kua^{33} tuk^{1} khuai^{33} nan^{31} hek^{5} iɐu^{312} neŋ^{53} khi^{42} khuŋ^{53} tsɐu^{42}
桥难过，独筷难吃。”又拎起空酒
pi^{53} kɐŋ^{42} siɛŋ^{24} tɔŋ^{31} iɐu^{24} suei^{42} a^{24} tɔŋ^{31} kɔn^{53} thin^{53} mɐu^{24} lɔk^{23} y^{24}
杯讲：“上塘有水下塘干，天冇落雨
ia^{24} si^{312} nan^{31} tai^{312} ka^{53} theŋ^{53} liu^{24} tu^{53} hɐk^{5} ɐt^{5} thiu^{33} mɐu^{24} ŋin^{312}
也是难。”大家听了都嚇一跳，冇认
tɐk^{5} ni^{33} iɛŋ^{312} tsɿ^{33} tsei^{31} həu^{42}
得呢样做才好。

tsiɛŋ^{53} ŋyn^{31} ŋuei^{312} kiɐp^{5} mɔŋ^{31} təu^{33} tsy^{31} vɔŋ^{31} tsau^{42} sɐn^{42} nu^{24}
张员外急忙到厨房找新孥
siɛŋ^{53} liɛŋ^{31} tuei^{33} tshæk^{43} ŋaŋ^{312} ŋi^{31} kɐn^{53} siɛŋ^{24} khy^{33} tsi^{42} i^{33} liɛŋ^{24}
商量对策，戆儿跟上去指伊两
kuŋ^{53} po^{31} kɐŋ^{42} ləu^{24} ia^{53} ləu^{24} ia^{53} ni^{24} liɛŋ^{24} tuei^{33} miɛn^{312} kɐŋ^{42} si^{33}
公婆讲：“老鸦老鸦，你俩对面讲什
mɐt^{5} tsiɛŋ^{53} ŋyn^{31} ŋuei^{312} tsiæk^{23} hɐk^{5} tɐk^{5} luk^{1} sɐn^{31} vu^{31} tsy^{42} khæk^{43}
乜？”张员外着嚇得六神无主，觉
tɐk^{5} ŋan^{24} tsin^{31} ko^{33} ŋaŋ^{312} ŋi^{31} i^{42} keŋ^{53} mɐu^{24} si^{312} tsuŋ^{31} tsin^{31} ko^{33}
得眼前嗰戆儿已经冇是从前嗰
ŋaŋ^{312} ŋi^{31} y^{31} kua^{42} mɐu^{24} kiɐp^{1} si^{31} ka^{33} ny^{24} tshuɐt^{5} khy^{33} khuŋ^{42}
戆儿，如果冇及时嫁女出去，恐
pha^{33} tsɐu^{312} ka^{33} mɐu^{24} seŋ^{31} liu^{24} y^{31} si^{312} kyɛt^{43} teŋ^{312} tei^{31} tsin^{31} ta^{42}
怕就嫁冇成了。于是决定提前打

fat^{43} tsiæp^{43} tshɐn^{53} ko^{33} iuŋ^{312} fa^{53} kiu^{31} khɔŋ^{31} tha^{53} ny^{24} tshuɐt^{5}
发 接 亲 嘓 用 花 轿 扛 他 女 出
mɐn^{31}
门。

ŋaŋ^{312} ŋi^{31} ta^{42} theŋ^{53} təu^{33} sɿ^{312} tseŋ^{31} kɐn^{53} tei^{42} tuŋ^{31} tsiæp^{43}
戆 儿 打 听 到 事 情 根 底 同 接
tshɐn^{53} tuei^{312} ɐt^{5} teŋ^{312} iu^{53} keŋ^{53} kua^{33} tek^{5} tai^{312} lu^{312} tsɐu^{312} hɐk^{1}
亲 队 一 定 要 经 过 嘓 大 路，就 学
niɛm^{312} ma^{24} ŋi^{24} ŋuan^{31} sua^{42} ko^{24} nuŋ^{24} ŋi^{31} ko^{33} iɛŋ^{312} tsɿ^{42} lo^{24} ɐt^{5}
捻 蚂 蚁 玩 耍 嘓 侬 儿 嘓 样 子，找 一
kɐn^{53} tsuk^{5} lei^{31} fɔŋ^{33} tsei^{312} lu^{312} khɐu^{42} khiɐp^{5} ma^{24} ŋi^{24} pa^{31} siɛŋ^{24}
根 竹 来 放 在 路 口， 给 蚂 蚁 爬 上
lei^{31} tha^{53} ky^{42} khi^{42} sɐu^{42} li^{24} miɛn^{312} ko^{33} khan^{42} təu^{53} ɐt^{5} təu^{53} tsam^{42}
来，他 举 起 手 里 面 嘓 砍 刀，一 刀 劖
ɐt^{5} tsi^{42} ma^{24} ŋi^{24} tsuei^{42} li^{24} tɐu^{31} tsek^{1} mɐn^{31} mɐn^{31} lei^{31} ɐt^{5} ko^{33} tsam^{42}
一 只 蚂 蚁，嘴 里 头 直 喃 喃：“来 一 个 劖
ɐt^{5} ko^{33} lei^{31} liɛŋ^{24} ko^{33} tsam^{42} ɐt^{5} sɔŋ^{53} khɔŋ^{31} fa^{53} kiu^{312} ko^{33} tsiæp^{43}
一 个，来 两 个 劖 一 双。” 扛 花 轿 嘓 接
tshɐn^{53} tuei^{312} ŋ^{24} kiɛn^{33} i^{33} ko^{33} iɛŋ^{312} tsɿ^{42} lin^{31} mɔŋ^{31} lo^{312} a^{24} fa^{53}
亲 队 伍 见 伊 个 样 子，连 忙 摞 下 花
kiu^{312} fɔŋ^{53} mɔŋ^{31} təu^{31} meŋ^{312} sɿ^{312} tseŋ^{31} nau^{312} təu^{33} i^{33} ko^{33} ti^{312} pu^{312}
轿 慌 忙 逃 命。事 情 闹 到 伊 个 地 步，
tsiɛŋ^{53} ŋyn^{31} ŋuei^{312} tam^{53} sɐm^{53} ŋaŋ^{312} ŋi^{31} kəu^{33} kun^{53} tsɿ^{312} ki^{42} təu^{42}
张 员 外 担 心 戆 儿 告 官，自 己 倒
fan^{42} hek^{5} khuei^{53} y^{31} si^{312} liɛŋ^{24} ka^{53} ta^{42} tsun^{42} kɐŋ^{42} həu^{42} ŋaŋ^{312} ŋi^{31}
反 吃 亏。于 是，两 家 打 转 讲 好，戆 儿
li^{24} so^{42} tɔŋ^{53} ŋin^{31} ko^{33} tsu^{33} liu^{24} tsiɛŋ^{53} ŋyn^{31} ŋuei^{312} ko^{33} ŋaŋ^{312} ku^{53} iɛ^{31}
理 所 当 然 嘓 做 了 张 员 外 嘓 戆 姑 爷。

fɐn^{53} ɐu^{312}

婚后

ŋaŋ^{312} ŋi^{31} kiɛt^{43} fɐn^{53} i^{42} ɐu^{312} liɛŋ^{24} siu^{42} khɐu^{42} təu^{42} van^{31} ŋɐn^{53}
懿儿结婚以后，两小口倒还恩

ei^{33} mɐu^{24} təu^{33} liɛŋ^{24} nin^{31} tsɐu^{312} iɐu^{24} ɐt^{5} ko^{33} nuŋ^{24} ŋi^{31} tshɐn^{53} li^{24}
爱，冇到两年就有一个侬儿。村里

tɐu^{31} ko iu^{53} niɛt^{23} ŋi^{31} hɐk^{5} tha^{53} ny^{24} ŋiɐn^{31} tsa^{24} ŋyɛt^{23} seŋ^{31} tsy^{53}
头嗰妖孽儿嚇他：女人坐月成猪

mu^{24} iɛŋ^{42} ŋi^{31} ɔk^{43} tɐk^{5} hɐn^{42} tshin^{53} van^{312} mɐu^{24} iuŋ^{312} khəu^{33} kiɐn^{24}
母养儿，恶得很，千万冇用靠近

sɐn^{53} pin^{53} tha^{53} siɛŋ^{42} khi^{42} tsy^{53} mu^{24} pəu^{24} vo^{53} ko^{33} iɛŋ^{312} tsɿ^{42} ŋin^{312}
身边。他想起母猪抱窝嗰样子，认

uei^{31} iɐu^{24} təu^{312} li^{24}
为有道理。

iɐu^{24} ɐt^{5} ŋɐt^{1} uk^{5} li^{24} tɐu^{31} ŋiɐn^{31} tu^{53} mɐu^{24} tsei^{312} uk^{5} lɐn^{31} təu^{33}
有一日，屋里头人都冇在屋，轮到

tha^{53} suŋ^{33} van^{312} tha^{53} iu^{33} tɐk^{5} van^{312} tshei^{33} fɔŋ^{33} ŋiɐp^{1} lam^{31} li^{24}
他送饭，他舀得饭菜，放入篮里

kua^{33} tsei^{312} tam^{53} kɔn^{53} tɐu^{31} kæk^{43} mɐn^{31} luŋ^{24} van^{312} tei^{312} khiɐp^{5}
挂在担杆头，隔门拢饭递给

tha^{53} sɐn^{53} nu^{24} tha^{53} sɐn^{53} nu^{312} khi^{33} tɐk^{5} tai^{312} seŋ^{53} ko^{33} ma^{312} khi^{42}
他新孥，他新孥气得大声嗰骂起

lei^{31} ŋaŋ^{312} ŋi^{31} ɔm^{33} tsuŋ^{53} kəu^{53} heŋ^{53} tsɿ^{312} ki^{42} tsəu^{42} tsɐu^{312} tuŋ^{42}
来。懿儿暗中高兴自己早就懂

tɐk^{5} khuai^{33} ɐŋ^{33} iu^{33} si^{312} ŋiɐp^{1} mɐn^{31} khy^{33} suŋ^{33} van^{312} khɐn^{42} teŋ^{312}
得会项，要是入门去送饭，肯定

sɿ^{42} teŋ^{312} liu^{24} mɐu^{24} kiɐu^{42} tha^{53} ŋi^{31} mɔn^{24} ŋyɛt^{23} uk^{5} li^{24} iu^{53} tsɿ^{33}
死定了。冇久他儿满月，屋里要做

mɔn^{24} ŋyɛt^{23} tsɐu^{42} ham^{42} ŋaŋ^{312} ŋi^{31} khy^{33} kai^{53} mai^{24} pan^{33} li^{24} tsɐu^{42}
满月酒，喊懿儿去街买办理酒

sek^{1} ko^{33} ka^{53} si^{33} ŋaŋ^{312} ŋi^{31} khy^{33} tɐk^{5} ia^{312} liu^{24} kai^{53} siɛŋ^{24}
席嗰家什东西，物品。戆儿去得夜了，街上
i^{42} kɐŋ^{53} mɐu^{24} iɐu^{24} si^{33} mɐt^{5} həu^{42} ka^{53} si^{33} khɔn^{33} kiɛn^{33} hɔŋ^{31} siɛŋ^{24}
已经冇有什乜好家什，看见行上
iɐu^{24} vu^{53} kuei^{53} mai^{312} y^{31} si^{312} tsɐu^{312} mai^{24} tɐk^{5} ɐt^{5} tsi^{42} vu^{53} kuei^{53}
有乌龟卖，于是就买得一只乌龟。
kuei^{53} təu^{33} kɐŋ^{53} pin^{53} ŋaŋ^{312} ŋi^{31} mɔn^{24} tɐu^{31} tai^{312} ɔn^{312} y^{31} si^{312} thɔt^{43}
归到江边，戆儿满头大汗，于是脱
kɔŋ^{53} sam^{53} khu^{33} a^{24} kɐŋ^{53} tu^{312} sei^{42} a^{24} kɐŋ^{53} tsi^{53} tsin^{31} ŋaŋ^{312} ŋi^{31}
光衫裤下江渡洗。下江之前，戆儿
iuŋ^{312} khu^{33} tei^{33} təu^{31} khy^{33} tsi^{42} vu^{53} kuei^{53} tuŋ^{31} tsɿ^{312} ki^{42} ko^{33} sam^{53}
用裤带绹呿只乌龟同自己嗰衫
khu^{33} khuɐn^{42} tsei^{312} ɐt^{5} khi^{42} ni^{33} ko^{33} ŋin^{312} tɐk^{5} tu^{312} sei^{42} un^{31} siɛŋ^{24}
裤捆在一起。呢个认得渡洗完上
ŋɔn^{312} i^{42} ɐu^{312} fat^{43} iɛn^{312} vu^{53} kuei^{53} tsəu^{42} tsɐu^{312} mɐu^{24} ŋin^{312} tɐk^{5}
岸以后，发现乌龟早就冇认得
phau^{42} təu^{33} ni^{33} nɛ^{53} khy^{33} liu^{24} lin^{31} tsɿ^{312} ki^{42} ko^{33} sam^{53} khu^{33} ia^{24}
跑到呢里去了，连自己嗰衫裤也
tsau^{42} mɐu^{24} kiɛn^{33} tha^{53} tsi^{42} həu^{42} tshun^{53} tsɔk^{43} nuei^{312} khu^{33} kuei^{53}
找冇见。他只好穿着内裤归
uk^{5} ɐt^{5} miɛn^{312} khuk^{5} ɐt^{5} miɛn^{312} kɐŋ^{42} khiɐp^{5} sɐn^{53} nu^{312} theŋ^{53} sɐn^{53}
屋，一面哭一面讲给新孥听。新
nu^{312} ɔn^{53} vei^{312} tha^{53} tshun^{42} ŋi^{31} ni^{24} mɐu^{24} vuei^{312} iuŋ^{312} sek^{1} tɐu^{31}
孥安慰他："蠢儿，你冇会用石头
lei^{31} ap^{43} tha^{53} ma^{31} ŋaŋ^{312} ŋi^{31} kɐŋ^{42} ŋo^{24} ki^{33} tɐk^{5} liu^{24}
来压它吗。"戆儿讲我记得了。

ti^{312} ŋi^{312} ŋɐt^{1} ŋaŋ^{312} ŋi^{31} iɐu^{312} khy^{33} kai^{53} mai^{24} ka^{53} si^{33} i^{33} a^{24}
第二日，戆儿又去街买家什，伊下
ŋaŋ^{312} ŋi^{31} mai^{24} tɐk^{5} ɐt^{5} lam^{31} kei^{53} pau^{312} kuei^{53} təu^{33} kɐŋ^{53} pin^{53} tha^{53}
戆儿买得一篮鸡蛋。归到江边，他

iɐu^{312} tu^{312} sei^{42} a^{24} kɐŋ^{53} tsi^{53} tsin^{31} tha^{53} mɐu^{24} ta^{42} mɔŋ^{312} ki^{33} tun^{53}

又渡洗。下江之前，他冇打忘记端

khi^{42} ɐt^{5} khuai^{33} tai^{312} sek^{1} tɐu^{31} lei^{31} ap^{43} kei^{53} pau^{312} kei^{53} pau^{312}

起一块大石头来压鸡蛋。鸡蛋

tsiæk^{23} ap^{43} tɐk^{5} hiɛŋ^{42} tsi^{53} tsi^{53} ŋaŋ^{312} ŋi^{31} kəu^{53} heŋ^{53} ko^{33} kɐŋ^{42} sɿ^{42}

着压得响吱吱，戆儿高兴嘓讲："死

mɐt^{1} iɐu^{24} i^{33} a^{24} ŋo^{24} khɔn^{33} ni^{24} van^{31} khiu^{33} mɐu^{24} khiu^{33} mɐu^{24} iuŋ^{312}

没有，伊下我看你还跑冇跑。"冇用

kɐŋ^{42} ŋaŋ^{312} ŋi^{31} vi^{31} ka^{53} iɐu^{312} tsiæk^{23} sɐn^{53} nu^{312} khɔi^{53} ɐt^{5} lɐn^{31} iɐu^{24}

讲，戆儿回家又着新孥骂一轮。有

ɐt^{5} a^{24} ŋaŋ^{312} ŋi^{31} ko^{33} tshɐn^{53} tshek^{5} tsheŋ^{42} tsɐu^{42} ŋaŋ^{312} ŋi^{31} sun^{42}

一下，戆儿嘓亲戚请酒，戆儿选

tɐk^{5} ɐt^{5} kɐn^{53} sɐn^{53} khu^{33} tsun^{42} pi^{312} van^{24} tshun^{53} həu^{42} khy^{33} hek^{5}

得一根新裤准备换穿好去吃

tsɐu^{42} tha^{53} sɐn^{53} nu^{312} tsei^{312} ɐt^{5} pɔŋ^{31} kau^{53} tei^{312} tha^{53} peŋ^{31} si^{31} tsei^{312}

酒。他新孥在一旁交代他："平时在

uk^{5} ni^{24} tu^{53} məu^{31} məu^{31} tshəu^{33} tshəu^{33} ko^{33} tshun^{53} sɐn^{53} sam^{53}

屋你都毛毛躁躁嘓，穿新衫

khu^{33} iu^{53} kɐŋ^{42} kiɐu^{33} tiɛm^{42} tsy^{312} i^{33} tsiɛt^{43} iæk^{43} ŋaŋ^{312} ŋi^{31} mɐu^{24} i^{42}

裤要讲究点，注意节约。"戆儿冇以

uei^{31} ŋin^{31} ko^{33} kɐŋ^{42} i^{33} nɛ^{53} ŋo^{24} tuŋ^{42} y^{31} si^{312} tei^{31} khu^{33} ŋiɐp^{1} vɔŋ^{31}

为然嘓讲："伊点我懂。"于是提裤入房

li^{24} tɐu^{31} khy^{33} van^{24} ɐt^{5} ko^{33} si^{31} sɐn^{31} kua^{33} khy^{33} liu^{24} tha^{53} sɐn^{53}

里头去换。一个时辰过去了，他新

nu^{312} tuŋ^{31} tha^{53} ŋi^{31} kɐŋ^{42} i^{33} si^{31} ni^{24} pa^{33} ɐt^{5} teŋ^{312} sai^{53} tɐk^{5} miɛn^{312}

孥同他儿讲："伊时你爸一定筛得面

uŋ^{31} tɔŋ^{31} tɔŋ^{31} liu^{24} ni^{33} ko^{33} ŋin^{312} tɐk^{5} ŋaŋ^{312} ŋi^{31} tsei^{312} vɔŋ^{31} li^{24} tɐu^{31}

红彤彤了。"呢个认得戆儿在房里头

tai^{312} khɔi^{53} khi^{42} lei^{31} ŋiɛt^{23} ni^{24} tek^{5} tɐu^{31} ləu^{24} tsɿ^{42} sam^{53} khu^{33} tu^{53}

大骂起来："热你嘓头，老子衫裤都

mɐu^{24} tsɐŋ^{53} tshun^{53} həu^{42} tha^{53} sɐn^{53} nu^{312} keŋ^{53} ki^{31} ko^{33} phau^{42} ȵiɐp^{1}
冇 曾 穿 好!”他 新 孥 惊 奇 嘓 跑 入

vɔŋ^{31} khy^{33} mɐn^{312} si^{312} si^{33} mɐt^{5} sɿ^{312} kiɛn^{33} ŋaŋ^{312} ȵi^{31} iuŋ^{312} lek^{1} fɔŋ^{33}
房 去 问 是 什 乜 事,见 戆 儿 用 力 放

liɛŋ^{24} tsi^{42} kæk^{43} tshun^{53} ȵiɐp^{1} ɐt^{5} kɐn^{53} khu^{33} kæk^{43} khy^{33} ni^{33} iɛŋ^{312}
两 只 脚 穿 入 一 根 裤 脚 去,呢 样

iuŋ^{312} lek^{1} tsuŋ^{42} tshun^{53} mɐu^{24} ȵiɐp^{1} kau^{42} tɐk^{5} mɔn^{24} tɐu^{31} tai^{312} ɔn^{312}
用 力 总 穿 冇 入,搞 得 满 头 大 汗。

tha^{53} sɐn^{53} nu^{312} fat^{43} khi^{33} tai^{312} khɔi^{53} tsy^{53} tɐu^{31} tshun^{53} khu^{33} tu^{53}
他 新 孥 发 气 大 骂:“猪 头,穿 裤 都

mɐu^{24} vuei^{312} tshun^{53} ŋaŋ^{312} ȵi^{31} khɔi^{53} vi^{31} tɐu^{31} tu^{53} kuai^{33} ni^{24} ni^{24}
冇 会 穿!” 戆 儿 骂 回 头:“都 怪 你,你

mɐu^{24} si^{312} ham^{42} ŋo^{24} tsiɛt^{43} iæk^{43} tiɛm^{42} ma^{31}
冇 是 喊 我 节 约 点 嘛?”

mɐu^{24} iɐu^{24} ki^{53} kiɐu^{42} ŋaŋ^{312} ȵi^{31} ko^{33} ŋuei^{312} ləu^{24} tsiɛŋ^{53} ȵyn^{31}
冇 有 几 久, 戆 儿 嘓 外 佬 张 员

ŋuei^{312} kua^{33} sei^{33} liu^{24} sɔŋ^{53} sɿ^{312} tsun^{31} lei^{31} ŋaŋ^{312} ȵi^{31} sɐn^{53} nu^{24} tseŋ^{53}
外 过 世 了。丧 事 传 来,戆 儿 新 孥 正

iɐu^{24} ti^{312} ȵi^{312} thei^{53} mɐu^{24} fɔŋ^{53} piɛn^{312} khy^{33} tiu^{33} hau^{33} ham^{42} ŋaŋ^{312}
有 第 二 胎, 冇 方 便 去 悼 孝, 喊 戆

ȵi^{31} khy^{33} tiu^{33} hau^{33} piu^{42} si^{24} hau^{33} təu^{312}
儿 去 悼 孝, 表 示 孝 道。

ŋaŋ^{312} ȵi^{31} sɿ^{42} tu^{53} mɐu^{24} khɐn^{42} khy^{33} mɐn^{312} tha^{53} uei^{31} si^{33} mɐt^{5}
戆 儿 死 都 冇 肯 去, 问 他 为 什 乜,

tha^{53} tsi^{42} həu^{42} tsiu^{33} tsek^{1} kɐŋ^{42} ŋo^{24} mɐu^{24} vuei^{312} khuk^{5} tha^{53} sɐn^{53}
他 只 好 照 直 讲:“我 冇 会 哭。”他 新

nu^{24} khuk^{5} ia^{24} mɐu^{24} si^{312} siu^{33} ia^{24} mɐu^{24} si^{312} tsi^{42} həu^{42} tuŋ^{31} tha^{53}
孥 哭 也 冇 是 笑 也 冇 是,只 好 同 他

kɐŋ^{42} i^{33} mɐu^{24} iuŋ^{31} ek^{1} ma^{31} ŋo^{24} kau^{33} ni^{24} ȵien^{31} ka^{53} ni^{33} iɛŋ^{312}
讲:“伊 冇 容 易 嘛,我 教 你,人 家 呢 样

khuk^{5} ni^{24} tsɐu^{312} ni^{33} iɛŋ^{312} khuk^{5} ŋaŋ^{312} ŋi^{31} kɐŋ^{42} i^{33} iɛŋ^{312} ŋo^{24} tsɐu^{312}

哭，你 就 呢 样 哭。” 戆 儿 讲“伊 样 我 就

khy^{33} ŋaŋ^{312} ŋi^{31} ɐt^{5} təu^{33} tshɐn^{53} tɐu^{31} tsɐu^{312} khuk^{5} ŋɔŋ^{33} ŋɔŋ^{33}

去。” 戆 儿 一 到 村 头 就 哭 □ □ 哭得大声：

ŋiɐn^{31} ka^{53} ni^{33} iɛŋ^{312} khuk^{5} ŋo^{24} tsɐu^{312} ni^{33} iɛŋ^{312} khuk^{5} ŋiɐp^{1} təu^{33}

“人 家 呢 样 哭 我 就 呢 样 哭!” 入 到

uk^{5} kiɛn^{33} tsun^{31} ka^{53} ŋiɐn^{31} tuŋ^{31} lei^{31} sɔŋ^{53} sɔŋ^{33} ko^{33} tshɐn^{53} tshek^{5}

屋，见 全 家 人 同 来 送 丧 嘅 亲 戚

puŋ^{31} iɐu^{24} tsei^{312} khy^{33} ni^{33} khuk^{5} seŋ^{31} ɐt^{5} tun^{31} tha^{53} sɐm^{53} li^{24} iɐu^{24}

朋 友 在 呿 里 哭 成 一 团。他 心 里 有

so^{42} ko^{33} tai^{312} seŋ^{53} khuk^{5} ŋɔŋ^{33} ŋɔŋ^{33} iuŋ^{312} sɐn^{53} nu^{24} kau^{33} tha^{53}

数 嘅 大 声 哭 □ □ ，用 新 孥 教 他

ko^{33} lai^{312} khuk^{5} khiɛŋ^{53} khuk^{5} lei^{31} khuk^{5} khy^{33} seŋ^{53} ka^{53} uk^{5} li^{24} i^{33}

嘅 赖 哭 腔 哭 来 哭 去，参 加 屋 里 伊

pɔŋ^{53} ŋiɐn^{31} ɐt^{5} khi^{42} khuk^{5} khuk^{5} tɐk^{5} ɐt^{5} tsɐn^{312} pɔŋ^{31} pin^{53} ko^{33} ŋiɐn^{31}

帮 人 一 起 哭。哭 得 一 阵，旁 边 嘅 人

man^{312} man^{312} ko^{33} teŋ^{31} a^{24} lei^{31} mɐu^{24} khuk^{5} liu^{24} ko^{33} ko^{33} tu^{53} sy^{24}

慢 慢 嘅 停 下 来 冇 哭 了，个 个 都 竖

khi^{42} ŋi^{24} to^{42} lei^{31} theŋ^{53} i^{33} ko^{33} pəu^{42} puei^{312} ku^{53} iɛ^{31} khuk^{5} so^{42} tiɛm^{42}

起 耳 朵 来 听 伊 个 宝 贝 姑 爷 哭 诉 点

si^{33} mɐt^{5} va^{312} ŋaŋ^{312} ŋi^{31} i^{42} uei^{31} tha^{53} khuk^{5} tɐk^{5} həu^{42} theŋ^{53} va^{312} y^{24}

什 乜 话。戆 儿 以 为 他 哭 得 好 听，话 语

tuŋ^{24} ŋiɐn^{31} so^{42} i^{42} ŋiɐn^{31} ka^{53} tu^{53} teŋ^{31} a^{24} lei^{31} theŋ^{53} tha^{53} khuk^{5} tha^{53}

动 人，所 以 人 家 都 停 下 来 听 他 哭。他

ŋyɛt^{23} fat^{43} khuk^{5} tɐk^{5} tai^{312} seŋ^{53} ŋiɐn^{31} ka^{53} ni^{33} iɛŋ^{312} khuk^{5} ŋo^{24}

越 发 哭 得 大 声：人 家 呢 样 哭 我

tsɐu^{312} ni^{33} iɛŋ^{312} khuk^{5} kau^{42} tɐk^{5} tha^{53} ŋuei^{312} po^{31} khi^{33} tɐk^{5} va^{312} tu^{53}

就 呢 样 哭。” 搞 得 他 外 婆 气 得 话 都

kɐŋ^{42} mɐu^{24} seŋ^{31} khy^{33} iuŋ^{312} sɐu^{42} tsha^{53} tha^{53} ko^{33} ŋæk^{23} tɐu^{31} khɔi^{53}

讲 冇 成 去，用 手 叉 他 嘅 额 头 骂

tha^{53} ŋaŋ^{312} pau^{53} ia^{31} ŋaŋ^{312} pau^{53} iu^{33} si^{312} ni^{24} ŋuei^{312} ləu^{24} theŋ^{53} vɐn^{31}
他："戆 包 呀 戆 包，要 是 你 外 佬 听 闻，
tha^{53} iu^{53} khi^{33} sɿ^{42} ti^{312} ŋi^{312} a^{24}
他 要 气 死 第 二 下！"

主要参考文献

［1］宜州市地方志编纂委员会. 宜州市志［M］. 南宁：广西人民出版社，1998.

［2］宜州市德胜镇人民政府. 德胜镇志［M］. 南宁：广西人民出版社，2014.

［3］中国社会科学院语言研究所. 汉语方言调查字表［M］. 北京：商务印书馆，1981.

［4］丁声树，李荣. 古今字音对照手册［M］. 北京：中华书局，1981.

［5］朱德熙. 语法讲义［M］. 北京：商务印书馆，1982.

［6］吕叔湘. 汉语语法论文集［M］. 北京：商务印书馆，1984.

［7］詹伯慧. 汉语方言及方言调查［M］. 武汉：湖北教育出版社，1991.

［8］钱曾怡. 汉语方言研究的方法和实践［M］. 北京：商务印书馆，2002.

［9］丁声树，李荣. 汉语音韵讲义［J］. 方言. 1981（4）.

［10］郑作广. 语言学探求——探海集［M］. 南宁：广西教育出版社，2006.

编　后　记

《桂南平话研究》丛书主要融进了4个科研课题和1个建设项目的研究成果：一是2011年国家语言文字工作委员会科研项目“桂南平话与社会认同”（ZC125-17），二是2012年国家语言文字工作委员会科研项目“广西（桂中南地区）语言资源有声数据库建设与研究”（WT125-16104），三是2011年广西哲学社会科学课题“广西汉语变异方言调查研究”（11BYY010），四是2010年广西教育科学规划课题“桂南平话研究”（2010A47）；一个建设项目为自治区语委和教育厅“中国语言资源有声数据库广西库建设广西经济管理干部学院项目”，课题组组长和项目主持人均为郑作广，研究成员主要有：周本良、刘村汉、李连进、李龙、覃宇环、黄英富、杨丕芳、韦彩珍、韦扬波、莫瑞扬、梁伟华、陈仕华、李永玲、盘美花、覃世贞等。丛书主编为郑作广，执行主编为周本良，学术顾问为刘村汉。丛书的13本专著分别是：郑作广、韦扬波的《宜州德胜百姓话研究》，黄英富的《宾阳大桥客话研究》，陈仕华、周本良的《融安百姓话研究》，韦彩珍的《三江六甲话研究》，莫瑞扬的《宜州莫村百姓话研究》，覃世贞的《田东蔗园话研究》，盘美花的《武宣伢话研究》，黄英富、杨丕芳的《上林客话研究》，杨丕芳、黄英富的《横县百合客话研究》，周本良的《扶绥平话研究》，梁伟华的《龙州伝话研究》，郑作广、李连进的《桂南平话的形成与嬗变》，李连进、郑作广的《桂南平话的比较研究》。

以4个科研课题和1个建设项目支撑的《桂南平话研究》系列，从2010年起就逐步展开，2014年开始陆续出版，13本专著计划至2017年全部出版完成，历时8年。参与研究的全体成员，虽然来自不同的单位、学校，但他们在课题组组长、主编郑作广的团结带领下，齐心协力，不辞辛劳，充分利用节假日等休息时间，深入实地调查研究，做足做好田野作业，有的甚至挑灯夜战。特别是广西语言学界前辈刘村汉老先生，不顾年事已高，除做好课题、丛书的策划及学术把关之外，还亲自到语言点做田野作业调查，为课题研究和丛书出版倾注了大量心血和精力，令人感动！课题组主要成员、丛书执行主编周本良也亲力亲为，为课题研究和丛书出版做了大量的工作。可以说，参加调查研究和出版的每一位成员都为此付出了大量的心血和艰辛的劳动，可敬可佩！

为了课题研究的顺利进行和丛书的高质量出版，课题组每年都要集中七八次反复讨论、反复修改、反复交换意见。为了语言调查的科学、客观、全面、准确，每个语言点都进行好几次实地调研核实，有的甚至达六七次之多，力求精益求精。语言研究是一项十分艰苦的科研工作，反复深入语言点调查，既费脑力，又耗体力，辛劳的田野作业要栉风沐雨，材料的整理研究要耐得住枯燥寂寞，坐得住冷板凳。今天，当我们看到一项项课题在手中逐步完成，一本一本研究成果陆续出版，虽苦犹甜，感到十分欣慰！

丛书的顺利出版，得益于多方面的大力支持。首先是新闻出版总署、财政部民族文字出版专项资金给予了经费资助，其次是国家语委、广西哲社办、自治区教育厅和语委办慧眼识珠，给予一个个科研项目立项，特别是广西新闻出版局和广西民族出版社，专门以这套丛书作为重点项目向国家民族文字出版专项资金项目申报并获立项资助。广西民族出版社社长朱俊杰、总编辑方铁、编务室主任罗桂鸾、责任编辑雷舟等，为丛书的策划、编辑、印刷、出版给予了方方面面的大力支持。对课题研究和丛书出版给予关心帮助的相关单位和各位同志，我们在此致以衷心感谢！

丛书由郑作广、周本良、刘村汉终审。书中如有不足之处，敬请各位专家学者及广大读者批评指正。

“桂南平话研究”课题组

2014 年 12 月